U0936866

献　给

关 注 证 据 理 论 和 制 度 的 人 们

作 | 者 | 简 | 介

叶自强 （1962 年生，湖北仙桃人）

1989 年毕业于西南政法大学研究生班民事诉讼法学专业，获法学硕士学位。曾在英国伦敦大学高等法学院（2003 年）和美国夏威夷大学法学院（2006 年）从事研究工作。1994 年 5 月进入中国社会科学院法学研究所工作至今，长期研究民事诉讼法和证据法。现任中国社会科学院法学研究所研究员、中国社会科学院研究生院教授。

兼任中国法学会民事诉讼法学研究会常务理事、全国民事诉讼法专业委员会委员、中国行为法学会执行行为研究会常务理事。

出版的著作有：

《民事证据研究》（1999 年第 1 版、2002 年第 2 版）

《民事诉讼制度的变革》（2001 年）

《中国民事诉讼法》（2004 年）

《举证责任及其分配标准》（2005 年）

《民事证据研究》（2007 年第 2 版）

《民事诉讼法的新发展》（2008 年）

《举证责任》（2011 年）

《法庭审判中的科学证据》（2012 年）

证据制度与观念的变革

叶自强◎著

The Transformation of Evidence System and Concept

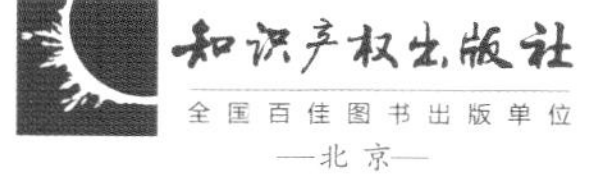

图书在版编目（CIP）数据

证据制度与观念的变革／叶自强著．—北京：知识产权出版社，2021．5
ISBN 978－7－5130－7506－0

Ⅰ．①证… Ⅱ．①叶… Ⅲ．①证据—法学—研究—中国 Ⅳ．①D925．113．1

中国版本图书馆 CIP 数据核字（2021）第 075108 号

责任编辑：雷春丽　　责任校对：谷　洋
封面设计：乾达文化　　责任印制：刘译文

证据制度与观念的变革

叶自强　著

出版发行：知识产权出版社有限责任公司　　网　　址：http：//www．ipph．cn
社　　址：北京市海淀区气象路 50 号院　　邮　　编：100081
责编电话：010－82000860 转 8004　　责编邮箱：leichunli@ cnipr．com
发行电话：010－82000860 转 8101/8102　　发行传真：010－82000893/82005070/82000270
印　　刷：三河市国英印务有限公司　　经　　销：各大网上书店、新华书店及相关专业书店
开　　本：880mm×1230mm　1/32　　印　　张：11．75
版　　次：2021 年 5 月第 1 版　　印　　次：2021 年 5 月第 1 次印刷
字　　数：263 千字　　定　　价：69．00 元
ISBN 978－7－5130－7506－0

该书第九章探讨了“推定的不当扩张与限制”问题，这是一个全新的课题。从中可以看到叶教授作为一名老学者，却正在开拓新的研究领域，着实令人叹服！

此外，叶教授还亲自翻译了美国密西西比州的《证据法》中的推定部分，供国内立法参考。这体现了他的开放的治学观。

重视案例分析是该书的一大特色。叶教授对每一个案例均进行了细致的解剖和理论总结。我和叶教授相知二十余年，共同在诉讼法学领域中耕耘。据我所知，叶教授多年来不满足于纯理论研究和抽象的思辨，他追求用学术工具来“彻底解决问题”，为此他十分重视案例研究，创造性地总结出了一套科学的案例研究方法。叶教授通过娴熟地运用此法，取得了相当丰硕的学术成果，极大地丰富了我国的诉讼和证据理论。这是一种从实践到理论的研究方法，由此所获得的理论具有牢固的实践基础和应用价值。

在该书中，叶教授所提出的独特见解和解决方案，有助于推动司法实际问题的解决，也有助于推动我国证据立法工作和司法解释工作上升到一个新水平。不仅如此，他所采用的案例分析方法也可以被学术界借鉴，以推动证据学术的发展。

写到这里，我想起了著名教育家蔡元培先生的一段话，他说：“民族的生存，是以学术做基础的。一个民族或国家的兴衰，先看民族或国家的文化与学术。学术昌明的国家，没有不强盛的；文化幼稚的国家，没有不贫弱的。青年们既要负起民族的责任，先得负学术的责任。学术的责任将怎样负起？最重要的，是要精研学理，对社会国家人类做最有价值的贡献。”①

我仔细思量，《证据制度与观念的变革》是一部学术性很强、理论和实践结合十分紧密的著作，一部体现作者强烈的社会责任感的著作，这不就是作为学术同人的叶自强教授，对国家、民族和社会的最有价值的贡献吗？我热切希望该书早日面世，以惠及广大的读者！

刘荣军*

2021 年 2 月 9 日于北京师范大学法学院

---

* 刘荣军系日本一桥大学法学博士、北京师范大学法学院教授、博士研究生导师。

① 蔡元培：《我们希望的浙江青年》，载《浙江青年》1936 年第 1 卷第 2 期，转引自雷颐编《蔡元培语萃》，华夏出版社 1993 年版，第 146 页。

前　言

2012年，拙著《法庭审判中的科学证据》一书由中国社会科学出版社出版。上述著作出版后，原本没有写作新书的计划，但是，我有一种欲罢不能的冲动。因为在研究过程中，我积累了大量资料，通过反复阅读和消化这些资料，得出了不少新的思想观点，记满了几个笔记本。我觉得应该把以往尚未解决的问题（陪审制改革问题、亲子关系推定问题、重复鉴定问题、举证责任的行为责任和结果责任理论问题、过错推定与举证责任倒置的关系问题等等）与这些观点联系起来，加以系统整理，形成新的思想。就这样，一种继续研究和创作的强烈欲望油然而生。受职业责任感的积极驱使，我随后以每年完成一篇论文的速度，向前推进。然而，天不遂人愿，随着年逾半百，疾病不时找上门来，常常不得不中断进程，研究进度明显降低了，我一度担心自己到不了终点。现在，好歹总算完成了任务，我的心就像一块石头落了地！

在本书的写作过程中，我引用并分析了许多案例。如果没有这些案例作为分析的素材，本书是难以完成的。因此，我要首先感谢那些负责法治新闻采编的记者和通讯员，他们在社会实践第一线的辛苦付出值得我们永远尊敬！

承蒙北京师范大学法学院刘荣军教授为本书作序，他那优美的文笔和恰当的评述，使本书增色不少，特此致谢！

本书的出版有赖于知识产权出版社的雷春丽老师，她为人热情、诚实守信、工作高效。她积极与我沟通联系，认真编辑，提出了不少有价值的审稿意见，终于使本书能如期面世。为此我由衷地感激她！

最后，需要申明，尽管本书得到了许多人的帮助，但对它的内容和结论应由我单独负责。

叶自强

2021 年 2 月 9 日于北京沙滩北街 15 号

凡　例

1. 法律、法规、规章和规范性文件名称中“中华人民共和国”省略，其余一般不省略。例如，《中华人民共和国民事诉讼法》简称为《民事诉讼法》，《中华人民共和国刑法》简称为《刑法》，《中华人民共和国民法典》简称为《民法典》。

2. 叙述法律、法规、规章和规范性文件，必要时在名称后表明其制定、修改年份。例如，《刑事诉讼法》（2018 年），《水污染防治法》（1996 年）。

3. 对本书以下出现较多的司法解释，使用简称：

（1）《最高人民法院关于民事诉讼证据的若干规定》（法释〔2001〕33 号，2002 年 4 月 1 日施行，已被修改），简称为《证据规定》（2002 年）。

（2）《最高人民法院关于适用〈中华人民共和国婚姻法〉若干问题的解释（三）》（法释〔2011〕18 号，2011 年 8 月 13 日施行，已失效），简称为《婚姻法司法解释三》。

（3）《最高人民法院关于适用〈中华人民共和国民事诉讼法〉若干问题的意见》（法发〔1992〕22 号，1992 年 7 月 14 日施行，已失效），简称为《民事诉讼若干意见》（1992 年）。

总目录

目　录

第一章 绪论

一、本书源起

回答这个问题，必须回溯到 1998 年我国民事审判方式的改革和民事证据制度的改革。众所周知，1998 年最高人民法院肖扬院长上任后，立即大力推动我国法院系统的审判方式改革，其突破口就是从民事证据制度的改革开始的。改革方针确定之后，立即成立了起草小组，由最高人民法院当时主管民事审判工作的副院长和中国人民大学法学院王利明教授领衔，小组成员有：张卫平教授（清华大学法学院）、李浩教授（南京师范大学法学院）、毕玉谦教授（国家法官学院）、汤维建教授（中国人民大学法学院）、叶自强研究员（中国社会科学院法学研究所）、陈敏仲裁员（中国国际贸易促进委员会）和高家伟教授（中国政法大学）。

我从 1995 年开始研究举证责任问题，发表了一系列论文。1999 年由法律出版社出版了我的专著《民事证据研究》一书，产生了一定的社会影响。因此，我有幸被邀请到上述起草小组工作。从此，我一直致力于民事证据这一研究领域，二十多年来从未间断。

1999 年 5 月，起草小组召开了第一次全国性的研讨会议（即北京蓟门饭店会议），来自最高人民法院、上海市高级人民法院等法院的代表，清华大学、中国人民大学、中国政法大学等高校的学者出席了会议。会上提出了制定民事证据法的任务。几个月后起草小组提出了第一稿（也叫草案初拟稿）。但在之后的几次集体讨论过程中提出了许多问题，由于难以得到圆满解答，使得起草工作遇到不少困难。在这种情况下，决策机构提出了变通设想，即暂时不要制定民事证据法，而是由最高人民法院以司法解释的方式，将已经达成共识的、较为满意的部分发表。因此，2001 年 12 月发布了《证据规定》（2002 年）。这是我国第一次提出系统的证据规则，在证据法建设史上具有极其重要的示范性意义。

尽管如此，我还是为没能制定一部民事证据法感到有些遗憾。当时，我认为目前的做法不过是权宜之计，总有一天会制定民事证据法。然而，从 2001 年到 2020 年，将近二十年，制定民事证据法的任务仍未完成。相反却出现了如下情况：一是修订了《民事诉讼法》（2007 年、2012 年、2017 年三次修改），完善了其中的一些证据规则；二是完善了民事诉讼证据的若干规定。于是，几乎再没有人呼吁制定民事证据法，似乎这项任务已经完成或取消。

对上述现象进行深思后，我认为根本原因在于立法条件不成熟。首先是我们所依据的有些证据法学理论（如举证责任的行为责任和结果责任理论、法律要件分类说等）是错误的，需要我们去纠正，拿出解决方案。这些理论问题不解决，依据它们所制定出来的法律条文就是不完善的，甚至是错误的，会起到不好的作用，还不如不制定的好。我开始并没有意识到这一点，强烈意识到这一点，是我2000年以来在研究实践中逐步发现的。研究得越深入，觉得理论疑点问题就越多，研究任务就越繁重。抱着解决这些疑点难点问题的决心，我默默进行了长达二十多年的研究工作，写作并发表了一系列论文（详见本书的附录三：作者主要论文目录），解决了其中的大部分理论问题。其中最大的收获是，细致周密地弄清了举证责任分层理论，解决了它的去留问题，确定了它的地位，即我们应当把它作为证据法的基础理论之一。

从1999年以来，围绕着民事证据的理论和实践问题，我发表了一系列学术著作，例如：《民事证据研究》（1999年第1版、2002年第2版）；《举证责任及其分配标准》（2005年）；《民事诉讼法的新发展》（2008年）；《举证责任》（2011年）；《法庭审判中的科学证据》（2012年）。本书实际上也是讨论民事证据的理论与实践问题，而且是该领域中留待最后的、最为疑难的部分（因为它们实在太难，所以放到了最后来研究、讨论和解决）。只有把最后的这部分成果加以出版，并与前面的五部著作联系起来，才能作为回答“民事证据的理论与实践问题”的一个完整答案。

二、关于推定问题

推定问题是本书的重点之一，几乎占了本书一半的篇幅。

推定与人们的思维习惯具有极其密切的联系。人们往往把推定与推理、推论等混淆，这是推定的研究难以深入的原因之一。严格说来，推定是一项极其严格的证据判断方法，不能随意使用。然而，人们在使用推定的时候，往往把它与推理、推论等混淆，很容易出错，而且使用者往往并不知道错在何处。这是因为：第一，就推定本身来说，还有一些理论问题仍处于学术争论状态，尚无定论，这就影响到司法实践；第二，推定与社会政策的关系相当密切，受社会政策的影响很深，而政策往往是多变的，因而每一项推定的宗旨有时难以把握；第三，推定与逻辑学具有极其密切的关系，如果不具备良好的逻辑学知识，的确难以驾驭这门技术；第四，使用者缺乏必要而严格的科学训练。也许正是基于上述原因，我国法学界研究推定的人极少，推定属于研究“寒区”之一，研究成果也十分匮乏。我在这里将自己多年来积累的一点研究成果发表，以抛砖引玉，希望吸引更多的勇敢的同人加入推定的研究队伍，夯实推定的基础理论，建立科学的推定规则。

三、关于多次鉴定问题

多次鉴定问题是本书讨论的另一个重点，也是我国诉讼法学界、法医学界长期面临的一个难题。我最早关注该问题是在1998年，开始仅关注医疗事故鉴定以及它背后的法医鉴定体制问题。虽然通过不懈努力和呼吁，于2005年成功地解决了法医鉴定体制问题，但重复鉴定、反复鉴定问题却迟迟得不到解决，根子在于理论的贫困。我在2016年发表了《“多次鉴定”的认知逻辑与制度设计》一文，提出了“多次鉴定”的概念，并对这一概念的合理性、科学性和实践价值予以论证。我于2018年发表了《论多次鉴定的驱动机制与法律对策》一文，又进行了透彻的研究，结合案例分析彻底地解决了这个难题。

四、本书的任务

我之所以长期研究民事诉讼证据问题，是因为想要解决其中的棘手的理论问题，从而有助于我国民事证据法的制定。我非常希望出台一部系统的、高质量的证据法典。诚然，2019 年底最高人民法院对《证据规定》（2002 年）作了一次修正，但是该规定本身毕竟在理论依据、制度框架方面都有值得商榷的地方，只有通过全面的检讨，才能去除其弊端，将其提升到一个新的台阶。可以说，制定一部完善的民事证据法，是进一步提高我国法官的审判业务水平和公正司法水平的需要。如果本书的出版能加速民事证据法发展史的进程，我就满足了！

第二章
陪审制的分权机制与证据法的发展

我国人民陪审员制度在运行了三十余年之后，它的生存空间越来越狭小，“陪而不审”“审而不议”成为我国人民陪审员制度面临的困境。针对该问题，本章试图弄清楚如下事项：陪审制的本质是什么（通过探讨陪审制产生和发展过程而予以揭示）；我国人民陪审员制度之危机及其原因是什么；人民陪审员制度的危机与陪审制之间的本质关系是什么；最后探讨解决人民陪审员制度之危机的方案。

一、欧洲中世纪早期的陪审制与分权机制的萌芽

对外国法制史的考察表明，陪审制实际上最先是在民事诉讼中出现的。大约从公元 8 世纪起，法兰克皇帝和国王就曾经传唤邻居调查团，让他们回答一位巡回王室法官提出的问题。诺曼人从法兰克人手中接过了这种方法，偶尔使用这种调查团。[①] 把争议交给一组邻居来决定的临时做法，也是日耳曼地方法的一个特色。此外，12 世纪的教会法院也偶尔将有罪或无罪的问题交给

① 伯尔曼：《法律与革命》，贺卫方等译，中国大百科全书出版社，1993，第 541 页。

12 人组成的团体裁决。亨利二世之父安茹公爵（杰弗里）曾在安茹和诺曼底的重要的民事案件中采用调查团。因此，当亨利二世登上英国国王的宝座时（1154—1189 年在位），传唤一伙人（12 人被认为是合适的数目）在庄严的宣誓程序下提供情况，甚至对一个案件作出判决，就绝不是新的东西（尽管它没有被广泛地实行）。①

亨利二世的创新在于，他把陪审调查团的使用与他的新“司法化的”令状制结合起来。由此，公众可以在王室管辖范围内的某类型民事案件中，将陪审调查团作为正规的制度予以运用。1164 年颁布的《克拉伦登宪章》第 9 条授权使用陪审调查团，确定某土地是由教会持有的特殊土地还是俗人的保有土地。1166 年另一次王室会议规定，如果原告占有的土地新近由被告侵占，原告提出返还土地的诉讼请求，这样的案件应由陪审调查团审理。②

其他问题也逐渐开始被认为适合于由陪审团来决定。1176 年的一项法律规定，土地持有人死亡时谁有权占有该土地，应由陪审团来决定。1179 年，准许陪审团对根据“权利令状”——产生充分的权利而不仅仅是先占——的被告享有选择权，可选择通过决斗来裁判。③

这里，我们应该注意以下四点内容：第一，在王室法官面前正式使用陪审团来判决案件，首次出现在英格兰法的民事案件中，而仅仅在两代之后刑事法律中就采用了这种做法。第二，陪

① 伯尔曼：《法律与革命》，第 541 页。
② 同上。
③ 同上书，第 542 页。

审团并不审理证据，而只是基于审判前他们所知道的情况回答某个问题和事实。第三，因为陪审员是当事人的邻居，并且事先知道法官将会对他们提出什么问题，他们回答问题无须经过审判中询问证人的过程。第四，在王室法官的指导下，陪审团意见对案件的裁决，比地方和封建会议裁决，在政治上更受欢迎。①

总之，陪审团审判首先是在民事诉讼中得到广泛运用的。与使用陪审团起诉相比，亨利二世没有把陪审团审判扩展到刑事案件，只是后来在宗教势力的干预下才把它扩展到刑事案件。② 这样比在民事诉讼中运用陪审制晚了几十年。

从上述陪审制的起源中，我们可以得到什么有益的启示？笔者认为有如下几点：第一，陪审制的设立不必拘泥于特定的地域。在城市可以设立于社区法院，在农村可以设立于乡村法庭。在组织巡回法庭进行审判的情况下，可在临时审判所在地组成临时的陪审团，由巡回法庭法官主持审判。第二，陪审制在民事诉讼中是可以广泛适用的。不过，由基层的人民组成的陪审团所审理的案件，应当是他们所熟悉的民事纠纷。这样既可以避开他们的知识短处，即他们并不熟知的法律；也可以避开目前一些法官不熟知证据规则的短处。第三，陪审制的发展是渐进的，不要因为暂时的困难而急于否定，需要指导陪审团工作的法官不断总结经验，为这项制度的完善和推广积累中国式的经验和规则。

---

① 伯尔曼：《法律与革命》，第542页。

② 同上书，第545页。

二、中世纪教会法院在陪审制的形成、适用范围的扩大、证据规则的完善方面的作用

1215年，罗马教会在第四次拉特兰宗教会议上废除了神明裁判，于是陪审制度由民事案件扩展到刑事案件。[①] 这一时期教会法院诉讼程序在陪审制的形成、适用范围的扩大、证据规则的完善方面具有如下特点。

（一）诉讼程序由书面文书推动

这一点既不同于罗马法，也不同于日耳曼人的诉讼制度。一项民事或刑事诉讼只有通过包含着对事实的简要陈述的书面诉请或控告方能开始。被告人也要以书面的形式回答原告人或控告人所提出的要点。到了13世纪早期，对于诉讼的书面记录也成为必需。尽管法官不必以书面形式表述其判决理由，但判决也必须是书面的。当事人询问证人以及互相询问也要以书面方式进行。[②]

（二）证据需在宣誓之后提出

无论是书面证据，还是口头证据，都需要在宣誓之后提出，并且对伪证要处以重罚。宣誓本身是日耳曼人的一种制度，但是教会法学家却第一次将它作为近代意义上的证据设置而系统地予以使用。按照日耳曼的共誓涤罪（宣誓帮助）制度，一个当事人要通过宣誓“涤清”对他的控告，另外一些人则通过作出同样的宣誓而对他进行支持。与这种制度相反，教会法学家要求当

---

① 伯尔曼:《法律与革命》，第545页。

② 同上书，第303页。

事人或证人在如实回答向他提出的适当问题之前便进行宣誓。①

（三）出现代理人

教会诉讼程序允许当事人由代理人加以代表，代理人在法庭上根据证据所揭示的事实而对法律问题进行辩论。

（四）出现司法调查

在刑事程序方面，与罗马制度和日耳曼制度相反，教会法发展出一门对案件事实进行司法调查的科学。这门科学要求法官根据理性和良心原则对当事人和证人进行询问。

对于司法调查的强调不仅与获得证据的更为合理的程序有关，而且与概然真理的概念以及关联性与实质性原则的发展相关。各种规则被精心设计出来，以阻止多余证据（已经确定的问题）、无关证据（与案件无关的问题）、含糊和不确定的证据（无法得出清晰的参照意见的问题）、过泛的证据（会引起含混的问题）以及与事物性质相反的证据（不可能予以相信的问题）的引入。②

（五）诉讼程序有改进

与日耳曼审判程序中较为原始、程式化以及多变的法律制度相比，12 世纪教会法诉讼程序显得更为近代、更为合理、更为系统化。教会法学家倡导理性和良心原则，以抵制日耳曼法的形式主义和魔法巫术。1215 年，罗马教会举办的第四次拉特兰宗教会议，作出了禁止教士参与神明裁判的法令。这项法令有效地终止了通行西方基督教世界的神明裁判，并由此而迫使世俗当局

① 伯尔曼：《法律与革命》，第 303 – 304 页。
② 同上书，第 541 页。

在审理刑事案件时接受新的审判程序。在大多数国家里，世俗法院所采纳的程序与教会法院所使用的相似。在英格兰，王室法院以宣誓审讯团（后来称为陪审团）取代了神明裁判，宣誓审讯团在英格兰王室法院的多数民事案件中的使用到这时已经超过50年，但在刑事案件中却没有获得使用。①

从上面的叙述中可以得出如下几点结论：第一，在欧洲中世纪时期，有三种法院并存，即王室法院、世俗法院和教会法院。第二，教会法院没有陪审制，王室法院也没有陪审制，只有世俗法院有陪审制。第三，民事诉讼与刑事诉讼已经分离。其中，世俗法院已经在民事诉讼中采用了陪审制。后来世俗法院在刑事诉讼中，只是在教会的干预下才采用陪审制，比民事诉讼中采用陪审制晚了大约50年。从这一点来说，当时教会法院的审判思想比起世俗法院要进步得多。第四，由于民事诉讼中率先采用陪审制，因而民事证据规则是在民事诉讼形态下首先出现的，之后才出现在刑事诉讼中。

总之，在陪审制的形成、适用范围的扩大、证据规则的完善，尤其是废除神明裁判，使诉讼程序和证据规则客观化方面，中世纪教会法院起到了十分独特的进步历史作用，对此我们必须给予公正的肯定评价。

三、英国陪审制条件下法官与陪审团的分权机制

（一）英国陪审制条件下法官与陪审团的分工和工作流程

原则上，法官与陪审团的分工是：法律问题由法官解决，事

① 伯尔曼：《法律与革命》，第305页。

实问题由陪审团解决。在陪审团（由 12 人组成的陪审团）的审讯中，原告和被告的律师各自设法使陪审团的注意力集中于争议和反争议，这些都是清楚地提出的事实问题。在整个审讯过程中，先由律师作“开始陈述”，证人提供和审查证据，再由律师向陪审团作“总结发言”。然后，法官向陪审团指出他们应负的责任，指导他们该适用的法律并概括证据的要点。陪审团通过一致同意，或者大多数同意，作出一个总的裁决；或是作出特别裁决（只对法官提交的特定事实问题作出裁决），这类案例较少见。如果陪审团在限定的时间内不能对裁决达成协议，它将被解散，案件将被重新审理。①

法官与陪审团的分工在具体案件中体现着总结性的经验成果。例如，在诽谤案件中，法官应决定某些词是否具有诽谤意义，陪审团应决定事实上这些词确实带有诽谤意义。又如，在向未成年人出售商品的案件中，法官应决定所出售的商品是否属于生活必需品，陪审团应决定这些商品实际上是生活必需品。②

有原则就会有例外，以下是几种例外情况：

（1）证据的可采纳性所依赖的事实是否存在，应由法官决定。③

（2）对于证人答复某一问题时是否可以援引特权拒绝答复，应由法官决定。④

（3）在某些情形下行动是否符合情理，应由法官决定。例

① 上海社会科学院法学研究所编译室：《各国宪政制度和民商法要览　欧洲分册（下）》，法律出版社，1986，第 446 页。

② 沈达明编著：《英美证据法》，中信出版社，1996，第 30 页。

③ 同上。

④ 同上。

如，限制性毛衣协议是否符合情理，应由法官决定。[①]

（4）外国法律虽为事实问题，但应由法官决定。[②] 在英国，除英格兰法外，所有法律（包括苏格兰法和英联邦各国法律）都是外国法。[③]

（5）文书的解释一般作为法律问题由法官决定。但是，如果法律允许提出证据解释文书，这项证据应由陪审团处理。[④]

（二）英国陪审制条件下陪审团的地位

虽然事实问题由陪审团审理和决定，但在某些情况下，法官应当对陪审团进行控制，表现在如下几个方面：（1）事实问题由陪审团解决，但有某些例外，见上文所述。[⑤]（2）法官向陪审团指出存在法律推定，实际上起着限制陪审团行使作出事实断定权力的作用。[⑥]（3）如果法官认为，原告提出的某些主要事实的证据不足，那么可以从陪审团手中收回争执点，或指示陪审团作出对另一方当事人有利的决定。[⑦]（4）在双方当事人作出结束发言后，法官作出总结，就有关联的法律问题向陪审团作出指示，检验证据，指出证据的价值。法官的这一切活动势必影响陪审团的事实断定。[⑧]（5）法官有传唤证人和命令证人退庭的权力。[⑨]（6）上诉法院有允许当事人上诉的权力。上诉法院能以陪审团

---

① 沈达明：《英美证据法》，第30页。
② 袁成第：《国际私法原理》，法律出版社，2003，第133-134页。
③ 沈达明：《英美证据法》，第30页。
④ 同上书，第31页。
⑤ 同上。
⑥ 同上。
⑦ 同上。
⑧ 同上。
⑨ 同上。

事实断定所依据的证据不足为由，撤销该项断定。[①]

在没有陪审团的情况下法官如何审理案件？在没有陪审团的情况下，法官兼任法官与陪审团的职务，但前述原则仍然适用。法官作为法官“向自己就法律问题作出指示”后，又作为陪审团决定事实问题。[②] 因此，上诉法院受理对没有陪审团的法官作出裁决提起的上诉时，一般不推翻法官作为陪审团作出的事实断定。因为上诉法院一般不干预根据法官的正确指示作出的事实断定。[③]

四、现代美国陪审团制度的宪法依据和分权机制

《美国宪法》第七修正案对联邦法院作了如下规定：“根据普通法进行的诉讼，如果诉讼标的价值超过 20 元，由陪审团审理的权利应予保护。由陪审团裁定的事实，除依照普通法的规则外，不得在合众国任何法院中再行审查。”每一部州宪法（除路易斯安那州外）都载有适用于各个州法院的类似条款。

有陪审团参加审理时，法庭上的职责由法官和陪审团分工。法官主持审判，法律问题包括诉讼程序在内，均由法官决定；事实问题则由陪审团裁定。审讯时，陪审团成员通常有 12 名，他们并不与法官同席，而是坐在陪审团席位上。审讯结束时，陪审团退入陪审团室，法官不得进入该室。除了裁定纯属事实方面的争议外，陪审团在某些规定范围内，对下列事项也可作出裁定：当事人的行为是否合乎一个有理智者所应具有的办事能力；遗嘱

---

① 沈达明：《英美证据法》，第 31 页。

② 同上。

③ 同上。

人是否具有健全的精神和记忆力；缔约人是否具有理解交易性质所必需的见识等。此外，陪审团在一些特定范围内也可确定犯有侵权行为或违反合同的人应付的赔偿金额。陪审团成员是任意选择的，可包括各方面的人民。由于陪审团的每名成员不能无限期出庭，因而一件诉讼案件不能断断续续地进行审理。对一切有争议的有关事实，双方当事人必须在连续审讯中提出证据。陪审团对某一案件，可能不得不接连审讯几天或几周。但陪审团一旦解散，即不得重新召集。陪审团还必须查阅或听取一切证据，以便作为裁定的依据。因此，必须在一次连续的审讯过程中，查问所有证人以及正式提交一切文件。①

在美国，陪审团制度已经不仅是一种分权机制，而且构成了美国传统法制的一部分。很多著名的历史人物，如林肯，都有担任陪审员的经历。美国的诉讼制度深深地根植于陪审团制度之中。证据法就是针对陪审制而建构的。如果不懂得陪审制，就不会真正懂得美国的法制与民主。

尽管经陪审团审理的案件很少，但是美国人一致认为应保留陪审团，以便使它作为一种保护自身权益的有效机制，供人们在需要时选择。不能因为陪审团审理案件少就废除它，它的作用是潜在的、不可忽视的，是随时可能发挥的。陪审团是正当法律程序的一种化身，是一种十分正式的程序。如果缺乏陪审团，那么正当法律程序就缺少了一道屏障，就少了一种体现。陪审团的保留，等于保留了民众的一种权利，一种可选择适用的权利，人们

① 上海社会科学院法学研究所编译室：《各国宪政制度和民商法要览　美洲、大洋洲分册》，法律出版社，1986。

可以随时使用它。如果废除了陪审制，就等于废除了人民的一项权利。

五、陪审团制度的本质与证据法的成长

以上我们讨论了陪审团制度的产生、发展，直至比较完善的过程，从中可以看出陪审团的本质特征。陪审团就其本质而言，是一种与法官分享裁判权的法定的审判组织。这一本质的形成不是一个自然历史过程，而是一个社会历史过程。在当时欧洲的特定环境下，底层百姓、世俗法院、教会及教会所属的法院、立法机关等多种因素起到了促进作用。在成文的证据法于 19 世纪颁布之前，陪审团的分权本质处于不完全的形态。此后，就属于比较完善的形态了。换言之，证据法经过陪审团几百年的培育，终于长大成人了。

陪审团和证据法是互相促进的。陪审团的萌芽和发展带动了证据法的发展；而证据法的发展和完善则有力地促进了陪审团地位的形成和巩固。如果没有成文的证据法，就不能说陪审团的本质达到了完善的形态。有没有成文的证据法，是判断陪审团的本质是否完善的一个最重要的指标。

我们不妨设想一下以下几个问题：一是，在陪审团的产生发展过程中，证据法始终没有得到发展，陪审团有可能中途夭折吗？二是，在陪审团的产生发展过程中，证据法虽然得到一定程度的发展，却始终没有上升为成文法，陪审团会强大吗？三是，如果没有制定证据法，那么一旦取消陪审团（如英国已经取消民事陪审团），会出现什么后果？

为了使陪审团的工作有效地运转起来，需要立法机关作出一

系列关于陪审团的法律规定，即规定陪审团如何分享裁判权的制度、方法、权利义务关系等一套系统的制度。关于这一点，我们可以通过考察当事人主义诉讼结构来予以说明。在英美法系国家所奉行的当事人主义诉讼结构中，在采用陪审制审理案件的情况下，由陪审团决定案件事实，法官适用法律，这种明确的审判分工（实质上是审判权力的分配）使证据法在英美法系国家获得长足的发展。因为在审判过程中，法官逐步发现，陪审员对如何判断证据往往缺乏经验，他们很容易为偏见所左右，往往采纳错误的证据。为保证实行适当、公正的程序，避免将陪审团引入歧途，法官通过自己在长期的审判实践中所积累的经验，拟定了一些有关证据的规则，并提交给立法机关。据此，立法机关制定了一系列关于证据的可采性规则（即证据的采纳条件）。在诉讼实践中，在陪审员来衡量证据的情况下，法官则反复强调这些规则的意义（向陪审团灌输这些证据规则）。不仅如此，法官还有权监督这些规则的执行。

从上面可以看到，法官与陪审团的关系为：一方面，两者之间存在明确的、法定的审判权力的分工（或分配）；另一方面，两者之间存在法官对陪审团权力的制约，这种制约是突出的、明确的，说它突出和明确是指这种制约是通过证据法来实现的。而证据法是立法机关通过的规范性法律文件，是客观存在的事实。

如上所述，陪审团制度是作为一种分权机制而存在的。陪审团担当了一种权力的角色（判断事实和裁定事实），而其之所以能承担这一角色是权力分配程序的必然要求。陪审团的存在有着深刻的程序理念作为基础。分析英美国家的法律史可知，陪审团，作为普通的公民参加的审判组织，它的存在，使国家的大多数人（由中产阶级和其他普通人构成）感受到一种希望。这种机制或制度有坚定的宪法作为基础，有深入民心的程序价值观念作为基础，它带给民心以安定和希望，用它足以排斥法官的腐朽、贪婪的欲望。他们的想法是有根有据的，他们不相信某一个人，不愿意把公正的希望寄托在某一个人（如法官）的身上。现实中，法官较容易被笼络、受贿赂。在一个当事人双方力量悬殊的诉讼中，例如，一方是像微软公司这样的巨无霸公司，另一方是普通公民。大公司可以拿出许多钱来收买或威胁法官，而普通公民根本做不到这一点。在这种情况下，假如只由法官一个人单独审判，即使普通公民很有理，也难以获胜。因为人是可以变化的，特别是在缺乏监督机制的环境中。

当然，实施这些规则取决于当事人的主动性，如果他们认为某项排除规则被违反，应当立即提出异议，法官应就该异议作出裁决。正是在这个意义上，有人称“证据法是陪审团的产儿”①。而在法院单独行使职权时，那些未被按照严格的证据规则所确立的事实，也经常被考虑进去。

六、我国人民陪审员制度存在的问题与成因

（一）我国人民陪审员制度存在的主要问题

我国人民陪审员制度存在的主要问题是人民陪审员“陪而不审”“审而不议”，其具体有以下几种形态：一是陪审员在开庭时或者在合议时，均很少发言。根据法律规定，陪审员在合议庭

① 西北政法学院科研处编《证据学资料汇编（下）》（本院教材内部使用），1983，第467页。

评议案件时，有权对事实认定、法律适用独立发表意见，并独立行使表决权，但与大多数观察结论一样，陪审员无论在开庭时或者在合议时均很少发言。[①] 即便参与合议，陪审员的意见有时也显得可有可无。在实际庭审中，一些法官几乎不给陪审员发表意见的机会，也不愿意在庭后认真听取陪审员的意见。[②]

二是在需要组成合议庭时它才有存在的价值。换言之，它仅具有组成合议庭的形式意义。对于基层法院而言，陪审案件确实占到了一定的比例。在某些法院甚至占到了较大的比例，例如，成都市武侯区陪审员参与的陪审案件数量、比重逐年稳步上升，从 2004 年到 2006 年，陪审员参与的案件依次占该法院全年结案总数的 19%、23% 和 31%。如此高的陪审率，至少表明，基层司法对陪审员确实存在一定的需求。可惜的是，这种需求是指，陪审员在需要组成合议庭时才有存在的价值；一旦组成了符合法定人数的合议庭，在以后的审判进程中就成为多余的角色。[③] 在现有的制度框架下，陪审员的加入，极大地缓解（或者说解决）了基层法院组成合议庭时人数不足的尴尬。此外，固定坐班制的陪审员，除陪审外，还能为人民法院分担一些事务性的活动。如果是年纪轻的陪审员，则更有可能在陪审员的角色外实际担当起书记员的角色，甚至是其他的角色。

---

① 严奇荣：《需要决定功能——基层民事司法中人民陪审员制度的考察》，http：//wxzy. chinacourt. org. pllblic/detBil. php? id = 694，访问日期：2013 年 10 月 3 日。

② 同上。

③ 同上。

（二）我国人民陪审员制度存在问题的主要原因

1. 法律对“同权”的规定较宽泛，超越了陪审员自身业务能力所容许的范围，不利于实现陪审制所设计的（对法官给予）制衡和监督的目的

所谓“同权”，是指“同法官有同等的权利”。《全国人民代表大会常务委员会关于完善人民陪审员制度的决定》（已失效）[①]规定：“人民陪审员……除不得担任审判长外，同法官有同等的权利。”但该决定没有明确具体的履职程序。这里的“权”应该指审判权，包括认定事实的权力和适用法律的权力。其中，在适用法律方面，因人民陪审员缺乏法律专业知识和审判经验，不可能完全正确地、顺利地行使这项权力，更不可能完成此项权力赋予的使命。即便给予短期培训，人民陪审员不可能在短期内掌握各类法律法规的内容。在这种法律知识储备不足的情况下，如果赋予其适用法律的权力，就会出现因缺乏相关的法律知识“陪而不审”“合而不议”的现象。[②] 来自河南省洛阳市的一份调查材料显示：“人民陪审员大多为非法律专业人员，虽经岗前法律业务知识培训，但由于培训时间短，学习内容不全面、不系统，对自己在审判活动中应该享受哪些权力和应注意事项不明确，在庭审中作用发挥受影响，在合议时不能很好地提出自己的观点，人云亦云，随声附和，不能充分发挥陪审员作用，时常出现当‘摆

---

① 笔者注意到2018年4月27日颁布的《人民陪审员法》取代了《全国人民代表大会常务委员会关于完善人民陪审员制度的决定》，但是《人民陪审员法》并没有实质性变化，过去的问题依然存在。

② 邱建民：《关于我市人民陪审员制度实施情况的调查报告》，http://tjfy.chinacourt.gov.cn/article/detail/2009/09/id/1927332.shtml，访问日期：2013年10月7日。

设’的现象。”①

由于缺乏法律知识，一些人民陪审员把参加审判活动的神圣权利当作“去法院深造法律”，因而即使参与了审案，往往也只作陪衬，在整个庭审过程中陪而不审，形同虚设，形成因陪审员主动让与的、使审判长不得不“一言堂”的被动集权倾向，从根本上违背了任命陪审员参与审判的制度设计的初衷。更有甚者，一些陪审员对自己的法律知识水平以“贵有自知之明”为由，不愿出庭审案。②

设置陪审员参与法庭审判的根本目的在于，通过人民陪审员参与法庭的审判，与法官分享一部分审判权，制约法官的审判行为，防止法官滥用审判权。既然是“分享”审判权，就必须建立合理的分享机制，这就是分权机制，根据陪审员和法官各自的特长来进行分权。如果让陪审员“同法官有同等的权利”，那就只能是共享权利，而不是分权。与法官共享权利，特别是共享“适用法律的权利”，表面看起来似乎是尊重和重视陪审员的作用，但是殊不知，这项被赋予的权利却远远超越陪审员业务能力所许可的范围，是陪审员几乎无法完成的任务，这已经被多年的、广泛的人民陪审员司法实践所证明。

2. 陪审制设计的缺陷激发了法官潜在的集权倾向

在法官与陪审员的相互关系中，法官具有潜在的集权倾向。这种倾向因我国陪审制的法律规定过于简单笼统，缺乏可操作

① 臧道章：《关于全市法院人民陪审员制度运行四年来的调研报告》，http：//hnlyzy. hncourt. gov. cn/public/detail. php? id =345，访问日期：2013 年 10 月 3 日。

② 芜湖县法院：《人民陪审员制度运行情况调研》，http：//whx. wuhucourt. gov. cn/DocHtml/192/2012/7/3/00054689. html，访问日期：2013 年 10 月 7 日。

性，缺乏更明确、更详尽的权力划分的程序规定，而变得公开化和合理化，为法官随意剥夺陪审员的权力，主动制造有利于法官的集权，留下了隐患。来自福建省莆田市的一份调查材料显示，本来，我国法院系统数年来的职业化实践，使一些法官习惯于现有的审判模式。相关制度设计的瑕疵使一部分法官对人民陪审员制度产生模糊认识，甚至抵触情绪。① 前已述及，在实际庭审中，一些法官几乎不给陪审员发表意见的机会，也不愿意在庭后认真听取陪审员的意见。为什么会这样？据一位观察家的分析，这与目前的案件分配机制有关。对于一些案件来说，其在分配之后就已经深深地打上承办人的烙印。而陪审员的加入（合议庭——笔者注），尤其是一个陌生的陪审员的加入，对承办人的权力多少都是一种制衡与削弱，这当然符合制度设计者的目的。② 由此可见，案件的分配承办制度与人民陪审员制度之间存在无法避免的冲突。在这种冲突面前，在人民陪审员制度暂时不能改变的前提下，案件的分配承办制度必须进行改变和让步。必须明确规定，承办人对分给自己的案件并不享有专有控制权，承办人不是分给自己的案件的“国王”。

对于确定由人民陪审员参加合议庭审判的案件，应当做好哪些庭前准备工作，在案件的审理、评议、裁判等阶段又有哪些详细的职责规定，在《全国人民代表大会常务委员会关于完善人民

---

① 许国德：《人民陪审员制度存在的问题及几点思考》，2010－12－10 10：36：38 福建省莆田市城厢区人民法院网，访问日期：2013 年 10 月 3 日。（此文源于网络，但距今较久，网址已无法查实，此处已标明最初引用网站，供读者参考。）

② 严奇荣：《需要决定功能——基层民事司法中人民陪审员制度的考察》，http：//wxzy. chinacourt. org. pllblic/detBil. php？ id＝694，访问日期：2013 年 10 月 3 日。

陪审员制度的决定》中未作明确规定。[①] 由于缺乏明确的分权制度设计，陪审员处于被动地位。来自河南省洛阳市的一份调研材料显示，在人民陪审员使用过程中，随意性较大，有的把陪审员直接分到业务庭室，也有的凭印象和私人关系来挑选使用陪审员，还有的从本院的工勤人员中选任陪审员，造成部分陪审员成为“陪衬员”，“陪而不审”现象时有发生；有的通知陪审员参加陪审时间仓促，陪审员不能很好地进行庭前阅卷，仅靠庭审了解案情，在庭审中发挥作用受限。[②] 来自湖南省桃源县的一份调研材料显示，有些陪审员往往在庭审当天才阅读案卷，有的甚至根本没有阅卷，对案件不够熟悉，所以在庭审中，陪审员或开庭时坐一坐，只陪不审；或根据审判长的要求做些调解、协调工作；或盲目附和审判长的意见，成了陪衬。因此，实践中出现人民陪审员“陪而不审、审而不议”的现象，使得人民陪审员制度流于形式。[③] 来自安徽省芜湖市的一份调研材料显示，基于时间原因，大多数陪审员不能庭前阅卷，而是靠庭审了解案件，从而使多数陪审员在开庭和评议时不敢贸然发言，易受审判员影响。[④]

---

① 许国德：《人民陪审员制度存在的问题及几点思考》，2010－12－10 10：36：38 福建省莆田市城厢区人民法院网，访问日期：2013 年 10 月 3 日。（此文源于网络，但距今较久，网址已无法查实，此处已标明最初引用网站，供读者参考。）

② 臧道章：《关于全市法院人民陪审员制度运行四年来的调研报告》，http：//hnlyzy. hncourt. gov. cn/public/detail. php？id＝345，访问日期：2013 年 10 月 3 日。

③ 覃红卫：《对基层法院落实人民陪审员制度的调查与思考——来自湖南桃源的调查报告》，https：//www. chinacourt. org/article/detail/2011/05/id/449669. shtml，访问日期：2013 年 10 月 3 日。

④ 芜湖市法院：《人民陪审员制度运行情况调研》，http：//whx. wuhucourt. gov. cn/DocHtml/192/2012/7/3/00054689. html，访问日期：2013 年 10 月 7 日。

3. 部分合议庭的不良运作方式导致法官的集权

在审判实践中，部分法院合议庭的工作表现为“形合实独”，这造成对陪审员的排斥，使陪审员在合议中沦为“摆设”，从而产生将审判权集中于法官的错误倾向。来自福建省的一份调研材料显示，基于当前基层法院案多人少的情况，法院的合议制度“形合实独”的现象很严重，合议庭的成员组成缺乏稳定性，合议庭集体决策的表象下实际上是案件的承办人担当了主角。合议庭在评议案件的时候，往往是承办人担任主持者，对案件有最大的发言权，案件的评议也基本上是围绕其意见展开，评议的深度和广度不够，缺乏辩论式的交流，没有形成合议庭讨论表决机制，弱化了陪审员的作用。① 来自湖南省桃源县的一份调研材料显示，法官把人民陪审员当成“花瓶”，虽然有法律条文明确指出人民陪审员和法官平等，但在实际庭审中，部分法官根本不给人民陪审员发表意见的机会，人民陪审员有时甚至连嘴都插不上。在庭审中，审判长、审判员参加诉讼全过程，而人民陪审员仅在开庭时或开庭后才介入案件，造成陪审员与审判长所获得的案件信息不对称。② 甚至有个别法官在庭审时对陪审员态度较差，随意剥夺人民陪审员权利，不给陪审员问话机会，不让陪审员参加合议。③

---

① 许国德：《人民陪审员制度存在的问题及几点思考》，2010－12－10 10：36：38 福建省莆田市城厢区人民法院网，访问日期：2013 年 10 月 3 日。（此文源于网络，但距今较久，网址已无法查实，此处已标明最初引用网站，供读者参考。）

② 覃红卫：《对基层法院落实人民陪审员制度的调查与思考——来自湖南桃源的调查报告》，https：//www.chinacourt.org/article/detail/2011/05/id/449669.shtml，访问日期：2013 年 10 月 3 日。

③ 臧道章：《关于全市法院人民陪审员制度运行四年来的调研报告》，http：//hnlyzy.hncourt.gov.cn/public/detail.php？id＝345，访问日期：2013 年 10 月 3 日。

4. 我国庸俗人情观念的消极影响，放纵了法官的集权倾向

福建省莆田市城厢区人民法院的陪审员林某说："感到有些法官怕麻烦、怕监督，缺少让人民陪审员参与案件的主观意愿，加上法律没有规定哪些案件让人民陪审员参与审理，没有规定有多少比例的案件必须让人民陪审员参与审理，导致法院跟法官在是否请人民陪审员上有较大的随意性。许多法官都比较喜欢找自己比较熟悉、关系比较好的陪审员，这样一来制约作用可能明显削弱。"①

从以上讨论中可以看到，实践中已存在人民陪审员"陪而不审""审而不议"的现象。这种现象的形成主要有三个原因：第一，陪审员制度设计存在缺陷；第二，部分法官往往有潜在排斥陪审员而独享审判权的专权动机和倾向；第三，陪审员本身的消极和不作为。在陪审员与法官的关系中，由于缺乏分权的制度设计，为法官与生俱来的潜在集权倾向（排斥陪审员）提供了制度便利，最终导致审判权完全集中于法官手中。至于陪审员本身的消极行为，完全可以通过建立适当的考核制度予以克服。实际上，陪审员表现消极在大多数情况下是出于被动和无奈。

七、河南省人民陪审团制度的进步意义与局限性

（一）河南省人民陪审团制度（以下简称河南陪审团制）的特点和进步意义

2009 年初，中原大地突然响起了一声惊雷："河南人民陪审

① 许国德：《人民陪审员制度存在的问题及几点思考》，2010－12－10 10：36：38 福建省莆田市城厢区人民法院网，访问日期：2013 年 10 月 3 日。（此文源于网络，但距今较久，网址已无法查实，此处已标明最初引用网站，供读者参考。）

团制度诞生了。”[①] 它的出现，仿佛让我们在困惑之中看到了完善人民陪审员制度的希望。拿河南陪审团制与人民陪审员制度相比，可以看出前者的显著特点和进步意义，主要表现在以下两个方面：

第一，组成9～13人的陪审团，借助人民集体的力量，与法官抗衡，以实现人民参与司法的壮举。[②] 设计者深知，法官是一支精明却传统的力量，单名或两名陪审员难以对法官产生实质性影响。但陪审团人多势众，可以形成“分权”之势力，法官就不得不重视。单就这一点而言，河南陪审团制就是对传统人民陪审员制度的一个大突破，是一个积极的进步。

第二，在没有法官在场的情况下，陪审团单独开会、讨论，独立地发表意见，提出建议。不管陪审员们发表的意见水平如何，人民群众在法院可以单独开会、讨论案件。这是人民参与司

① 韩俊杰、王晓凡：《河南：农民也能进“人民陪审团”参与判案》，http：//zqb. cyol. com/content/2010－04/07/content_ 3171011. htm，访问日期：2013年10月15日。这项制度首次实施是在2009年2月，河南省法院刑一庭在公开开庭审理的一起社会广泛关注的死刑二审案件过程中，率先尝试邀请人民群众代表组成“人民陪审团”，参与刑事审判，对案件裁判发表意见，引起了全国各界的强烈反响。

② 陪审团成员库比较庞大，每个县市区不少于500人。根据河南省高级人民制定的《关于在刑事审判工作中实行人民陪审团制度的试点方案（试行）》的规定，参加庭审的陪审团成员，每次都是随机抽取的20～30人。随后，法院根据各成员是否应当回避、能否参加庭审等情况，最终确定9～13人（单数）组成人民陪审团。如果有些人想在陪审团身上“下功夫”，他必须同时关注500人，同时“吃请拉拢腐蚀他们”。另外，陪审团成员保证是随机抽取的，具有不确定性。王在华、乔良、孙照君：《河南法院全面试行人民陪审团制度农民也可组团》，http：//news. sina. com. cn/c/2010－03－26/060417276392s. shtml，访问日期：2013年10月15日。另参见田静：《河南法院试行的人民陪审团制度与人民陪审员制度的区别》，http：//nyzy. hncourt. gov. cn/public/detail. php？id＝2668，访问日期：2013年10月15日。

法的好形式，是司法民主的具体体现。

（二）河南陪审团制的局限性

笔者也注意到河南陪审团制存在明显的局限性。

一是河南陪审团作出的不是决定，而是所谓“意见”。[①] 不知这种“意见”的称谓是出于宣传的需要，还是策划者既定的定位，或者两者兼而有之。这种称谓是不信任陪审团的表现，是对陪审团不放心、不放权的表现。

二是河南陪审团制仍议论法律事项。这与人民陪审员制度无异。笔者认为，其议论范围过宽。如允许河南陪审团制议论法律事项，表面看似扩大了陪审团议论事项的范围，其实恰好会限制陪审团的作用范围。因为由河南陪审团议论法律事项，则它只能参与陪审案情简单的案件，因为这种案件中法律问题简单。如果遇到法律问题复杂的案件，陪审团就无能为力了。相反，假如不允许陪审团议论法律问题，那么它对简单案件和复杂案件均可议论，因为此时陪审员只根据个人的经验去讨论事实问题，而这是可以做到的，英美法系国家无数的经验早已证明这一事实。

陪审员是我国人民陪审员制度的主体。他们绝大多数人不具有法律知识，但他们拥有自己的生活常识和社会经验。关于该制度的所有设计，都应该围绕人民陪审员这一主体及其特点来进

---

① 在职责定位方面，河南人民陪审团参加庭审，陪审团成员可以就案件证据认定、事实认定、法律适用、裁判结果等发表意见、进行讨论，形成陪审团书面意见并经全体人民陪审团成员签名。合议庭评议案件时，人民陪审团的意见是“重要参考”。如果陪审团的意见与合议庭的意见不一致，案件要上报审判委员会讨论，但判决的最终决定权仍在法院。田静：《河南法院试行的人民陪审团制度与人民陪审员制度的区别》，http：//nyzy. hncourt. gov. cn/public/detail. php？ id = 2668，访问日期：2013 年 10 月 15 日。

行。制度设计者不应脱离主体之特点，搞一套自以为是的主观主义设计。否则，就达不到目的。然而，现行的制度完全违背此特点，错误地规定了人民陪审员的任务或职能，要求他们不仅审理事实问题，还要同时审理法律问题。为了使他们能够完成审理法律问题的任务，各级法院均制定和实施了人民陪审员的短期法律培训计划，如一个星期、一个月等。然而，这种短训与四年制的本科法律学习（何况本科生完成课程学习任务后，还有一段实习期）相比，怎么可能具有同样的效果？理论推演和多年的陪审员司法实践已经证明，要求陪审员审理法律问题是一项绝对不可能完成的任务。因此，今后陪审员制度的改革方向之一，就是取消河南陪审团制中对法律事项的议论，仅讨论事实认定问题。[①] 否则，就可能步入传统人民陪审员制度的老路。

三是河南陪审团制在讨论事实问题时，却没有证据法的具体指引，这是一项缺陷。存在这个问题或许有两个原因：其一我国尚未制定成文的证据法典，即便法官想作出指示，也缺乏法典可以援引；其二在法学教育中，证据法的教学从来就是一个比较薄弱的环节，许多法官都缺乏证据法学的素养。这样一来，法官也担负不起指引的重任。

---

① 蔡彦敏提供了更多的依据。她认为，陪审团成员是法律外行，由他们承担事实认定职能的主要考量，除了政治参与、权力制约等外，还因为他们背景和视角的多样性造就了其独特优势和胜任工作的潜在能力。与适用法律的功能不同，陪审员一般能履行事实认定职能。陪审团审判，实际上是给予法律外行人对案件审判提供意见的机会，这种荣誉感和新鲜感更易使陪审团成员带着新鲜的耳朵倾听庭审全过程。蔡彦敏：《对中美民事陪审制度的比较与思考》，载江伟主编《比较民事诉讼法国际研讨会论文集》，中国政法大学出版社，2004，第 251 页。

八、尽快制定证据法和陪审团法，以便构建合理的分权机制，完善人民陪审员制度

陪审团是一种与法官分享裁判权的法定审判组织。分权是陪审团制度的首要特征，是陪审团制度存在和发展的必要条件。为了使陪审团的工作有效地运转起来，需要立法机关制定有关陪审团如何与法官分享裁判权的制度、方法、权利义务关系等一套系统的制度，其中最关键的是制定证据法和陪审团法。

（一）优先制定证据法，克服陪审团制发展中的短板

为了保障河南陪审团制的稳健发展，进一步革新我国人民陪审员制度，我们必须抓紧制定证据法。从陪审团制度和证据法的发展历史来看，在司法实践中，先引进了陪审团制度，在其发展过程中才缓慢地逐步形成了一系列证据规则，最后在此基础上构成成文的证据法典。[①] 但如今时针已指向 21 世纪，司法环境已经发生巨大变化。我们注意到，英美法系国家的证据法已经十分发达。有的国家（如英国）在民事审判中甚至保留了证据法而废弃陪审团制度。[②] 这些完善的证据规则可以被我们充分借鉴，以实现我国法治建设的跨越式发展。我们完全没有必要重复别人几百年前走过的缓慢路程。我们的道路可以大致设想如下：

一是制定证据法典。它可以是包含民事诉讼、行政诉讼和刑

---

① 诉讼中的辩论制或对抗制来源于英国中世纪的控告制，它主要指犯罪应由被害人或有关人员提出控告并提供证据，法院一般不主动追究犯罪和调查证据。英国中世纪的这种控告制与它所推行的陪审制是密切联系的。沈宗灵：《比较法总论》，北京大学出版社，1987，第 243 页。

② 英国早在 1933 年就已取消在民事案件中实行陪审制，仅在刑事案件中才保留。在英美两国，第二次世界大战后，陪审裁决必须一致同意的原则一般已改为多数同意原则。沈宗灵：《比较法总论》，北京大学出版社，1987，第 242 页。

事诉讼的综合性的证据法，也可以分别制定民事诉讼证据法、行政诉讼证据法和刑事诉讼证据法。

二是在颁布证据法典之后，必须对法官们强化证据法的培训和教育。因为根据英美法系国家的经验，在陪审团听审案件的过程中，法官们负有指示的义务，即指示陪审团如何判断证据的义务。法官们深刻地、全面地掌握证据法是陪审团制度成功的关键。陪审团不懂得证据法，需要法官们作出指引，以便不作出违反证据规则的判断。如果法官们不懂证据法，就无法指引陪审团去正确地认识事实和证据，那么陪审团就无法正确地判断事实。从这个意义上说，河南陪审团制具有极大的盲目性，不符合陪审团制度发展的历史规律。陪审团制度确立之后，不能搞“运动式”的一下子盲目推开，必须有所选择。选择的标准之一是，先在上海等大城市试点，这里法官们整体法律素养好，比较尊重诉讼规则。对法官必须进行证据法的严格考试。对于那些熟练证据法的法院，可以试行陪审团制度。反之，如果法官们掌握证据法知识比较少，那么就不能进行陪审团的审判。这是理性的选择。

（二）应当制定有关陪审团制度之特别法

根据英美法系国家的司法实践和理论总结，如果我国陪审团制度得到理性发展，可能发展出两套审判系统：一套是由陪审团和法官共同组成的特别审判系统；另一套是由法官单独组成的普通审判系统。对这两套审批系统及其判决，应当有不同的处置措施，不能同样对待，对此，须有预备方案。

笔者注意到，我国虽于 2018 年 4 月 27 日颁布了《人民陪审员法》，但与以往的相关规定相比并没有实质性的变化，过去的问题依然存在。因此，我国陪审制度应当继续改革，可以考虑从以下几个方面着手：（1）严格划分法官和陪审团的权限范围，两者互不干涉；（2）陪审团作出的有关事实的裁决，法官无权过问，必须尊重，上诉法院也必须尊重，不得任意修改或废除；（3）完善陪审团成员的挑选及其程序；（4）增加候选人的采纳和剔除的规定；（5）增加对逃避陪审义务的处罚的规定；（6）补充陪审团解散的规定；（7）增加法官对陪审团的证据指导义务和指导方法的规定。

第三章 驳行为责任和结果责任理论的两个假定前提

一、行为－结果责任理论的理论困境

行为责任和结果责任理论（以下简称行为－结果责任理论）是我国民事诉讼证据法学界有影响的一种举证责任理论。这种理论在我国最早出现是在 1992 年，然而它一直深陷理论困境之中，难以自拔，需要从根本上做反思。

1992 年，当时比较有影响力的学术著作——《中国民事诉讼法学》一书这样写道："举证责任的义务性质决定了其包含着两个方面的内容，即行为责任与结果责任。行为责任是指当事人对其主张的事实负有提出证据加以证明的责任。这种责任具体体现在，法律要求当事人在诉讼过程中就自己的主张实施提供证据行为和证明行为。基于这种责任，原告起诉时应在诉状中记明证据和证据来源，证人的姓名和住址，并提交有关的书证和物证；在诉讼进行中，当事人提供的证据如不充分，应按人民法院的要求提供补充证据。结果责任是指当事人在其主张无法证实时承担不利诉讼后果的责任。这种不利诉讼后果既表现为实体上的权利得不到司法保护，也包括因败诉而承担诉讼费用。结果责任依附于行为责任，只有在当事人不能提供证据证明其主张的真实性，而且不具备应由人民法院主动收集、调查证据的法定事由，或者具备该种法定事由，但人民法院仍未收集到必要的证据时，当事人才现实地承担不利诉讼后果。”[①]

在当代社会科学的研究中，行为主义的理论因其具有合理性和科学性受到学者的普遍重视。因此，借行为主义理论来研究举证责任问题是值得称道的。行为主义主张，一门学科（特别是证据法学、心理学等社会科学）如果要成为一门真正的科学，那么对其发展过程进行科学的微观考察时，只能以“行为”作为研究的题材，因为行为是公开的、可以度量的、可观察的、可重复的。在行为主义看来，举证责任理论的研究要建立诉讼过程环境刺激与诉讼主体行为反应之间有规律的联结（因果关系）。不可观察、不可度量的任何现象都不是科学研究的题材。[②] 然而，基于我们目前尚不知道的原因，上面所引用的一段论述存在如下问题，似乎与行为主义理论的要求相距较远。第一，就行为责任来说，它的行为就是当事人“提出证据加以证明”，其中包括两种行为，即提出证据的行为和利用证据加以证明的行为。但是，假如当事人不提出证据，或者虽提出证据而不加以证明，其责任如何表现？从书中找不到相应的答案。第二，就结果责任来说，它是指当事人在其主张无法证实时承担不利诉讼后果的责任。这种责任的前提是“当事人的主张无法得到证实”。这与大陆法系和

① 柴发邦主编《中国民事诉讼法学》，中国人民公安大学出版社，1992，第331页。

② 彭孟尧：《人心难测——心与认知的哲学问题》，生活·读书·新知三联书店，2006，第62页。

英美法系学者的通说存在巨大差异。按照通说，举证责任的前提是“事实真伪不明”。只有在出现案件“事实真伪不明”的情况下，才会产生利用举证责任法则令主张权利的一方承担不利诉讼后果的风险问题。从该书来看，作者显然没有提及这个前提。因此，该作者所说的结果责任与通说意义上的举证责任之间到底是何种关系，令人难以理解。第三，对造成结果责任的具体证据活动情况缺乏描述。实际上，由证据因素导致结果责任的具体表现应该是，由法官实施证据的审查判断行为，认定当事人的主张无法被证据所证实，从而判断该当事人承担不利的诉讼后果。从当事人一方来说，是当事人未能完成其说服责任（当事人所提供的证据不具有相应的证明力，不能够在法官心中形成内心确信，而被排除的情况），因而得到承担相应的不利诉讼后果。第四，在谈到行为责任与结果责任的关系时，该作者说“结果责任依附于行为责任”。所谓“依附”是指依赖、从属的意思。这个词语用在这里表示行为责任与结果责任的关系，说明行为责任具有决定性作用，而结果责任取决于行为责任，这意味着结果责任缺乏独立性。在这种情况下，由于举证责任包含行为责任和结果责任，那么行为责任的性质就从根本上决定了举证责任的性质。但是，行为责任的性质是什么？作者并没有告诉我们。

此外，该理论还主张举证责任可以转换。在《中国民事诉讼法学》一书中作者写道：“在民事诉讼程序进行中，举证责任并非自始至终地由一方当事人来承担。相反，举证责任是可以转换的。举证责任既可能从原告方转移到被告方，也可能从被告方转移到原告方。在一般情况下，当事人如果已对自己主张的事实提出证据加以证明，就可以不再举证。另一方当事人如果否认这种主张，就应提出证据加以证明。至此，举证责任已经发生了转换。如果他也有足够的证据加以证明，也可不再举证。如果对方当事人再以事实反驳，他就应当对其主张再提出证据加以证明。这时，举证责任又一次发生转换。……通过当事人之间这种举证责任的转换，可以帮助人民法院查明事实，分清是非。”①

上述问题在毕玉谦先生 1997 年出版的著作中得到了部分改善。毕先生在《民事证据法及其程序功能》一书中写道：“在举证责任所包含的行为责任和结果责任中，真正能够代表其本质的应是结果责任，因为行为责任只是一种现象，而结果责任才属本质。……作为行为责任会随着诉讼的进展而发生转移，以致造成双方当事人对同一争议事实均负有对等举证责任的假象，而结果责任则自始至终由某特定一方当事人负担，从不发生转移。可见，结果责任体现了举证责任这一特定事物的根本性质，它呈现于相对稳定、抽象的静态之中，它是举证责任外部表现形态即行为责任的发生根据。因此，对提出事实主张的当事人来说，诉讼开始时负担的实际上是一种潜在的举证责任，由于存在当事人的举证活动和法院调查收集证据的活动，这种潜在责任一般不会转化为现实，因此，举证责任又是一种可能发生的败诉危险，从此意义上，便可认定举证责任的法律性质为败诉危险负担。”②

该观点值得肯定的地方是：第一，结果责任确实能够体现举证责任的本质内容；第二，结果责任是不会发生转移的，行为责任则可以转移。

---

① 柴发邦主编《中国民事诉讼法学》，第 337 页。

② 毕玉谦：《民事证据法及其程序功能》，法律出版社，1997，第 145 页。

李浩教授也同意毕玉谦先生的看法。他说，一般认为，举证责任既包括行为意义上的举证责任，又包括结果意义上的举证责任，但真正能够说明举证责任本质的，乃是结果责任。同一待证事实的结果责任只能由一方当事人负担，不可能归属于双方当事人，这是举证责任分配的公理。① 然而，这个在一定程度上修正后的理论仍然有一些重要命题值得商榷。其一，行为责任只是一种现象吗？其实，行为责任本身有其特定的内容。它是一种独立的责任，具有其本质的东西，有其特定的要求和后果。因此，把行为责任与结果责任之间的关系比作"现象与本质"的关系，是一种简单化的做法。其二，行为责任和结果责任各自还有哪些更为具体的内容，无法找到答案。② 其三，如何区分行为责任与结果责任之间的关系？如果不做细分，就无法更深入地讨论举证责任与行为责任的关系、举证责任与结果责任的关系等问题，从而留下了不少理论空白。

笔者曾经比较详细地阐明了行为－结果责任理论的错误，认为它总体上不先进、不科学，烦琐而不实用，并提出要放

---

① 叶自强：《举证责任》，法律出版社，2011，第25－26页。

② 在民事诉讼中，"提供证据的责任"与举证责任存在如下区别：一是责任的主体不同。在一般民事案件中，承担举证责任的主体是原告；在举证责任倒置的情形下，承担举证责任的主体是被告。无论是一般民事案件，还是特殊民事案件，提供证据责任的主体既可以是原告，也可以是被告。二是责任的来源或依据不同。提供证据的责任来源于原告或被告的内在的取胜欲望；而举证责任来源于法律的强制性规定。提供证据的责任属于任意性的规定，取决于主张者或反驳方的自由意志，他可以行使主张权或反驳权，也可以放弃主张权或反驳权。三是后果不同。原告或被告"提供证据展开攻击或予以反驳"这种责任如果履行不能，并不必然导致败诉的后果，而负担举证责任的一方如果没有尽到自己的举证责任，则必然会导致败诉的风险。可见，两者在承担责任的主体、责任的依据和后果等方面都是不同的，不可混淆。

弃它，[1] 到现在已经十余年。但是，在个别有影响力的全国性法学报刊中，行为－结果责任理论仍被一些法官反复引用，作为其判案的举证责任理论依据，[2] 这说明该理论在法官群体中有一定的影响力，因此，有必要再次撰文予以澄清。否则，将致使我国举证责任理论及其司法实践在低水平上徘徊。

经过周密研究，笔者发现，行为－结果责任理论存在两个重要的假设前提：其一，在实现结果责任之前发生的一系列行为中，它们的性质是相同的，不存在矛盾和冲突；其二，所有这些行为都指向一个目标——结果责任。其实，这两个假设前提都是错误的，从根本上动摇了该理论赖以存在的基础。

二、提供证据行为与说服行为的分界线及其划分依据

（一）提供证据行为与说服行为的分界线

在诉讼实践中，从起诉、立案到提交证据，再到最后作出判决的过程中，“事实审言词辩论终结时”是一个十分重要的、不可以忽略的节点。它代表着两种不同性质的行为的分水岭。它是提供证据行为阶段的结束，同时又是说服行为（法官审查判断证据获得内心确信）阶段的开始。为什么以“事实审言词辩论终

① 叶自强：《举证责任及其分配标准》，法律出版社，2005，第33－34页。

② 向亮：《履行合同义务所附条件是否成就的举证责任分配——重庆二中院判决喻流元诉富农公司买卖合同纠纷案》，《人民法院报》2012年8月23日第6版；王国才、程慧平：《运用经验法则认定亲属间借贷关系》，《人民法院报》2013年11月7日第7版；吴庆宝：《公司无法清算之举证责任分配》，《人民法院报》2013年10月9日第7版。此外还有更多的案例，可以通过《人民法院报》的官方网站，输入以下关键词搜索得到：行为意义上的举证责任或行为责任，结果意义上的举证责任或结果责任。

结时”作为提供证据阶段的结束，同时作为法官审查判断证据阶段的开始？要回答这个问题，必须先回到大陆法系国家既判力发生理论的通说。

通说认为，确定判决的既判力，原则上应以事实审言词辩论终结时为基准。因为就该时点的权利义务关系，判决原则上应以当事人的言词辩论为基础，在事实审言词辩论终结之前，当事人在原则上可以随时提出诉讼证据。在起诉后，事实审言词辩论终结之前，情形如有变动，也可提出诉讼证据，反映于判决内容中，故将既判力的基准时点定于事实审言词辩论终结以前，不大妥当。① 在事实审言词辩论终结时，在该时点的权利义务关系的存否已经确定，故将该时点定为既判力的基准时点。

在我国司法改革实践中，设立举证时限制度和证据失权制度时，也保留了这种划分方法。2001 年，最高人民法院在起草《证据规定》（2002 年）的过程中，就设立举证期限有过争论，最后就举证期限形成两种方案：一是将举证期限的截止期定在开庭审理前，要求当事人一般应当在开庭审理前完成举证。当事人在二审中提出一审未提出的证据并请求变更或撤销一审裁判的，除

---

① 既判力的标准时间与审级制度和证据出示的时间有着密切关系。由于各国审级制度和证据出示时间的不同，在既判力的标准时间方面存在明显差异。英美法系国家由于采用陪审制度，真正的事实审只限于一审，证据只能在一审阶段提出，故一审言词辩论终结时为其既判力的标准时间。在大陆法系国家，虽然学理认为事实审言词辩论终结时为其既判力的标准时间，但实际上这种理想只有在当事人不上诉的情况下才能实现，一旦上诉，则二审事实审言词辩论终结时为既判力的标准时间。因为依据德国、法国、日本的法例，实行三级三审制，其中一审、二审为事实审，三审为法律审，在二审阶段重新进行言词辩论可以提出新的证据，但在法律审阶段则不能。我国实行两审终审制，两级审均允许提出诉讼证据，故事实审言词辩论终结时是指二审的言词辩论终结时，这与大陆法系国家基本一致，与学理对既判力的时间范围的界说有一定差距。

非有正当理由，法院不予接受，视为该当事人在一审诉讼期间已放弃举证的权利，由其承担举证不能的法律后果。二是虽然也要求在开庭审理前完成举证，但将举证期限的截止期定在法庭辩论终结时，在此之前提交证据法院都应当接受。如因此而造成对方当事人增加费用，则应给予补偿。[①] 第二种方案与大陆法系国家是一致的，与英美证据法的做法基本相同。[②] 可见，以“事实审言词辩论终结时”作为举证时限的方法（也是划分提供证据行为与说服行为的方法）具有普遍性。

根据上述划分方法，从起诉和提供证据到事实审言词辩论终结时，这个时间范围内，本身构成一个密切联系的、自成体系的证据行为发生系统。而行为－结果责任理论的主张者恰恰忽略了此点，以为得出最后结果之前的所有行为都可以由“行为责任”一词中的“行为”所抽象地涵盖。其完全忽略了最后结果之前的所有行为是由一系列具体提供证据行为所组成的，其中有些行为具有同质性，另一些则是性质完全不同的行为，这些非同质行为必然会发生不同的结果，而这样的“结果”并不是“结果责任”中的“结果”（对此将在下文第三部分作详细分析）。

---

① 李浩：《民事证据立法前沿问题研究》，法律出版社，2007，第 50－51 页。

② 在英美证据法上，把诉讼分为前期和后期。提供证据的负担（burden of adducing evidence）出现在诉讼的前期，是指提供足够的证据，使法官认为有理由把争执事实交给陪审团作断定，或者如果案件不使用陪审团，由法官继续听审。法官如果认为证据不够，得主动或凭一方当事人提出的“没有需要答辩的事实”的申请，作出不把争执事实交给陪审团或停止听审的决定。证明负担（burden of proof）出现在诉讼的后期，即法官在审查所有证据之后有一定程度的怀疑，则承担证明负担的该当事人将在该争执点上败诉。例如，陪审团或法官衡量盖然性后，并不认为被告有过失，那么原告的过失侵权行为之诉将得到败诉判决。参见沈达明编著：《英美证据法》，中信出版社，1996，第 40－41 页。

从上面可以看到，行为－结果责任理论中存在两个错误的前提假设：其一，在实现结果责任之前所发生的一系列行为中，它们的性质是相同的，不存在矛盾和冲突；其二，所有这些行为都指向一个目标——结果责任。既然假设前提是错的，那么其后的推理和演绎还会正确吗？

（二）行为的连续性和因果性

根据物理学中的量子理论，在物质的微观领域，在一切可能的层级里，如果摒弃因果性概念和运动的连续性概念，“就意味着，在一个量子从一个系统传递到另一个系统的过程中，存在玻尔所谓的‘非理性的特征’，这句话的意思是，我们根本不可能得到关于过程的细节的合乎理性的概念。这是因为，如果放弃了连续性和因果性，那么人们就不再能描述，甚至无法想象给定时刻的现象与更早的现象之间的任何确定的关系。结果，我们就无法精确地表述可以确定单个微观客体的存在方式的那些性质和特性，也无法表述可以应用于这些微观客体的精确定律”①。

上述观点对于我们科学考察诉讼过程中的提供证据行为也具有深刻的启迪。笔者认为，行为－结果责任理论放弃了连续性和因果性，使我们不能描述如下现象：（1）提供证据行为的存在形式和性质；（2）起诉、立案，尤其是提供证据与结果责任之间的确定关系；（3）何种行为与结果责任之间具有直接的关系；（4）说服行为和说服责任的存在形式和性质。

---

① 玻姆：《现代物理学中的因果性与机遇》，秦克诚、洪定国译，商务印书馆，1965，第108页。

如何理解提供证据阶段的一系列行为的可分性和连续性呢?①

无数的诉讼实践表明，在诉讼过程中，从起诉和提供证据到作出判决，不是瞬时就能完成的，一定会有一个提供证据的持续状态。除了起诉、立案和提供证据之外，还有开庭、法庭调查、法庭辩论、事实审言词辩论终结、法官评议（审查和判断证据）等几个相对独立的阶段。也就是说，在这些阶段中，存在可分性。对于证据法领域来说，“事实审言词辩论终结时”是非常重要的概念，它作为划分提供证据责任与说服责任的标准，特别重要，因为提供证据行为与说服行为（审查判断证据行为）在性质上是不同的。

在这个问题上，行为-结果责任理论存在简单化的倾向，该理论的主张者没有精确考察诉讼过程特别是诉讼过程中提供证据的持续情况，仿佛提供证据能够在一瞬间就结束，直接达到结果责任的彼岸，这只能是一种主观臆想。

为了准确而简洁地阐明问题，笔者拟引进两个符号 T 和 S。T 代表“事实审言词辩论终结时”之前的全部提供证据行为；S 代表“事实审言词辩论终结时”之后直至达成结果责任之前的全部说服行为。T 和 S 是性质上截然不同的两个行为系统。虽然从总体上来看，从起诉到判决之间应该存在大致的模糊的因果关系，但是这种因果关系并不直接。因为 T 和 S 虽然是一个案件的两个行为系统，但毕竟是可以分开的，两者能够各自独立，分别构成各自一体的封闭的因果关系系统，有自身的存在形式和性

① 玻姆:《现代物理学中的因果性与机遇》，第 107 页。

质。行为 - 结果责任理论通常所要求的因果关系连续性在这里会失效。

T 和 S 各自有一个连续的范围。T 的连续的范围是：从起诉和提供证据到事实审言词辩论终结时。S 的连续的范围是：从事实审言词辩论终结时到法庭评议阶段结束。这也是说服行为的作用范围。

在 T 和 S 内部，各自可以建立准确的因果关系。而在行为 - 结果责任理论中，则很难建立准确的前后紧密的因果关系。如果硬要建立因果关系，那么其中必然会充满矛盾。[①] 因此，必须把 T 和 S 分开，以便细致地考察各自的内部关系。可以看到，在 T 这个可以提供证据的连续的范围内，其共性是：提供证据的责任可以在原告与被告之间转移。常有人说，

---

① 有的学者不满意我国诉讼中的举证责任概念十分模糊的状况，试图把举证责任概念具体化，提出举证责任包括行为意义上的举证责任和结果意义上的举证责任。这是一种将举证责任具体化的尝试。这种观念已经流传二十年多年。其实，这两个概念很不准确，应当予以澄清。通过细致观察不难看出，在举证责任领域，“举证”行为包含两个更加具体的行为——提出证据和对证据加以说明以使证据具有说服力。简言之，就是包含提出和说服两个行为。如果“行为意义上的举证责任”这个概念成立，那么就会出现另外两个更为具体的概念——“提出行为意义上的举证责任”和“说服行为意义上的举证责任”。由于存在提出和说服这两个更为具体的行为，单纯使用“行为意义上的举证责任”的概念是不够的。因为它没有明确指出这个“行为”到底是哪一个。如果“结果意义上的举证责任”概念成立，那么也会出现另外两个更为具体的概念——“提出证据责任之结果意义上的举证责任”和“说服责任之结果意义上的举证责任”。因为结果是行为所引起的。既然存在两种行为——提出证据和对证据加以说明，那么当然就存在这两种行为之下的两种结果。既然如此，单纯使用“结果意义上的举证责任”的概念是不够的。因为它没有明确指出这个“结果”到底是哪一个，又是谁导致了这一结果。如果硬要用“结果意义上的举证责任”指代说服责任或者提出证据的责任，则是不全面的，是一种片面的、想当然的观点。总之，“行为意义上的举证责任”也好，“结果意义上的举证责任”也好，这两个概念都是不科学的。

举证责任可以转换，这其实是没有精确考察 T 这个可以提供证据的连续的范围内的详细情况而不负责任的、似是而非的一种臆断，或者未经任何亲自考察的以讹传讹的议论。在 S 这个不能再由当事人提供证据，而只能由法官（或法官和陪审团共同审理）评议证据的连续的范围内，其共性是：说服责任不能转移。

（三）结果责任的直接原因与条件（或背景原因）的区分

在行为－结果责任理论中，存在直接原因与条件（或背景原因）混同，并以前者取代后者的明显错误。其实，直接原因与条件（或背景原因）是两个不同的概念，必须区分开来，这种区分对于分析问题是有用的。所谓直接原因是指那样一些原因，当它们在问题中给定的范围内变化时，会使结果有显著的变化。而条件（或背景原因）指产生问题中的结果所必备的那些因素，但它们在讨论范围内不会有足够的变化，以使结果也产生显著的变化。例如，我们可以说，肥沃的土壤加上充足的雨量为庄稼长得好提供了一般条件（或背景）。但直接原因则是我们种植了适当的种子。①

直接原因与条件（或背景原因）的区分是相对的，并且这区分又依赖于条件。此外，由于永远不能保证已将全部主要原因都包罗到我们的理论中来了，因而一切因果性定律都必须指明其使用的条件或背景作为补充。②

① 玻姆：《现代物理学中的因果性与机遇》，第 17 页。
② 同上。

用上述理论来分析提供证据的行为和说服行为，可以发现，提供证据的行为是承担结果责任的条件（背景原因），但绝对不是直接原因。直接原因是承担举证责任的一方当事人没有完成说服责任。

从上面的分析可以看到，T 的连续的时间范围是：从起诉和提供证据到事实审言词辩论终结时。在这个时间范围内，提供证据的行为不是瞬时完成的，而是一个连续的过程。这个过程中，向法庭所提供的证据既有来自原告的，也有来自被告的，还有法庭书记员的庭审笔录和法庭依法收集的证据。所有这些证据，将构成法官在评议阶段的证据材料。法官将对这些证据材料进行综合分析和判断。也就是说，从起诉和提供证据到事实审言词辩论终结时，距离分出最终的“结果责任”还有一段距离。其间必须经过（而不可能超越）“法官单独审查评议证据”这个关键的阶段。

从起诉和提供证据到事实审言词辩论终结时，提供证据的主体是原告和被告。从事实审言词辩论终结之后到作出判决之前，审查判断证据的主体是法官，主体发生了根本变化。法官将根据自由心证原则和其他一些证据的判断原则完成此项任务。在依靠证据对案件事实的判断中，将出现三种情况：第一，事实真，则采纳相关的证据；第二，事实假，则排除相关的证据；第三，事实真伪不明。只有在第三种情况下，结果责任才发挥决定性作用。具体来说，就是要根据举证责任原则作出判断，谁承担案件的举证责任，此项事实真伪不明的不利后果，就由谁承担。在一般民事诉讼中，原告承担案件的举证责任，当出现事实真伪不明的情形时，其不利后果就由原告承担。在特殊的民事诉讼中，被告承担案件的举证责任，当出现事实真伪不明的情形时，其不利后果就由被告承担。

（四）小结

其一，“事实审言词辩论终结时”是划分两种行为的基准时刻，这是一个普遍的做法。其二，行为－结果责任理论摒弃因果性概念和证据流动过程中的连续性概念，造成了一系列难以克服的理论困惑。其三，T 和 S 各自有一个连续的范围，包括时间范围和空间范围，其不是瞬时就能完成，它们的性质是完全不同的。其四，T 内部可以建立属于自己的确定的因果关系。同样，S 内部也可以建立属于自己的确定的因果关系。其五，结果责任之直接原因与条件（或背景原因）很不相同，提供证据的行为是承担结果责任的条件（或背景原因），但绝对不是直接原因。直接原因是一方当事人没有完成说服责任。不能对结果责任之直接原因视而不见，使其埋没在条件（或背景原因）之中；也不能将直接原因与条件（或背景原因）混同，或者泛泛地以所谓“原因”概括地、含糊地称呼直接原因或条件（或背景原因）。总之，必须严格地予以区分。这种区分将有助于建构结果责任的严密的因果关系系统，对于科学地构建结果责任的理论是十分必要的。行为－结果责任理论完全忽视了这个重要的方面。

三、提供证据行为与说服行为的本质区别

在英美证据法上，学者们曾经对提供证据责任和说服责任的

概念[①]及其相互区别进行了反复讨论，而对与之密切联系的“提供证据行为”和“说服行为”的讨论并不多见。其实，“提供证据行为”和“说服行为”是不同的、彼此独立的概念，不仅内涵不同，而且行为的实施者、行为方式、证明程度的标准、判断证据所形成的结论性质乃至法律后果等方面，都是不同的。深刻揭示它们的区别，对于进一步认识行为－结果责任理论中的有关问题，澄清某些模糊认识，是十分必要的。两者的不同具体表现在以下六个方面：

其一，行为的主体不同。在刑事诉讼中，提供证据主要由控诉方（刑事公诉案件中的公诉人或刑事自诉案件中的自诉人）承担。在被告人辩解的情形下，被告人也要提供证据。由于法律规定说服责任必须由控诉方承担，说服行为也主要由控诉方来行使和表现，法官主要依据控诉方所行使和表现的说服行为来判断其是否完成了说服责任。在民事诉讼中，诉讼当事

① 所谓提供证据责任，是指在诉讼中，凡提出某种要求、控诉或申请的人，应承担的向法庭提供证据的责任。简言之，就是凡主张某种事实的人，对该事实负有提供证据的责任。当事人具有提供证据的权利和义务。“提出证据责任”包含举证责任的时效性。这种“提出证据责任”应在规定的时限内履行，否则，将导致不被法院接受、对法院判决不产生任何影响的后果。具体地说，在民事诉讼中，当事人必须严格遵守法院规定的提出证据的时间。当事人有义务把他所掌握的全部和案件有关的证据，在规定时间内提出。一旦超过这个时间，除非提出合理原因进行解释，然后由法官酌情给予适当的延长期之外，无论基于其他何种原因，其所提出的证据将不被法院所采纳。法院认为当事人已放弃利用这项证据的权利，该证据不能在以后的司法审查中再提出。举证责任的时效性基于诉讼效率原则而产生，因为任何诉讼都不能无限期地拖延下去。当事人承担提供证据的义务为判例法和成文法所明确承认。所谓说服责任，是指在诉讼中，一方当事人为使法庭审理事实的人（陪审团或法官）信服其提出的全部事实而承担的证明责任。如在一般的民事诉讼中，通常需要原告承担说服责任。换言之，为了使法庭审理事实的人信服被告实施了某项侵权行为，原告应承担说服责任。

人双方都享有提供证据的权利。在第三人参加诉讼的情形下，第三人也享有提供证据的权利。但是法律规定说服责任必须由负有举证责任的原告（一般民事诉讼中）承担，因此说服行为也主要由原告来行使和表现，法官主要依据原告方所行使和表现的说服行为来判断其是否完成了说服责任。但在特殊民事诉讼中，由于实行举证责任倒置，虽然被告和原告都要根据自己一方的情况和需要“提供证据”，但由于法律规定说服责任必须由被告方承担，说服行为也主要由被告来行使和表现，因此法官主要依据被告方所进行和表现的说服行为来判断其是否完成了说服责任。

其二，行为的具体情形不同。在刑事诉讼中，在控诉方“提供证据”的情况下，他必须有针对性地对自己的请求（主张）提供证据，且必须在“事实审言词辩论终结时”之前。请求什么，就提供相关的证据。从被告的角度来说，如果他提出辩解，那么他必须针对自己的辩解提供证据，且同样须在“事实审言词辩论终结时”之前提出。由于法律规定说服责任必须由控诉方承担，在“事实审言词辩论终结时”之后，他应当对自己所提供的证据进行解释或阐明，使证据具有说服力。他应当表明证据与待证事实之间有充分的合理的联系。在一般民事诉讼中，在原告方“提供证据”的情况下，他必须有针对性地对自己的请求或主张提供证据。请求什么，就提供相关的证据。从被告的角度来说，如果他提出反驳，那么他必须针对自己的反驳提供证据，且必须在“事实审言词辩论终结时”之前提出。由于法律规定说服责任必须由原告方承担，他应当对自己所提供的证据进行解释或阐明，使证据具有说服力。他应当表明证据与待证事实之间有充分的合理的联系。在特殊民事诉讼中，实行举证责任倒置，虽然被告和原告都要根据自己一方的情况和需要“提供证据”，且必须在“事实审言词辩论终结时”之前，但由于法律规定说服责任必须由被告方承担，在“事实审言词辩论终结时”之后，他应当对自己所提供的证据进行解释或阐明，使证据具有说服力。他应当表明证据与待证事实之间有充分的合理的联系。法官将根据被告履行说服责任的情况作出判决。

其三，证明程度的标准不同。在刑事诉讼中，在控诉方和被告于“事实审言词辩论终结时”之前“提供证据”的情况下，不要求确证，只要求主体提出初步证据或者表面证据即可。但在控诉方于“事实审言词辩论终结时”之后实施“说服行为”的情况下，要求他作出确证，要求他提供的证据具有无可置疑的证明力。在一般民事诉讼中，原告和被告在举证时限内，在“事实审言词辩论终结时”之前“提供证据”的情况下，也不要求确证，只要求提出初步证据或者表面证据即可。但在原告方实施“说服行为”的情况下，要求他作出确证，要求他提供的证据具有无可置疑的证明力。在实行举证责任倒置的特殊民事诉讼中，被告和原告在举证时限内，在“事实审言词辩论终结时”之前“提供证据”的情况下，也不要求确证，只要求提出初步证据或者表面证据即可。但在“事实审言词辩论终结时”之后，被告方实施“说服行为”的情况下，要求他作出确证，要求他提供的证据具有无可置疑的证明力。[①]

其四，判断证据所形成的结论性质不同。在提供证据阶段，总体来说，从法官方面来说，是对证据作出初步的判断。从数量上说，不是对所有证据的判断，而是对个别证据的判断，或者对几个证据的判断。从方法上说，是对证据进行孤立的或不连续的、不系统的、非综合性的判断，因而也只能是初步的判断。在说服行为阶段，总体来说，法官需要对证据作出最终的、决定性的判断。从数量上说，是对所有证据的判断，而不是对案件个别证据的判断或者对其中几个证据的判断。从方法上说，是对所有证据进行连续的而不是孤立的、系统的而不是抽样的、综合的而不是随机的判断。法官需要对案件所有证据的性质和证明能力、各个证据之间的相互关系进行综合性的全面的考察。

其五，稳定性不同。举证责任分层学说认为，“提供证据的责任”是可以在当事人双方之间互相转移的。因此，该责任的具体表现形式即提供证据行为，也会在当事人双方之间互相转移。在最初阶段是由肯定某项事实的当事人提供证据，支持自己的主张，即肯定某项事实的人负首先提出证据的责任。只要当事人所提供的证据具有表面的证据力量，即可假定成立，这时，提供证据的责任移转于对方当事人。对方当事人应提出反证，支持自己所主张的事实，证明他方当事人所提证据的错误，不能成立。如果对方当事人所提反证具有表面的证据力量，原来提供证据的当事人有义务继续提供证据，反驳对方当事人的证据。因此，提供

---

① 王以真:《英美刑事证据法中的证明责任问题》,《中国法学》1991 年第 4 期，第 110 - 115 页。

证据的责任在双方当事人之间可以多次移转。当然，这种移转具有严格的时间限制，即都发生在“事实审言词辩论终结时”之前。一旦“事实审言词辩论终结时”来到，那么这种转移必须终止，且在其后的任何阶段不得重新启动。上述情况，无论在刑事诉讼、民事诉讼还是行政诉讼中都一概如此，没有例外。

其六，法律后果不同。在刑事诉讼中，由控诉方和被告“提供证据”的情况下，要求他们于“事实审言词辩论终结时”之前提供证据，否则他们就可能在今后丧失提供证据的机会，或者他们所提供的证据不被法庭采纳。在主体于“事实审言词辩论终结时”之后实施“说服行为”的情况下，要求主体竭尽所能以说服法官或陪审员，以便他们能够形成合理的内心确信；反之，如不能说服法官或陪审员，其将承担败诉的后果。同样，在民事诉讼中，在原告或者被告“提供证据”（原告和被告均有提供证据的权利）的情况下，他们应当于“事实审言词辩论终结”之前提供证据，否则他们就可能在此后丧失提供证据的机会，或者他们所提供的证据不被法庭采纳。在原告于“事实审言词辩论终结”之后实施“说服行为”（只有原告承担说服责任）的情况下，原告要说服法官或陪审员，以便他们能够形成合理的内心确信；否则，其将承担败诉的后果。

从以上提供证据行为与说服行为的区别可以看出，两者的性质存在根本区别，不能混同。不仅如此，这些区别都与“事实审言词辩论终结时”这个大陆法系和英美法系公认的理论分界线密切相关。由此可以得出如下三个重要的结论：

第一，不能把诉讼过程中所发生的行为，笼而统之地全都包含在行为-结果责任理论的所谓“行为”一词中。换言之，行为-结果责任理论的“行为”一词，是不可能涵盖这两种性质不同的行为的。从上面的分析可以看出，S 与结果责任具有更加直接的因果关系，而 T 只能是结果责任的一种远距离的背景条件，不能对结果责任产生直接的有力的作用。此外，用“行为”一词，不仅不可能包含提供证据行为与说服行为这两种性质不同的行为，还具有明显的副作用：一方面，这弱化了甚至掩盖了 S 的功能，使人看不到 S 直接导致最终的结果责任发生的积极作用；另一方面，由于 T 在“行为”的时间顺序上先出场，会使人通常认为是 T 在发挥作用，以为 T 导致了最终的结果责任的发生，从而不适当地夸大了 T 的功能，导致因果关系的本末倒置。可见，在举证责任理论中，“行为”一词不能笼统地、不加分析地使用，“行为责任”一词因其意义含混，也不宜适用。

第二，结果责任这个概念，根本不能反映 S 的整个过程的存在形式及其性质，它只能反映 S 阶段发展到最后阶段的结论。这样的概念有什么价值呢？对理解和解释导致该最后结论的演变过程，特别是直接原因 S 的过程，毫无认识上的价值。在最后的时刻，把结果责任换成早已存在的不利后果或者败诉风险性等词汇，其意义是完全一样的。

第三，从时间上说，结果责任只能发生在 S 阶段的最后，即法官对全案所有证据进行综合判断之后。接下来会发生什么？可能发生两种情形。其一，当法官审查判断案件的所有证据之后，查明了所有事实真相，并不存在事实真伪不明的情形，此时，举证责任能不能发生作用？笔者认为，查明了所有事实真相之后，会得出原告或者被告（两者必居其一）一方占据证据优势的结论。如果原告占据证据优势，那么意味着原告完成了举证责任，其败诉风险性消失。反之，如果被告占据证据优势，那么意味着原告没有完成其举证责任，其败诉风险性便立刻由隐性变为凸显，其必然得到败诉的结局。总之，在以上两种情况下，举证责任都成为判决的一个指导标准。其二，当法官审查判断案件的所有证据之后，有时虽然查明了大部分（或部分）事实真相，但也存在事实真伪不明的情形，此时，举证责任能不能发生作用？笔者认为，此时，要利用举证责任这个标准工具作出决断。在一般民事案件中，原告承担举证责任，那么对于“案件事实真伪不明”的责任应当由原告承担，败诉风险性也由原告承担。由此可见，举证责任的适用前提，除了“案件事实真伪不明”（通说）之外，在事实真相已经查明的情况下也是适用的。由此也可以证明通说的观点是片面的，需要加以修正。

四、从一起买卖合同纠纷案中的举证责任分配看行为－结果责任理论的消极影响

行为－结果责任理论早已影响到我国司法实践，下面是一起买卖合同纠纷案的举证责任分配，从中可以看出行为－结果责任理论的消极影响。

案例3－1　喻某某诉重庆市富农饲料有限责任公司买卖合同纠纷案*

［案情简介］ 2011年5月26日，喻某某与重庆市富农饲料有限责任公司（以下简称富农公司）签订合同，合同约定：喻

* 向亮：《履行合同义务所附条件是否成就的举证责任分配——重庆二中院判决喻流元诉富农公司买卖合同纠纷案》，《人民法院报》2012年8月23日第6版。

某某为富农公司在湖北省巴东县经销富农公司产品的总经销代理商；喻某某在经营过程中实行独立核算、自主经营、自负盈亏；喻某某将货款汇到富农公司后，富农公司为喻某某提供相应的饲料。合同签订后，喻某某向富农公司汇饲料款 9 万元、包装袋款 2300 元，富农公司向喻某某运送饲料 10 吨。嗣后，喻某某以饲料无法销售等原因为由提出与富农公司解除合同。同年 10 月 19 日，喻某某将其尚未销售的饲料运还富农公司，富农公司向喻某某出具欠条。该欠条载明："今欠喻某某因销售不力退回饲料 9.26 吨合计 55 840 元，我司承诺代为销售，销售完毕后一并将上述金额 55 840 元付清于喻某某，如饲料超过保质期，均由我司承担责任。"同年 12 月 21 日，喻某某诉至法院，要求富农公司返还货款、包装袋款并赔偿损失。诉讼中，双方当事人均未举证证明富农公司是否已将喻某某退还的饲料销售完毕。

重庆市万州区人民法院经审理认为，喻某某将尚未销售的饲料退还给富农公司，富农公司向喻某某出具欠条，双方已协商解除了 2011 年 5 月 26 日签订的合同并进行了结算，按欠条约定，富农公司销售完饲料后支付喻某某退回的饲料货款，喻某某现无证据证明富农公司已将其退回的饲料销售完毕，故其请求富农公司给付饲料货款的理由不能成立，遂判决驳回喻某某的该项诉讼请求。

喻某某提起上诉。重庆市第二中级人民法院经审理认为，富农公司作为销售饲料的生产厂家，在接收喻某某的退货后，应及时对所退饲料进行处理。富农公司未举证证明该批货物是否销售完毕，应认定富农公司已将喻某某退回的饲料销售完毕，其履行付款义务的条件已成就，富农公司应当按照约定支付货物款。二审法院改判富农公司支付喻某某退回的饲料货款55 840元。

［案例分析］

1. 关于行为责任的举证责任分配

关于行为责任的举证责任分配，分析该案例的一位作者写道："行为责任的分配规则是‘当事人对自己提出的诉讼请求所依据的事实或者反驳对方诉讼请求所依据的事实有责任提供证据加以证明’。本案中，原告提出了要求被告返还货款的诉讼请求，即对被告应当返还货款的基础事实、货款的数额以及返还货款所附条件的事实已经成就承担行为责任。同时，被告以其代为销售的饲料尚未销售完毕、其支付饲料货款所附的条件尚未成就为由进行抗辩，被告应承担证明该批饲料尚未销售完毕即支付货款所附条件尚未成就的行为责任。因此，原告负有证明返还货款所附条件已经成就的行为责任，被告负有证明返还货款所附条件尚未成就的行为责任，故双方均负有提供证据的行为责任。但是，诉讼中，双方当事人均未对此举证证明，返还货款所附条件是否成就的事实不清，真伪不明，故行为责任的分配规则不能为法院裁判提供依据。"①

该作者对行为责任阶段（严格地说，行为责任阶段应该限制在提供证据阶段，但写这篇文章的法官似乎没有这种意识）的性质和任务没有弄清。他认为，假如事实真伪明确，行为责任举证规则能为法院裁判提供依据。这是完全错误的。行为责任规则的作用范围在"事实审言词辩论终结时"之前。此范围的证据是

① 向亮：《履行合同义务所附条件是否成就的举证责任分配——重庆二中院判决喻流元诉富农公司买卖合同纠纷案》，《人民法院报》2012年8月23日第6版。

初步的表面的证据。依据这种证据只能对案件事实作出初步的判断，而非终局判断，故不可能为法院裁判提供决定性证据。“事实审言词辩论终结时”是一条极为重要的分界线。在“事实审言词辩论终结时”之前，还不可能作出“真伪不明”的决定性判断。试图在提供证据行为阶段结束之后，直接得出“真伪不明”的判断，是不现实的。这里，作者的“真伪不明”的判断，是由于作者根本不知道存在“事实审言词辩论终结时”的分界线，不懂得行为责任阶段的基本功能只能在该分界线之前，从而作出了错误判断。

总的来说，就行为责任的分配而言，该作者把提供证据行为和说服行为这两种不同性质的行为笼统地包含在“行为”的定义之中，把提供证据责任和说服责任这两种不同性质的责任作为“行为责任”的内容，并在此基础上对当事人双方的举证责任进行分配，这样的分配一定会漏洞百出。显然，这是因为行为－结果责任理论本身就缺乏精确的划分和界定，造成上述的混淆是必然的。

2. 关于结果责任的举证责任分配

关于结果责任的举证责任分配，该作者写道：“在案件事实处于真伪不明时，司法裁判应依据结果责任的分配进行。我国民事实体法规范鲜有关于结果责任分配的规定，《证据规定》（2002年）第5条采法律要件分类说理论，对合同纠纷案件中合同的订立、生效，合同关系的变更、解除、终止、撤销以及合同是否履行的结果责任进行了分配，但该条未就履行合同义务所附条件是否成就的结果责任分配作出规定。本案中，原告应对其权利存在的事实承担结果责任，而不应对其权利受到限制的事实承担结果责任。因此，原告在已经提供合同、欠条等证据材料证明其权利存在的情况下，其举证已符合法律规定，其虽未举证证明被告支付货款所附条件已经成就，但其并不承担被告支付货款所附条件已经成就的结果责任。被告主张代原告销售的饲料尚未销售完毕，支付货款的条件尚未成就，以此限制或排除原告请求其支付货款的权利行使，被告应对原告请求权行使受到限制的权利受制规范的法律要件事实承担结果责任。被告未提供证据材料证明其代原告销售的饲料是否销售完毕，被告履行返还货款义务所附条件是否成就的事实真伪不明，依据结果责任的分配规则，应由对该事实承担结果责任的被告承担不利的法律后果。”①

从作者的上述表述可以看到，《证据规定》（2002 年）第 5 条未就“履行合同义务所附条件是否成就”的结果责任分配作出规定。这是一个十分重要的事实。由此可得出一个重要判断，即《证据规定》（2002 年）第 5 条没有作出举证责任倒置的规定。既然如此，本案中关于“履行合同义务所附条件是否成就”问题发生诉讼，就是一般的民事诉讼。根据行为 - 结果责任理论的重要观点，结果责任能够反映举证责任的本质内容，因此举证责任（结果责任）在原告，相反被告不承担任何举证责任（结果责任）。这是本案中就举证责任分配作出进一步判断的基本前提。遵照上述前提，可以作出如下分析和判断：第一，作者作出了互相矛盾的判断。他一方面说“原告应对其权利存在的事实承担结果责任”，另一方面却说原告“不应对其权利受到限制的事

① 向亮：《履行合同义务所附条件是否成就的举证责任分配——重庆二中院判决喻流元诉富农公司买卖合同纠纷案》，《人民法院报》2012 年 8 月 23 日第 6 版。

实承担结果责任”。这是违反“举证责任（结果责任）在原告，相反被告不承担任何举证责任（结果责任）”基本前提的，是前后不一致的、互相矛盾的说法。应该说，第一个判断即“原告应对其权利存在的事实承担结果责任”是正确的；后一个判断即原告“不应对其权利受到限制的事实承担结果责任”则是错误的。第二，作者认定在这种一般的民事诉讼中，被告应当承担举证责任，认为“原告在已经提供合同、欠条等证据材料证明其权利存在的情况下，其举证已符合法律规定，其虽未举证证明被告支付货款所附条件已经成就，但其并不承担被告支付货款所附条件已经成就的结果责任”，这样把本来属于原告的举证责任（结果责任），通过法官的职权转移到被告身上，违反了举证责任的基本常识，是完全错误的。

总之，就结果责任的分配而言，该作者在没有搞清本案基本性质的情况下，依据行为－结果责任理论与法律要件分类说（另一种举证责任理论）的混合嫁接（这样嫁接是没有理论依据的），盲目地依据法官的职权进行举证责任分配，转移了举证责任（由原告方转移到被告方），违反了公认的举证责任（说服责任）不可转移的理论，从而作出了错误的分配。这说明，行为－结果责任理论在指导司法实践方面存在软弱无力的情况。

第四章
举证责任错误观念的分析与识别

一、举证责任的基本理论

（一）从“举证须知”谈起

一般来说，每一个到法院打过官司的人都会知道“举证须知”，这是法院发给当事人的具有一定法律效力的文件。这个文件与举证责任有什么关系呢？

为了说明这个问题，也为了解释和说明举证责任的概念和性质及相关问题，我首先举一个例子。例如，某一天，在北京市朝阳区发生了一起交通事故。张三将李四起诉到朝阳区人民法院，法院受理了张三的诉讼后，按照流程给了他一张“举证须知”，明确告诉张三交通事故中原告的举证责任范围，要求他补齐有关的证据。具体来说，原告需要举证的范围有：

（1）有关的身份证明，包括原告的身份证明，如果原告一方有伤残或死亡情形，原告还应提供和死者的关系证明，伤残者或死者扶养的未满 18 周岁的子女、需要赡养的近亲属及其他丧失劳动能力的人的身份证明和无劳动能力的证明；

（2）工作的有关情况和收入证明，这主要牵涉误工费用和伤残、死亡赔偿金计算等事项；

（3）证明交通事故发生的证据，该证据主要从公安交通管理机关的立案及公安机关提供的有关资料中取得（对这些材料，当事人可以要求公安机关提供复印件或申请人民法院调取），还可以通过证人证言、被告的认可等方式取得；

（4）证明被告方在交通事故中存在过错的证据，这里主要有公安交通管理机关提供的交通事故责任认定书，如果对交通事故责任认定书不服的，还应该提供交警部门制作的现场勘察图和笔录及交警部门依法制作的其他询问和讯问笔录等详细的资料，以便法庭审判时参照；

（5）证明交通事故造成损失的证据，这些证据主要有医疗机构的诊断证明书、医药发票、法医鉴定书、评估机构的财产损失评估结果等资料；

（6）如果被告的行为涉嫌交通肇事罪，原告还可以提供被告行为构成犯罪的有关证据，一般是向公安机关或检察院提供，必要时也可以向法院直接提供。

“举证须知”还会指出，以上的范围和内容是原告必须完成的义务。

两周以后，交通事故中的被告李四收到了法院的应诉通知书和“举证须知”，明确告诉了被告的举证责任范围。具体来说，被告的举证责任范围有以下几点：

（1）身份证明和被告有关的其他信息资料，如现住址、职业、身份、工作状况、联系方式等；

（2）证明自己在交通事故中没有过错、过错程度较轻或者是可以减轻自己过错的有关免责情形；

（3）如果是和非机动车或行人相碰撞的机动车一方作为被告，则还应提供非机动车或行人在交通事故中有故意或者过错的情形，否则不能免责；

（4）针对原告提出的损害赔偿请求，提出证明原告的损害程度较低或赔偿额过高的证据；

（5）提供自己车辆保险的有关资料，如保险单。

“举证须知”还会指出，以上的范围和内容是被告必须完成的义务。

从上面的例子可以看出：第一，从原告起诉、法院受理和发给“举证须知”的时候开始，就出现了举证问题，这是证据问题，也是程序问题，这些问题比案件的实体问题出现得早一些。第二，出现了原告的举证责任和被告的举证责任，以及相应的举证范围。为什么会出现这种现象？原告的举证与被告的举证有什么不同？原告的举证责任和被告的举证责任之间是什么关系？进一步说，如果原告的举证责任无法完成，会产生什么后果？如果被告的举证责任无法完成，又会产生什么后果？一系列问题就此引发。

这些问题与我国民事诉讼立法和证据法立法是有很大关系的。因此，为了澄清上述问题，我们必须简单地回顾一下我国民事诉讼立法和证据立法的历史情况。

（二）回顾民事诉讼立法和证据立法的历史

举证责任概念是我国民事诉讼法学的基本理论之一。它对举证责任立法具有直接的影响，并通过立法对司法实践产生间接而广泛的影响。由于我国举证责任的理论并不发达，举证责任的立法和司法实践存在一些不足。

在我国，学术界对举证责任概念的讨论是从 1982 年我国颁布了《民事诉讼法（试行）》之后开始的。《民事诉讼法（试行）》第 56 条第 1 款规定：“当事人对自己提出的主张，有责任提供证据。”该条第 2 款规定：“人民法院应当按照法定程序，全面地、客观地收集和调查证据。”[①] 1991 年，我国正式颁布了《民事诉讼法》，其中第 64 条第 1 款规定：“当事人对自己提出的主张，有责任提供证据。”该条第 2 款和第 3 款是关于法院收集和审核证据的规定。可见，前后相隔近十年的两部民事诉讼法对举证责任的规定完全一致，没有丝毫改变。

学术界对举证责任的解释和研究也没有明显起色。人们通常根据《民事诉讼法》第 64 条第 1 款来定义和解释举证责任。依有关学者的解释，《民事诉讼法》第 64 条第 1 款设定了举证责任分担的一般原则：（1）当事人双方都应负担举证责任；（2）谁主张事实，谁举证。就是说无论是原告、被告，还是第三人，谁主张一定的事实（包括肯定事实和否定事实），谁就有责任提供证据证明该事实。[②]《民事诉讼法》第 64 条第 1 款的规定及其有关学理解释，没有就何人应就何种事实负责举证，以及在事实存否不明的场合，法院应对何人作出败诉判决的问题，为法官提供判决的标准。因此，它们对于解决举证责任分配问题到底有什么帮助，是有疑问的。此外，根据该规定分配举证责任，必然导致举证责任的转换和不公平的分配结果。

上述立法长期停滞不前的局面，一直延续到 2001 年才终于

① 杨荣新、叶志宏编《民事诉讼法参考资料》，中央广播电视大学出版社，1986，第 2 页。

② 柴发邦主编《中国民事诉讼法学》，中国人民公安大学出版社，1992，第 335 页。

有所改变。是年 12 月 21 日，最高人民法院颁布了《证据规定》(2002 年)。其中第 2 条规定："当事人对自己提出的诉讼请求所依据的事实或者反驳对方诉讼请求所依据的事实有责任提供证据加以证明。"（第 1 款）"没有证据或者证据不足以证明当事人的事实主张的，由负有举证责任的当事人承担不利后果。"（第 2 款）与前两部民事诉讼法相比，《证据规定》（2002 年）的内容显然细致一些，初步反映了举证责任的基本性质之一——败诉风险性（由负有举证责任的当事人承担不利后果)。但是，它仍然存在严重的缺陷，即举证责任概念模糊，没有反映举证责任的不可转移性（这是举证责任的另一个重要性质)。[①] 尤其需要引起注意的是，到目前为止，关于我国举证责任概念的主流理论仍然袭用"法律要件分类说"。[②] 这种学说与举证责任概念的模糊性具有十分密切的关系。一方面，举证责任的立法深受该学说的不良影响，深刻地体现了模糊性；另一方面，当立法上就举证责任作出规定之后，如果利用该学说解释立法条款，其解释必然是模糊的、不合理的。总之，《证据规定》（2002 年）第 2 条虽然有明显的进步，但仍存在举证责任概念模糊的问题，会给司法实践造成消极的影响。

（三）《证据规定》（2002 年）第 2 条存在的举证责任模糊性问题

如果按照《证据规定》（2002 年）第 2 条来解释和分配当事人双方的举证责任，那么这两种举证责任最容易混淆，或者互相

① 叶自强：《举证责任的确定性》，《法学研究》2001 年第 3 期，第 89－100 页。

② 叶自强：《民事证据研究（第二版)》，法律出版社，2002，第 161－202 页。

替代，或者互相转移。让我们以普通民事诉讼第一审为例，分三种情况对此进行讨论。

1. 只有本诉无反诉的情况

在只有本诉无反诉的情况下，通常有明确的主张者（原告）和有明确的反驳者（被告，缺席审判的情况除外），从而形成主张者与反驳者之间的诉讼对抗。在这种情况下，反驳方并不提出自己的独立的诉讼主张（如果提出了独立的诉讼主张，即形成反诉）。此时，如果按照《证据规定》（2002 年）第 2 条来解释和分配当事人双方的举证责任，那么从概念层面上说，便可能形成两个举证责任概念或者实体上的举证责任事实，即原告的举证责任和被告的举证责任。在不作精细区分或者稍微忽视的情况下，这两种举证责任最容易混淆，或者互相替代，或者互相转移。这些问题的产生，就是前面“举证须知”所产生的问题。不过，表面上是“举证须知”所产生的问题，实际上是最高人民法院的司法解释，即《证据规定》（2002 年）第 2 条所产生的问题。

2. 既有本诉又有反诉的情况（不分开审理）

在既有本诉又有反诉的情况下，如果不将两个诉讼分开审理，并按照《证据规定》（2002 年）第 2 条来解释和分配当事人双方的举证责任，就会形成如下的局面：

（1）两个主张者（本诉的主张者和反诉的主张者）；

（2）两个反驳者（本诉的反驳者和反诉的反驳者）；

（3）四个举证责任概念或者实体上的举证责任事实，即①本诉中原告的举证责任，②本诉中被告的举证责任，③反诉中原告的举证责任，④反诉中被告的举证责任。

在不作精细区分或者稍微忽视的情况下，这四种举证责任也极容易混淆，或者互相替代，或者互相转移。

3. 既有本诉又有反诉的情况（分开审理）

在既有本诉又有反诉的情况下，如果将两个诉讼分开审理，通常要先审理本诉，后审理反诉。在这种情况下，按照《证据规定》（2002 年）第 2 条来解释和分配当事人双方的举证责任，也同样会分别发生第一种情况下所出现的局面。在此不重复。

以上我们讨论了一审民事诉讼中出现的几种情况，旨在说明一个问题：我们目前所使用的举证责任概念是笼统的、缺乏科学性的，应该进行精确的划分，以避免审判实践中分配举证责任时容易出现混淆或者转移的问题。[①]

上述问题绝不只是在一审程序中出现。我在一些判决书（除了一审判决外，往往还有二审判决和再审判决）中看到，在二审程序和再审程序中，法官也容易忽视举证责任的分配。有的判决书写得非常笼统，当事人之间的举证责任容易搞混淆或者转移。出现这些情况的原因，或许有更复杂的原因，但至少包含一个重要的原因，那就是理论上并没有真正弄清楚举证责任的含义，特别是没有精确地划分举证责任概念与其他概念的界限。

二、举证责任的分层理论

（一）英美证据法上的举证责任概念

在法律英语中，有一个词汇是 burden of proof。有人译为

---

① 叶自强：《举证责任的确定性》，《法学研究》2001 年第 3 期，第 89－100 页。此文讨论了举证责任转移的非科学性和危害性，此处不赘。

“举证责任”，或者“证明责任”，也有人译为“举证负担”或“证明负担”。我赞同“举证责任”的翻译，这个译文比较符合我们的习惯。在过去相当长的时期里，英美证据法学者和法官对举证责任的定义进行过争论，后来才形成一些基本一致的看法，这里作一些介绍。

“举证责任”是一个总概念，它下面有两个分概念：提供证据的责任和说服责任。举证责任、提供证据的责任和说服责任是三个相互独立且相互区别的概念。①

提供证据的责任是指，在诉讼中，当事人有义务把他所掌握的全部与案件有关的证据，在审判前的阶段加以提出。如果当事人没有在审判前的阶段提出，或者只是提出了其中的一部分，那么法院就会认为当事人已放弃利用这项提供证据的权利，不能在以后的法庭审查中再提出这些证据，并需承担相应的不利后果。当事人承担提供证据的义务为判例法和成文法所明确承认。

说服责任是指，诉讼的一方当事人，为使法庭审理事实的人信服其提出的全部事实而承担的证明责任。例如，在民事侵权诉讼中，案件的原告必须提供充分的证据，并对这些证据进行详细的合理的解释，使法庭确信正是被告实施了某项侵权行为，侵害了原告的合法权益，因此被告应承担有关侵权责任。在这里，原告承担的责任叫说服责任。如图4－1所示：

---

① 华尔兹：《刑事证据大全》，何家弘等译，中国人民公安大学出版社，1993，第312页。

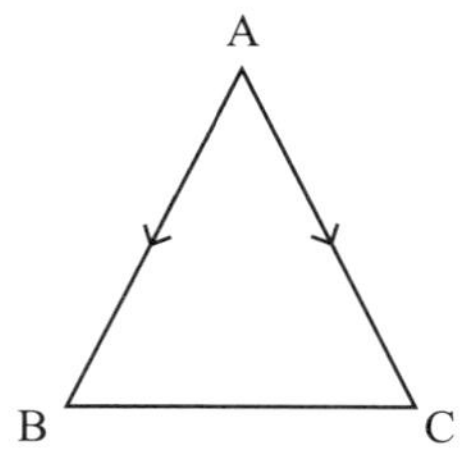

图 4-1　举证责任、提供证据的责任、说服责任三者的关系

注：A 代表举证责任，B 代表提供证据的责任，C 代表说服责任。

下面我们结合图 4-1 来说明三者之间的关系。

（二）提供证据的责任与说服责任的区别

提供证据的责任与说服责任是不同的、彼此独立的概念。两者的区别如下：

第一，责任的主体不同。在一般民事诉讼中，提供证据的责任既可以由原告承担，也可以由被告承担。但是说服责任则只能由原告承担。在刑事诉讼中，提供证据的责任主要由控诉方（刑事公诉案件中的公诉人，或者刑事自诉案件中的自诉人）承担。在被告辩解的情形下，被告也要承担这种责任。但是说服责任则完全由控诉方或者自诉人承担，被告不承担这种责任。

第二，承担责任的情形不同。在责任主体承担“提供证据的责任”的情况下，他必须对自己的请求（主张或辩解）提供证据。在责任主体承担“说服责任”的情况下，他应当对自己所提供的证据进行解释或阐明，使证据具有说服力。他应当表明证据与待证事实之间有充分的合理的联系，以便主审法官接受他的证据。[①]

① 叶自强：《民事证据研究》，法律出版社，1999，第 139 页。

第三，证明程度的标准不同。在一般民事诉讼中，在原告承担“提供证据的责任”的情况下，不要求确证，只要求原告提出初步证据或者表面证据即可。但在原告承担“说服责任”的情况下，要求原告确证，要求提供的证据具有无可置疑的证明力，或者至少具有比较优势的证明力。在刑事诉讼中，在主体承担“提供证据的责任”的情况下，不要求确证，只要求主体提出初步证据或者表面证据即可。但在主体（控诉方或者自诉人）承担“说服责任”的情况下，要求主体确证，要求他所提供的证据具有无可置疑的证明力（这个证明标准比民事诉讼中的证明标准要高一些）。这里需要说明一下，在英美证据理论中，在刑事诉讼中，说服责任被区分为三级标准：首级标准为毋庸置疑，次级标准为确凿可信，末级标准是较为可靠。“从理论上讲，较为可靠是指证据的真实性超过50%，其他两个标准的要求当然更高。然而，有一些证据表明，法官和陪审团事实上把较为可靠改为指证据有75%以上的真实性，把毋庸置疑改为指证据有85%以上的真实性。这给确凿可信标准留下的余地很小。”①

第四，法律后果不同。在主体承担“提供证据的责任”的情况下，要求主体在规定的时限内提供证据，否则他就可能在今后的法庭审理中丧失提供证据的机会，或者他所提供的证据不被法庭采纳。在主体承担“说服责任”的情况下，要求主体竭尽所能来说服法官或陪审员，否则，就将承担败诉的后果。②

① 王以真：《英美刑事证据法中的证明责任问题》，《中国法学》1991年第4期，第110－115页。

② 叶自强：《民事证据研究》，第139页。

第五，稳定性不同。在刑事诉讼中，提供证据的责任可以在诉讼利益对立的控诉方与被告之间移转，但说服责任不可移转。具体来说，在刑事诉讼中，证明责任由控诉方承担，这是一项公认的证据法原则。相反，被告通常是不承担证明责任的。但是，这并不意味着被告可能不承担任何其他方面的责任。例如，在刑事诉讼开始后，面对控诉方的有力指控，被告可以提出"犯罪阻却事由"。当他主张犯罪阻却事由的时候，他应当提供证明阻却事由成立的证据。在这种情况下，"提出证据的责任"就转移到被告一方。[①] 同样，在民事诉讼中，"提供证据的责任"是可以在原告与被告之间相互移转的。但在这里，笔者必须重申，和整个案件的一般性"举证责任"一样，"说服责任"是确定不移的，只能由发起诉讼的控诉人承担。[②]

基于上述差别，英美证据法学者认为，"说服责任"与"提供证据的责任"之间以及这两个词与"举证责任"或者"证明责任"一词之间不能混用，更不能误用。我国学者王以真教授指出，"英美证据法中证明责任的多层学说，总体看来是科学的。

① 例如，在一起刑事诉讼中，被告被指控犯有盗窃罪。在法庭上，控诉方出示了在被告人住处查获的赃款5万元，据此指控被告犯有盗窃罪。对此，被告坚决否认，并称，那些钱是其祖父临终前立遗嘱由他继承的。在这种情况下，他必须提供其祖父的遗嘱，这时他就承担"提供证据的责任"。

② 在这一问题上，日本学者持有类似的立场。有的日本学者也将证明责任称为举证责任，还将这种举证责任分为客观的举证责任和主观的举证责任。前者也叫劝说责任或说服责任；后者也叫当事人设定争点责任或提供证据责任。认为主观的举证责任"随着诉讼的进展，随时可以从一方当事人转移到另一方当事人身上"。但是在刑事诉讼过程中，原则上，检察官负担客观的举证责任，这种责任不能转嫁给被告人。在不存在违法阻却事由和责任阻却事由的情况下，检察官也负担这种责任。参见田口守一：《刑事诉讼法》，刘迪、张凌等译，法律出版社，2000，第226页。

它基本反映了审判实践中各方当事人在不同情形下承担的证明责任，不仅有利于证明责任的理论研究，而且有利于指导诉讼实践”[①]。王以真的这种评价是十分正确的。

（三）举证责任与提供证据的责任的区别

在一般民事案件中，对于原告的主张，被告通常会进行积极地反驳。人们对于被告反驳的这种行为，常常有一种误解，认为他“提供证据进行反驳的责任”是一种举证责任，其实不然。

被告反驳原告的主张，是为了维护自己的利益，避免败诉而进行的本能的行为，这是对他自己所负的责任。这种责任不是法律强加的，也不是原告强加的。即便他不反驳，也未必败诉。如果因为他不反驳而当然败诉，显然与举证责任的性质不合。因此，不能认为他“提供证据进行反驳的责任”是一种举证责任。

具体来说，在民事诉讼中，提供证据的责任与举证责任存在如下区别：

一是责任的主体不同。在一般民事案件中，承担举证责任的主体是原告；在举证责任倒置的情形下，承担举证责任的主体是被告。但是，无论是一般民事案件还是特殊民事案件，提供证据的责任主体既可以是原告，也可以是被告。

二是责任的来源或依据不同。提供证据的责任来源于原告或被告的内在的取胜欲望（正如两个男子互相打架，甲给了乙一

---

① 迈克尔·D. 贝勒斯：《法律的原则：一个规范的分析》，张文显等译，中国大百科全书出版社，1996，第67页；王以真：《英美刑事证据法中的证明责任问题》，《中国法学》1991年第4期，第110－115页；沈达明编著：《英美证据法》，中信出版社，1996。沈达明书中将“证明责任”译为“证据负担”，将“说服责任”译为“说服负担”，该书对于完整地理解英美国家的举证责任制度具有一定价值。

拳，那么乙必然会予以还击，这是乙的本能反应，是通常的情况）；而举证责任来源于法律的强制性规定。提供证据的责任属于任意性的规定，取决于主张者或反驳方的自由意志，他可以行使主张权或反驳权，也可以放弃主张权或反驳权。

三是后果不同。原告或被告“提供证据展开攻击或予以反驳”的这种责任，如果履行不能，并不必然导致败诉的后果；而负担举证责任的一方如果没有尽到自己的举证责任，则必然会导致败诉的风险。

从以上三点区别可以看出，两者在承担责任的主体、责任的来源或依据和后果方面都是不同的，不可混淆。

大陆法系国家（以德国、日本为代表）的证据法著作中有“举证必要”的概念。这里我顺便说一下，我国有的学者也曾经指出举证责任与大陆法系国家的“举证必要”的区别，同时德国和日本的民事诉讼法学界的通说认为这两个概念是有区别的。举证必要是指在具体的诉讼状态下，一方当事人如不提出证据将招致不利后果。没有举证责任的当事人也有举证必要，这种举证必要的作用在于，妨碍法官对对方当事人所证明的事实形成确信。例如，在一起民事诉讼中，原告向法院提出了有力的证据，指控被告实施了侵权行为。这种情况显然对被告不利。情急之下，被告为了阻止这种不利局面的发生，便积极收集有力的证据，并提交给法院。被告的这种行为就是举证必要。举证必要当然存在转移的问题。这里“举证必要”与“提供证据的责任”基本上是同一个意思。

（四）举证责任与说服责任之间的相同点和不同点

两者的相同点在于，在一般民事诉讼中，两者都由原告承担。如果原告完不成举证责任和说服责任，必然会承担败诉的风险。此外，两者是不能转移的，只能由原告承担。

两者的区别在于，举证责任是一个总的概念，包括提供证据的责任和说服责任，比单纯的说服责任概念要宽一些。说服责任是与提供证据的责任相并列的一个概念。

以上我们详细地讲述了举证责任分层学说，这是一种值得重视的理论。任何一个概念都有其质的规定性。这种“质”是一事物区别于他事物的根本特征。以“举证责任”为例，根据举证责任分层学说，其根本性质有二：一是确定性，举证责任是不可转移的，故又称为不可转移性；二是败诉风险性，如果依法承担举证责任的一方，在规定的期限内没有完成其举证责任，那么他就应当承担败诉的后果。举证责任分层学说还对举证责任这个基本概念作出了更加细致的分类（分为提供证据的责任和说服责任），并从理论上精确地揭示了举证责任与提供证据的责任之间的区别；举证责任与说服责任之间的区别；以及提供证据的责任与说服责任之间的区别。这样，就构建了一个比较完整的举证责任学说的概念体系，避免了笼统使用“举证责任”概念必然会出现的混乱局面。马克思主义认为，科学的理论是正确行动的指南。要想使举证责任的实践正确，就必须重视和运用举证责任分层理论。

三、以借款合同案件为例来解释举证责任的概念和性质

前面我们讲过，举证责任具有两个重要的性质：一是不可转移性；二是败诉风险性。下面我们用两个例子来予以具体说明。

案例4－1 甲方诉乙方借款合同纠纷案

［案情简介］甲方给乙方借款10万元，甲方持有乙方出具的借条原件，现甲方要求乙方归还10万元欠款。

［案例分析］

在本诉讼中，可能出现如下三种情况，该如何处理？

第一种情况：如果乙方承认借条为本人书写，会出现什么后果？

如果乙方承认借条为本人书写，那乙的承认便构成自认，这对于甲方来说，是一个强有力的证据，足以证明甲乙之间存在债权债务关系，以及乙方欠款10万元的事实。此时，甲不仅完成了“提供证据的责任”（提出了借条作为证据），而且完成了说服责任（由被告的自认作为强有力的证据），因此完成了自己的举证责任。

这里要说明的是，在原告取得诉讼优势的情况下，其败诉风险性被掩盖了。反之，其败诉风险性就会被暴露出来。（这里，适用举证责任原理并不明显。）

第二种情况：如果乙方否认借条为本人书写，会出现什么后果？

有人可能会说，如果乙方否认借条为本人书写，那么乙方就应当承担“否认”的举证责任。这是错误的观点。理由是：如果要求乙方承担“否认”的举证责任，那么本案的举证责任就从甲方（原告）转移到乙方（被告）这一边。这违反了举证责任不可转移的性质，是错误的。但是，这种观点在司法实践中是普遍现象。

那么，这种“否认”是什么性质？它具有什么后果？甲方应该怎么办？从现有救济措施来说，原告可以申请鉴定。有人说，在司法实践中，尽管国家有关司法鉴定的法律法规没有作出规定，但通常是，谁就“借条”的真实性提出异议，即应该由谁提出鉴定申请。笔者不同意这种观点。笔者认为，本案中，总的举证责任在原告一方。在被告否认“借条”为本人书写的情况下，说明原告甲方并没有完成其说服责任和举证责任，故仍应由他承担举证责任。（这里，举证责任的指导意义表现得十分明显。）

此时，甲方应当继续进行证明。他可以向法院提出笔迹鉴定申请。法院应当予以批准。如果经鉴定，证明借条为乙方书写，那么甲方就完成了其说服责任和举证责任，应当判决甲方胜诉。

如果经鉴定，证明借条不是乙方书写的，那么甲方就没有完成其说服责任和举证责任，应当判决甲方败诉。（可见在原告丧失诉讼优势的情况下，其败诉风险性就突出地表现出来了。）

到此，本案终于得到了解决。它是在举证责任分层理论的指导下获得解决的，避免了举证责任的转移和错误判决。

第三种情况：乙方承认借条为本人书写，但已经归还10万元，甲方该怎么办？

在这种情况下，可以确认如下两个重要事实：第一，甲乙之间存在债权债务关系；第二，“借条”是真实的，因为乙方承认借条是他写的。仅就此而言，可以初步认定甲方完成了其说服责任和举证责任。

为什么说只能初步认定？因为诉讼往往比较复杂，例如，乙方拿出了甲方出具的“收条”，即收到10万元还款的收条，而且时间和内容都是合理的，即足以证明这笔款已经归还。此时该“收条”可以完全否认“借条”中的债务。这样，甲方的“借条”就没有说服力，甲方就没有完成其说服责任和举证责任，其败诉风险性就突出地表现出来了。

四、用举证责任分层理论来解释执行程序中所谓的举证责任

调查被执行人的财产状况是判决执行实践中的一项基础性工作。这项工作的好坏直接关系到强制执行的成败。多年的实践证明，在许多情况下要很好地完成这项工作，是非常困难的。因此，有人曾经叹息道，执行工作是法院的一个“包袱”，应该想法子甩掉，为此必须先将一部分财产调查权分配给当事人和社会中介机构承担。

改革申请执行立案的标准与在一定程度上剥离执行法院的财产调查权是有人提出的两项改革措施。为了做到成功“剥离”，要通过“加大申请人的义务”“将一部分财产调查权分配给当事人和社会中介机构承担”。可见两项措施之间具有密切的联系。对于长期受困于“执行难”的许多法院来说，这一指示很快在不少地方法院得到了及时贯彻。不少法院实行了申请执行人举证责任的改革措施，即在执行立案和执行程序中，执行法院责令申请执行人提供证据，证明被执行人有可供执行的财产、有履行义务的条件和能力。若举不出充足的证据，执行法院可以不予立案，只进行登记，或以被执行人无履行能力为事由中止执行。有人颂扬道，“这项改革与传统的申请执行人把案件执行的责任全部寄托于法院相比，与传统的申请执行人消极等待执行结果相比，强化申请执行人对债务人财产状况的举证责任是有益的”①。

① 许绍林：《我国法院执行体制改革的法律缺失及应对策略》，https：//www. docin. com/p－441068656. html，访问日期：2010 年 9 月 18 日。

然而实践证明，上述两项“改革措施”都是不当的，不仅收效甚微，反而节外生枝，酿成了严重的社会后果，这是始料未及的。主要原因在于其根据：一是执行权是一项司法权；二是在执行活动中，申请执行人负担举证责任。这两个根据在理论上都是难以成立的，缺乏科学性。

执行权不是一项司法权而是一项行政权。财产调查权是执行权的一个组成部分。因此，要准确理解财产调查权的性质，必须首先正确理解执行权的性质。关于执行权的性质，学术界有三种观点：一是债权人说，二是国家说，三是折中说。其中国家说为通说。我们认为，执行权是国家权力的不可缺少的组成部分，国家强制执行机关“依法享有强制执行权，代表国家进行强制执行活动”。强制执行权的主体只能是国家，债权人享有的只能是强制执行请求权。[①] 笔者认为，这是十分正确的观点。强制执行权又可以分为强制执行裁决权（性质上属于司法权）和强制执行实施权（性质上属于行政权）。

强制执行工作中，“大部分是非裁决性的操作性工作，例如，调查被执行人的财产、送达有关法律文书、指令协助执行单位进行协助执行、公告、督促被执行人履行义务等等，这些工作中所体现的职权不是司法权，而是行政权”[②]。因此，强制执行权虽然包含司法权和行政权，但是根据辩证唯物主义观点，特别是该理论中有关矛盾的主要方面和次要方面的理论，判断一个事物的性质，应该看其主要方面。既然大部分执行工作是行政性的事

---

① 沈德咏、张根大：《中国强制执行制度改革——理论研究与实践总结》，法律出版社，2003，第77页。

② 同上书，第83页。

务，那么强制执行权在性质上应该是一种行政权。这是它的真正面目。根据这一观点，行政权作为一种公权力，只能由国家机关及其工作人员在法律授权的范围内来行使，不可能由债权人来行使。外国的强制执行实践也支持这种观点。

据此，申请执行人不承担任何举证责任。举证责任是一个传统的证据法上的概念。它与诉讼程序中的“事实审”具有极为密切的联系。只有在事实审的法庭辩论阶段，当事人才负担举证的义务或责任；法庭辩论一旦完毕，一切证据皆已固定，举证责任即自然终结。因此，这是一个有着特定证据法含义并需要严格限定的概念，不可滥用。

然而，在民事执行程序中，许多人根据《民事诉讼法》第64条规定的“谁主张谁举证”的原则，以及第254条规定的申请人在发现有其他可供执行财产时的随时请求执行权，认为申请执行人应负提出证据证明被申请人有履行能力的责任，并认为申请人负举证责任可以防止当事人无理缠诉，有利于提高执行效率，是解决执行问题的有效手段。也有人认为，这“在理性上，可能是受审判方式改革的影响，将强化当事人举证责任的经验移植到执行工作中，也可能是诉讼模式由职权主义向对抗主义靠拢之趋势在执行领域的反映”①。

其实，这根本不存在什么“理性”，有的只是未经任何理论严格考察和周密逻辑论证的主观臆测，有的是机械的和形而上学的经验主义。有学者对上述错误观点进行了有力批判：“执行权则是国家强制力对私权实现的介入，就其内容而言，由于司法权

① 沈德咏、张根大：《中国强制执行制度改革——理论研究与实践总结》，第244页。

所应具备的谦抑性和自我抑制性而呈现的中立状态和被动性，司法权不能包容执行权。从执行行为所表现出的单方意志性和强制色彩的表面特征来看，其与行政强制行为并无二致，具有强烈的主动性和浓厚的职权主义倾向，例如，执行机构对被执行人的财产采取的查封、扣押、拍卖、变卖等执行措施，被执行人除依法服从外，并无选择的余地。除此之外，执行依据仍有大量的行政机关申请法院执行的法律文书，这也从另一个角度表明，执行权具有行政权的属性，执行程序启动后，除申请人明确表示放弃权利外，执行机构始终是程序进程的主导，无论调查取证，还是执行措施的选择与运用，执行的中止与终结都是由执行机构的单方判断而作出，因而当事人只是依法定义务被动地接受协助和配合，当然也就谈不上举证责任的承担问题。"①

有一种观点认为，"当申请人向人民法院申请执行时，其主张就是被执行人有履行能力能够保证自己权利的实现，申请人就应当向人民法院提供被执行人有履行能力的证据或证据线索，否则就可能承担自己民事权利不能圆满实现的法律后果"②。这就表明，如果申请人不能举证，执行机构就可以不执行。要求申请人提供证据或证据线索，并以此作为执行的前提，这种观点得到较为普遍的推行。在实践中通常的做法是，在执行案件立案后，执行机关向申请人下发申请执行举证单，告知申请人向人民法院提供被执行人是否具有履行能力，包括是否有存款、财产、到期债权等情况，使申请人明白，如果自己未能举证或举证不实，经

---

① 程方伟：《对申请执行人举证责任的思考》，《人民法院报》2002 年 2 月 17 日。
② 《让判决在阳光下执行》，《法制日报》1999 年 12 月 27 日。

人民法院查明被执行人确实无力执行的，根据法律规定可以中止或终结执行，以此促使其积极履行举证义务。

这种将审判阶段的举证责任措施无条件地用于执行阶段的做法产生了许多弊端：一是直接侵害了申请人的合法权益，极可能使其求偿权落空；二是为执行机构怠于履行职责提供了合理借口；三是放纵债务人的赖债行为，阻碍了商品交易的正常运行。因此，在执行阶段由债权人承担举证责任的做法是十分错误的。

五、用举证责任分层理论来驳斥举证责任转移论

在很长的一段时间内，在我国举证责任理论体系中，存在“举证责任转移理论”，而且是其中的一个重要组成部分。一部当今很有影响的教科书这样写道：“在民事诉讼程序进行中，举证责任并非自始至终地由一方当事人来承担。相反，举证责任是可以转换的。举证责任既可能从原告方转移到被告方，也可能从被告方转移到原告方。在一般情况下，当事人如果已对自己主张的事实提出证据加以证明，就可以不再举证。另一方当事人如果否认这种主张，就应提出证据加以证明。至此，举证责任已经发生转移。如果他也有足够的证据加以证明，也可不再举证。如果对方当事人再以事实反驳，他就应当对其主张再提出证据加以证明。这时，举证责任又一次发生转换。……通过当事人之间这种举证责任的转移，可以帮助人民法院查明事实，分清是非。”[1]有的著作虽然没有明确使用“举证责任转换”的语词，但在内容上却体现了同样的思想。

---

① 柴发邦主编《中国民事诉讼法学》，第337页。

从上文可以看到，“举证责任可以转移”的观点在我国民事诉讼法学界实际上占有支配地位，并在高等学校法学专业广泛传播。

诚然，有人曾经对“举证责任转移理论”表示怀疑，提出了“举证责任的不可转移性”的主张，指出“举证责任实属不可转移。……当事人承担举证责任针对的是其应当提出的事实主张，无事实主张便无举证责任。而在具体的诉讼中，当事人双方分别为何种事实主张，由实体法和程序法决定，诉讼过程中不发生转移问题，不可能出现原告主张并证明被告应当主张的事实，或被告主张并证明原告主张的事实的情形”①。但是，由于这种

---

① 单云涛：《举证责任的免除、举证命题的变更与举证责任的不可转移性》，《法学研究》1991 年第 5 期，第 63－67 页。在该文中，单云涛先生曾经对“举证责任转移理论”明确地表示怀疑，有力地澄清了举证责任转移理论的错误观点。例如，他指出，举证责任转移理论“忽视了举证责任的分担法则。哪些事实该由哪方当事人主张和证明，由举证责任的分担法则而定。按举证责任的分担法则，被告对‘权利不存在’这一事实不负举证责任。既无举证责任，行为责任又从何而来?”这是对举证责任转移理论的有力否定，基本上确立了“举证责任的不可转移性”，为我国举证责任理论作出了重要贡献，这是值得肯定的。但是，有必要指出的是，单先生的观点仍然存在瑕疵。例如，他认为在原告承担举证责任的同时，被告负有举证责任。“而被告所主张的事实于最后真伪不明时，被告承担败诉后果”，只是“被告所承担的举证责任并非由原告转移而来，而是由于他有了新的主张”。他还认为，“不同的事实主张所伴随的不同的举证责任，是分别独立存在的”。这里，单云涛先生犯了两个错误：第一，没有弄清“举证责任”与“提供证据责任”或举证必要的界限。在笔者看来，当案件的性质确定之后，如果依照法律的规定，举证责任由原告承担，那么就不存在被告承担举证责任的问题。即便被告有了新的主张，他也不承担举证责任。他所承担的责任叫作“提供证据的责任”（英美）或者“举证必要”（德日）。第二，在原告承担举证责任的前提下，认为被告“承担举证责任”与被告承担败诉后果之间具有必然的联系。事实上，由于笔者所阐明的前一个理由，即被告并不承担“举证责任”，因而“被告所主张的事实于最后真伪不明时”，被告并不必然承担败诉后果，而且不存在“承担败诉后果”的高度盖然性。就是说，两者之间并不存在必然的联系，而是一种或然的联系，即在这种情况下，对被告可能产生不利的影响。

主张所持的论据有的不尽完善，甚至存在一些矛盾之处，妨碍了它自身的传播，因而没有被民事诉讼学界所接受。

关于举证责任是否可以转移的问题，国外学者也有不同的看法。多数学者认为，举证责任是不可转移的，但也有少数人认为举证责任是可以转移的。例如，日本学者田口守一教授写道："即使是对被告人有利的事实，检察官认为这种事实不存在时负有客观的举证责任（这是大陆法系国家的称谓，相当于英美法系国家的举证负担或举证责任——笔者注）。但是，在例外的情况下，客观的举证责任可以转换给被告人。例如，（1）证明不属于《刑法》第207条同时伤害的事实；（2）证明《刑法》第230条中有关损害名誉的揭发的事实；（3）证明不知道《儿童福利法》第60条第3款中儿童年龄方面的规定；（4）证明不存在《爆炸物品取缔法》罚则中的犯罪目的；（5）证明各种法人和企业的两罚规定中违反必要的注意义务，等等。被告人的证明事项从其他方面也可以合理地推认，而且由被告人举证更为方便时，可以转嫁举证责任。在被告人承担客观举证责任的情况下，被告人不必证明到无合理怀疑的程度，达到证据优势的程度即可。"① 英国一些学者认为，当一方提出法律推定时，就把举证负担转移到对方身上。例如，如果一个当事人主张他作为婚生子女对父母的财产应有的权益，他就必须证明自己是婚生子女。如果他能证明自己是在合法的婚姻关系中出生的，婚生子女的推定就告成立，除非对方能以确实的证据反驳此项推定。在这种情况下，一

① 田口守一：《刑事诉讼法》，第226－227页。这里“举证责任的转换”很可能是误译，因为这里所叙述的转换内容与“倒置”的内容完全一样。

般认为推定起着转移举证负担的作用。

那么，举证责任到底能不能转移呢？准确地澄清这种认识，不仅对于完善我国的举证责任理论体系，传播科学的民事证据理论，而且对于正确地指导民事审判实践，避免司法人员陷入无法作出判决的泥潭，都具有不可低估的意义。

为了弄清上述问题，我们必须识别“原告提出主张并加以证明，或者被告提出抗辩并加以证明”这两种行为之性质。

或许有人要问，如果认为“举证责任转移理论”不成立，那么如何解释如下现象：在法律规定原告承担举证责任的情况下，为什么被告要积极地寻求证据，驳倒原告的主张？因为按照一般的逻辑，既然被告不承担举证责任，他本来就可以高枕无忧，不会积极地寻求证据的。还有，在法律规定被告承担举证责任的情况下，为什么原告要积极地寻求证据，驳倒被告的主张？

笔者认为，要合理地解释上述问题，关键是要准确地把握“被告要积极地寻求证据，驳倒原告的主张”，或者“原告要积极地寻求证据，驳倒被告的主张”这种责任的性质。

我们知道，按照举证责任分担的一般原则，在通常情况下法律规定原告承担举证责任（举证责任的性质之一：法定性），同时允许被告否认原告所主张的事实，或者提供证据对原告的事实主张予以反驳。但是这种否认或反驳并不意味着原告的举证责任转移给了被告。在法律规定的举证责任倒置的情况下，被告承担举证责任，同时允许原告否认被告所主张的事实，或者提供证据对被告的事实主张予以反驳。但是这种否认或反驳并不意味着被告的举证责任转移给了原告。

在通常由原告承担举证责任的情况下，如果认为被告承担举证责任，就会模糊“本案的举证责任应当由原告承担”这一重要的法定前提。同样，在举证责任倒置的情形下，被告承担举证责任，这是法律所规定的（举证责任的性质之一：法定性。法官不能依据职权去分配举证责任，而要依法办事）。这时，如果认为原告承担举证责任，就会模糊“本案的举证责任应当由被告承担”这一重要的法定前提。如果我们对此缺乏清醒的认识，就把握不住举证责任的性质，就会迷失解决问题的大方向。

在法律规定了举证责任或举证责任倒置的情况下，如果仍然认为举证责任会发生转移，就会与法律规定发生冲突。特别是在法律规定举证责任倒置的情况下，如果仍然认为举证责任会发生转移，那就会对这种规定造成很大误解。因为正是由于原告缺乏收集证据的方法和手段，法律为了公平起见，才作出其免于承担举证责任，而由被告承担举证责任的规定。而现在，如果举证责任由被告转移给原告，则又使原告陷于无法收集证据的困惑境地，是显失公平的，有悖立法的宗旨。那么，这种责任的性质是什么呢？笔者认为，这是一种“提供证据的责任”（德日学者称之为“举证必要”）。这是一种来自原告或被告自身的责任，是一种在诉讼中求胜的本能使然，并非法律的强加，不具有强制性。

在通常的情况下，民事诉讼的原告承担举证责任；在举证责任倒置的情况下，由被告承担举证责任。在这两种情况下，举证责任是一定的、确定不变的。但是，“提供证据的责任”则可以在准许提供证据的诉讼阶段，在原告和被告之间进行转移。正是由于“提供证据的责任”的这种特殊性质，因而迷惑了一些人的视野，使他们错把“提供证据的责任”当作“举证责任”，把

"提供证据的责任"在原告与被告之间的游移识别为"举证责任的转移"。

六、如何准确理解司法实践中的举证责任

在我国举证责任制度的改革中，存在不少错误的认识，需要运用证明责任分层理论予以澄清。

（一）把举证责任等同于提供证据的责任

有人认为，"根据民事诉讼法的规定，当事人和人民法院在我国诉讼证据制度中处于不同的地位。当事人包括原告、被告和第三人，他们是举证责任的主体，他们对自己提出的主张有责任提供证据"①。在这里，举证责任实际上就是指"提供证据的责任"。然而，这对"举证责任"一词的理解是不准确的。提供证据的责任是不能与举证责任等同的。但是，我们在有关著作中还可以看到，许多人都是在这个意义上来理解举证责任的。例如，有人写道："要强化当事人的举证责任意识，改变他们依赖法院调查收集证据的陈旧观念。在民事审判工作中，要结合具体情况，采取多种方法和途径，向当事人宣传有关当事人举证责任的法律规定和举证知识，阐明提供证据与案件处理结果的密切关系，使他们认识到举证是当事人的法律责任，提供不出充分的证据，就可能承担于己不利的法律后果。"②

《民事诉讼法》规定，当事人可以在起诉和受理阶段举证，也可以在庭审中提出新的证据。据此，审判要分别在各个诉讼阶

---

① 马原：《改进民事审判方式，正确执行民事诉讼法》，载最高人民法院民事审判庭编《改进民事审判方式实务与研究》，人民法院出版社，1995，第7页。

② 同上。

段逐步引导当事人举证，在起诉和受理阶段，告知当事人《民事诉讼法》关于举证责任及制造、提供伪证的法律责任，并让当事人明确应举证据的内容、范围，使当事人的举证有针对性，避免其盲目举证；在审理前的准备阶段，审判人员对当事人提供的证据进行审查、核实，并告知当事人及其代理人在阅卷时应注意对方的举证情况，促使双方当事人根据对方的举证情况交替举证，使当事人的举证向深层次发展，为开庭审理打下坚实的基础；在开庭审理阶段，审判人员将当事人所举证据的矛盾之处揭示出来，并提醒当事人还可以举出新的证据。①

由此可见，如何准确地理解举证责任是一个应当引起重视的问题。

（二）所谓举证责任的“平等”观

有人主张“举证平等”，认为“举证责任的主体是当事人，民事诉讼的当事人包括原告、被告和第三人，他们的诉讼地位是平等的，其举证责任也是平等的。首先承担举证责任的是原告，要求原告对自己的诉讼请求及主张应提供证据，并在起诉状中写明所举证的证据来源，有证人证言的，还要求写明证人姓名和住所等。被告在民事诉讼中可以提出反驳和反诉，当然，也要求其提出相应的证据予以证明。第三人在诉讼中根据自己的诉讼地位也可以提出自己的主张，要求其必须举出相应的证据来证实，以支持其主张的成立”②。这里作以下说明：第一，主张举证责任

---

① 安徽省高级人民法院：《总结贯彻执行民事诉讼法经验，开创民事审判工作新局面》，载最高人民法院民事审判庭编《改进民事审判方式实务与研究》，人民法院出版社，1995，第20页。

② 同上。

平等是错误的。因为举证责任是在案件的性质确定之后，随之而确定的。对于原告、被告和第三人来说，第三人是不承担举证责任的。在一般民事案件中，举证责任由原告来承担，被告不承担举证责任。而在特殊民事案件中，举证责任要由被告来承担，原告不承担这种责任。第二，如果把举证责任视为“提供证据的责任”，那么这种“提供证据的责任”对于原告、被告和第三人来说当然是平等的。

（三）混淆了“提供证据的责任”和“说服责任”

《民事诉讼法》对当事人不能举证具有何种法律后果，没有作出明确的规定。在审判实践中，有的人民法院是根据以下三种情况区别对待的。首先，对于《民事诉讼若干意见》第73条规定的四类证据，当事人不能举证，法院应主动调查收集。其次，除《民事诉讼若干意见》第73条规定的四类证据外，当事人不能举证，就承担可能败诉的法律后果，但当事人并不是必然会败诉，因为如果法院认为审理案件需要的证据可以调查收集，那么案件事实可能被查清。最后，对于当事人不能举证，法院也收集不到足够的证据或者认为无须再查证的，当事人则承担必然败诉的法律后果。①

在这里，人们把“提供证据的责任”等同于“举证责任”。由于将两种不同的责任加以等同，因而得出了“除《民事诉讼若干意见》第73条规定的四类证据外，当事人不能举证，就承

---

① 安徽省高级人民法院：《总结贯彻执行民事诉讼法经验，开创民事审判工作新局面》，载最高人民法院民事审判庭编《改进民事审判方式实务与研究》，人民法院出版社，1995，第20页。

担可能败诉的法律后果”的判断，这是不正确的。

根据举证责任的分层理论，举证责任包括“提供证据的责任”和“说服责任”。这两种责任是各自独立的、相互区别的，但是两者之间也有联系。这种联系表现为：第一，当事人一方履行“提供证据的责任”之后，就可能存在履行“说服责任”的问题。如果当事人一方不履行“提供证据的责任”，则根本不存在就此证据履行“说服责任”的问题。换言之，当事人一方履行“提供证据的责任”，是其履行“说服责任”的前提。第二，在法律后果方面，“当事人不能举证，当事人承担可能败诉的法律后果”，这种情形下的“举证”责任应该是指“说服责任”，而不是“提供证据的责任”。只有当事人一方没有履行说服责任，才可能承担败诉的后果。在当事人一方没有履行“提供证据的责任”的情况下，得出他“承担可能败诉的法律后果”这种结论为时过早。

（四）关于法院查证责任的悖论

在民事诉讼中，有人认为，“人民法院是国家审判机关，不是诉讼当事人，不是举证责任的主体。人民法院调查收集证据是行使国家审判权的需要，是法律规定应当履行的一种职能行为”①。还有人认为，“人民法院不是证明主体，不负举证责任，其职责是对当事人提供的证据进行全面地、客观地审核，一般不主动调查收集证据。法官收集证据只是在审核证据中发现问题后

① 叶自强：《英美证明责任分层理论与我国证明责任概念》，《环球法律评论》2001年第3期，第353页。

的一种补正手段，是为完成证据审核任务的辅助措施”①。这种看法初看起来似乎是正确的，但细究起来，确实存在矛盾。例如，有人认为，人民法院不是举证责任的主体。然而人民法院却有权查证。人民法院“查证”与当事人“提供证据”实际上没有任何区别。既然两种行为没有区别，那么这两种行为的后果应当是一致的。根据《民事诉讼法》和最高人民法院的有关司法解释，当事人在不能“举证”的情况下，就承担可能败诉的法律后果。同理，在人民法院“查证”无效的情况下，这种“可能败诉的法律后果”应当由人民法院来承担，这是符合逻辑的推论。但是法律却规定这种后果要由当事人一方来承担，这显然是违反逻辑的。如何解决这个问题？最理想的办法是取消人民法院的查证职能，但这又是不现实的，因为在目前的情况下，还没有其他职能部门能够取代它。

（五）本证、反证与提供证据的责任的区别与联系

为了说明这个问题，假定我们面对着一个借款纠纷案件。原告是出借人，被告是借入人。从性质上说，这是一个一般民事诉讼，举证责任由原告承担。如果以举证责任的归宿作为基准来看本证与反证，这时本证应由原告承担，反证由被告承担。本证与反证的位置是固定的，不互换、不颠倒。

本证与反证，尽管它们的位置、名称各不相同，但是它们的性质是一样的，均属于提供证据责任的范畴，绝不等同于举证责

① 叶自强：《英美证明责任分层理论与我国证明责任概念》，《环球法律评论》2001年第3期，第353页。

任或者说服责任。由于本证和反证具有这种性质，当原告就某一个事实争执点完成其本证之后，就可以将证明负担转移到被告身上，被告承担反证。接下来，如果被告也完成了反证，那么就可以将证明负担转移给原告，由原告承担新的事实争执点的本证。这样不断进行下去，直到原告和被告分别完成所有的事实争执点的本证和反证为止。必须注意的是，上述动态过程，看起来像是本证与反证互相转移，其实不是，转移的是提供证据的责任。这个过程不能理解为本证与反证之间可以互相转移，正如前文所述，本证与反证的位置是固定的，不互换、不颠倒。

本证与反证的分类是以举证责任的归宿为基准，从原告和被告各自的位置来划分的，是为了直观地看待证明负担而作的形象的划分。除此之外，这种划分本身并无多大的理论意义和实际意义（法官不可能根据这种分类实施的情况作出判决，因为这种分类理论性不强，缺乏说服力）。

如果有人问：假如原告完不成本证，要承担什么责任？或者假如被告完不成反证，要承担什么责任？要准确地解释上述两个问题，仅仅靠本证和反证的概念，是没有多大说服力的。因为对于第一个问题来说，如果原告完不成本证，其承担的后果只是未完成提供证据的责任，但并不必然败诉，与败诉后果缺乏必然的直接联系。对于第二个问题来说同样如此。因此，只有回到举证责任分层理论上去，才能合理地解释上述问题。

总之，本证与反证的分类缺乏理论想象力，实际意义也不大。

（六）举证责任倒置与举证责任转移的区别

在有些论著中，作者错误地将举证责任倒置的情形识别为举证责任转移。这是需要澄清的。两者的区别如下：

首先，两者含义不同。所谓举证责任转移，是指把原来由当事人一方所负担的举证责任转移给对方当事人承担。这种“转移”，既可能是原告的举证责任向被告方转移，也可能是被告的举证责任向原告方转移。在这里，“转移”是双向的。所谓举证责任的倒置，是指在法律规定的特殊案件中，法官依法把通常由原告所负担的举证责任分配给被告承担。在这里，“倒置”是单向的，不是双向的。在一个案件中，当举证责任从原告倒置给被告负担之后，就不能采用“暗度陈仓”的办法，再从被告“转移”给原告。在我国，自从 1991 年 4 月颁布《民事诉讼法》以来，最高人民法院通过司法解释，明确规定在普通的侵权案件中适用举证责任分担的一般原则，即由受害人（原告）承担举证责任。同时规定，在特殊情况下，被告（即加害人）就自己的过错要件事实和因果关系事实负举证责任。这是举证责任倒置的运用。笔者注意到 2020 年 5 月 28 日通过的《民法典》也有相关规定。例如，《民法典》第 1238 条规定：“民用航空器造成他人损害的，民用航空器的经营者应当承担侵权责任；但是，能够证明损害是因受害人故意造成的，不承担责任。”该条规定采用了无过错损害赔偿责任原则。受害人除了证明自己乘坐了该民用航空器，并因此受到损害之外，对于与该航空器有关的技术因素并无举证责任。因此，这样的规定是利于受害人的。与《证据规定》（2002 年）的举证责任倒置相比，这无疑是一大进步。此外，在《民法典》第 1239 条、第 1242 条等条款中都采用了无过错损害赔偿责任原则，其进步意义是值得肯定的。

其次，两者频率不同。如果存在举证责任转移，那么这种转移在民事诉讼过程中是经常发生的。而举证责任倒置在诉讼开始时就已经确立，在诉讼过程中不会发生任何变化。即便举证责任倒置是在诉讼过程中依法官职权采取的，那么针对同一种性质的案件来说，只能是一次性的，不会再来第二次。

在日本，有的学者也将举证责任倒置与“举证责任转移”加以混用。例如，兼子一、竹下守夫先生在对“举证责任转移”一词下定义时写道：“把这一词作为抽象的法规之间的关系来使用时，一般是指规定有过失的举证责任在于原告一方，在特别规定的情况下无过错的举证责任在于被告一方。”[①] 他们还指出：“就理论上的一般原则来说，对于当事人一方负举证责任的事实，考虑到当事人之间负担证明的公平性，在特殊情况下，可以理解为允许另一方当事人负担举证责任（妨碍对方证明的情况）。”[②] 实际上，这里的“举证责任转移”就是举证责任倒置的全部含义。

（七）在出现“妨害证明”的情况下是否会发生举证责任转移

在民事诉讼中，有时会发生对查明案件真相有重要意义的证据遭毁灭或伪造的情况。例如，有的诉讼当事人运用非法手段使证据不复存在，阻碍法官使用该证据；有的诉讼当事人故意制造虚假证据，歪曲案件事实真相，使法官在认识案情上发生偏差或错误；还有人以暴力、胁迫或贿赂方法阻止证人作证或者指使、贿赂胁迫他人作伪证。假如当事人一方因过错将该诉讼唯一的证据灭失或伪造证据或作伪证，致使双方当事人就有争执的待证事

① 兼子一、竹下守夫：《民事诉讼法》，白绿铉译，法律出版社，1995，第 112 页。
② 同上书，第 113 页。

实无证据或无真实的证据可用，形成待证事实存否不明的状况；那么在这种情况下，就该待证事实，应由哪一方当事人负担举证责任，从而负不能举证的败诉危险？这是一个棘手的问题。由于这种问题是因证据遭受当事人妨害而发生的，故学者称其为妨害证明。如果证据的灭失或作伪证是由于负举证责任的当事人自己的行为所致，其举证责任不会变动。如果证据的灭失或作伪证是由于应负举证责任的相对人所致，则发生相对人是否因而就其证据灭失行为所致的待证事实不明负举证责任的问题。

对此，德国判例采取了两种解决方法：一是直接利用德国《民事诉讼法》关于自由心证的规定，由法官根据案件的具体情况进行判断。采取表见证明的方法，令妨害证明的当事人负提出证据的责任。二是采取举证责任转换方法（实际上是举证责任的倒置），令妨害证明的当事人负担客观举证责任，而应举证的当事人不负举证责任。

对上述法院的判例，德国学术界持有不同的看法，大致分为三种：（1）德国多数学者认为，法院应当就证明妨害的行为以自由心证作出评价，从而就个别具体情形进行适当的判断，属于被告的证据提出责任问题，并非举证责任分配问题。在被告遗失证据时，法院应当令被告提出证据以证明其无过失。如果被告无法证明，法院得以心证判断被告过失的有无。换言之，法院可以作出被告过失的认定，也可作出无过失的认定，法院并不一定作出被告过失的认定。（2）有的学者认为，该判例属于举证责任转换的问题。主张该说者认为，既然被告因证据妨害行为形成待证事实不明的状态，那么原应就待证事实负客观举证责任的原告（被害人）就因被告的证据妨害行为而免于举证，其举证责任转归被告。因此，在被告就待证事实不能举证，而法院就待证事实亦因状态不明无法进行判断时，应依举证责任分配原理，当然作出被告败诉的判决，不产生法院依自由心证进行判断的问题。(3) 还有的学者认为，除上述利用举证责任分配原理及自由心证进行评价的方法之外，应就个别情形选择举证责任转换或者表见证明为之，不必一律将证据妨害的问题归为举证责任转移问题或表见证明问题进行解决。

在笔者看来，第一种主张是正确的，比较令人信服。因为举证责任随着案件性质的确定而确定。案件的性质是从诉讼开始时就被确定的，举证责任由哪一方负担也是这时确定的，中途不会发生转换的问题。同样，举证责任倒置也是案件诉讼开始时被确定的。在原告负担举证责任的情况下，如果在诉讼过程中出现了因被告妨害证明而形成待证事实不明的状态，法院应当令被告提出证据以证明其无过失；如果被告无法证明自己没有过失，则是没有尽到“提供证据的责任”，并负担由此带来的不利后果。但这种后果与原告“举证不能”的后果是不同的，有着层次上的差别。

至于第二种看法，是值得商榷的。这种观点的要害在于把“提供证据的责任”与举证责任等同。其实，正如笔者在前文所论述的那样，这两种责任是完全不同的。“如果在被告就待证事实不能为举证，而法院就待证事实亦因状态不明无法进行判断时，应依举证责任分配原理，当然作出被告败诉的判决”，这显然是将举证责任作为一种对被告施行惩罚的手段。如果被告无法对自己的过失进行合理的证明，科以其举证负担，使其承担败诉的后果，可能是公平的。但是，如果被告能够对自己的过失进行合理的证明，科以其举证负担，使其承担败诉的后果，就是不公平的。因此，如果采用这种方法，在适用上会很不方便，而且法官掌握着很大的负有弹性的自由裁量权，其结果不一定就是公平的。另外，退一步说，即便举证责任由原告转归被告负担，这也不是“举证责任转移”，而是举证责任倒置。

七、总结

最后，让我们对以上讨论做一个总结。

第一，举证责任具有不可转移性。就是说，在诉讼过程中，举证责任是不可能转移的。正如兼子一、竹下守夫所说，“而在具体的诉讼过程中则不可能出现本来是原告的举证责任转移到被告的情形”①。

第二，举证责任倒置不等于“举证责任转移”。举证责任倒置是由法律规定或法官依职权确定的举证责任分担的一种特殊情形。

第三，在诉讼过程中原告的主张责任或者被告的反驳责任可叫作提供证据的责任。这种责任可以在原告和被告之间进行转移。这种转移与“举证责任的转移”是不同的。无论原告的主张责任或者被告的反驳责任，它们与举证责任之间不能画等号。那么“举证责任与谁提出什么样的证据之间毫无关系”的论断是否成立？这里须具体分析。在民事诉讼开始时，案件的性质已经被确定，此时，举证责任的分担情况已经十分明显。就是说，在一般民事案件中，举证责任通常是由原告来承担的。在特殊民事案件中，举证责任要由被告承担。无论在哪一种状态中，举证责任都必须与案件的性质相一致。举证责任是不能转移的。当案

① 兼子一、竹下守夫：《民事诉讼法》，第 112 页。

件的性质确定之后，举证责任由哪一方承担就被法律所确定了。当举证责任被确定之后，负担举证责任者应提出本证，不负担举证责任者可提出反证。因此，当举证责任确定之后，就决定了谁可以提出本证，谁可以提出反证。但这也不是绝对的。因为人们的视角不同，赋予本证与反证的含义可能不一样。例如，在一般民事案件中，原告承担举证责任，但被告可提出反证。这种反证可以用被告的“一个正面的主张”来表达。这种主张对被告来说就是一个本证。原告可以反驳这个主张，从而构成“反证”。在举证责任倒置的情况下，也会发生这种情形。因此，“举证责任与谁提出什么样的证据之间毫无关系”这种论断是成立的。

第四，举证责任是随着案件的性质确定之后才被确定的。它在诉讼过程中不会发生变化。它像一盏明亮的航标一样，指导着诉讼的前进方向。不过，只有在案件审理到最终阶段，案件事实仍处于真伪不明的状态情况下，举证责任才起决定性作用。正如美国学者哈泽德等教授所说：“证据可能或多或少势均力敌，在这种情况下，需要有一种规则来指引作出决定。各个法律体系均有在此情况下引导法院的辅助性规则——有关举证责任的规则。举证责任规则的效力为，如果法院查明有关特定事实问题的证据旗鼓相当，负有举证责任的一方当事人将在该问题上失利。换个稍微不同的说法，如果法院不能根据证据查明事实，则该问题在解决时就不利于负有举证责任的一方当事人。原告通常对被告过错的主要方面负有举证责任。”①

① 杰弗里·C. 哈泽德、米歇尔·塔鲁伊：《美国民事诉讼法导论》，张茂译，中国政法大学出版社，1998，第 80 页。

第五章
“多次鉴定”的概念与认知逻辑

一、“多次鉴定”的定义与研究的迫切性

在人身伤害案件和医疗事故案件中经常会产生一些鉴定事项，少则三四次，多则六七次。[①] 这就是不少人经常抱怨的所谓多次鉴定现象。不过至今为止，笔者不曾见到多次鉴定的准确定义。在以往的著述中，有人曾经用“重复鉴定”或者“反复鉴定”，意指那些损害当事人利益和拖延诉讼的不必要的鉴定活动，它们显然具有较强的贬义色彩。在持批判立场的使用者看来，这

---

① 例如，(1) 崔永利：《患者就诊成植物人 历7次鉴定医院判赔42万》，http://news.sohu.com/20080619/n257595667.shtml，访问日期：2016年4月7日。(2) 刘春燕：《母子因借条被告上法庭 经6次笔迹鉴定辨真假》，https://www.chinanews.com/fz/2011/05-24/3061955.shtml，访问日期：2016年4月7日。(3) 郭玉红、李洁：《历经数次鉴定和庭审 受害者家人表示异议 伤情要进行第六次鉴定》，http://news.sina.com.cn/o/2010-06-03/200817606107s.shtml，访问日期：2016年4月7日。(4)《法庭六次鉴定结果各自不同》，http://news.cri.cn/gb/8606/2006/07/10/1865%401125802.htm，访问日期：2016年4月7日。(5) 郭龙、李欣、刘寒：《凶手有无精神病？五次鉴定求真相》，http://news.sina.com.cn/c/2007-08-01/034912305057s.shtml，访问日期：2016年4月7日。(6)《300万元工程款纠纷案历经7次耗时7年未进一审》，https://bbs.zhulong.com/103010_group_300177/detail31134641/，访问日期：2016年4月7日。类似的例子还有很多。

种鉴定活动不应当受到鼓励，而是应当采取有力的措施予以抑制和排除。可见从词性来判断，这类词汇具有明显的适于宣传的新闻效应。然而，“重复鉴定”或者“反复鉴定”这类词汇，因其缺乏确定的数量和价值倾向鲜明的特点，与秉承客观立场和讲求精确性的学术研究是不相契合的，需要用一个更为精确的词汇予以替代。从科学研究的角度来说，用“多次鉴定”一词直接体现了这类活动的数量特性，易于界定，比“重复鉴定”或者“反复鉴定”要准确一些，更便利今后的科学研究。因此笔者建议，今后对于此类活动应该使用“多次鉴定”一词。

那么，什么是“多次鉴定”？尤其是如何界定这个“多次”的数量？带着这些问题，笔者详细研究了德国等大陆法系国家和我国澳门特别行政区的相关法典，也参考了美国的司法实践。德国和我国澳门特别行政区《民事诉讼法》明确规定可以进行第二次鉴定。德国《民事诉讼法》第412条规定：“（一）法院认为鉴定不能令人满意时，可以命原鉴定人或命另一鉴定人为新的鉴定。（二）如果鉴定人在鉴定完毕后被准许回避时，法院可以命另一鉴定人为鉴定。”① 澳门《民事诉讼法》第510条规定：“一、任一当事人得于知悉第一次鉴定之结果后十日期间内，申请第二次鉴定；为此，须陈述其不同意所提交之鉴定报告所依据之理由。二、如法院认为进行第二次鉴定对查明事实真相属必需者，得于任何时刻依职权命令进行第二次鉴定。三……”② 日本

① 《德意志联邦共和国民事诉讼法》，谢怀栻译，中国法制出版社，2001，第102页。

② 中国政法大学澳门研究中心、澳门政府法律翻译办公室编《澳门民事诉讼法典》，中国政法大学出版社，1999，第161页。

“二战”前的《民事诉讼法》也曾经规定可以进行第二次鉴定。[①]在美国民事诉讼中，由于实行诉前证据交换制度，当事人必须在诉前完成鉴定事宜。每一方仅有一次鉴定机会，把双方的鉴定次数加起来最多也就两次。[②] 因此，从上述国家和地区的情况来看，把必要的鉴定次数确定为两次是合理的。超过这个数量的鉴定就是不必要的鉴定。

基于以上论述，我们可以对多次鉴定下一个较为准确的定义，它是指在司法实践中出现的三次（含三次）以上的损害当事人利益和拖延诉讼的不必要的鉴定活动。举一个例子，假如某一个医疗事故纠纷案件中发生了六次鉴定活动，最前面的第

① 松冈义正：《民事证据论》，张知本译，洪冬英勘校，中国政法大学出版社，2004，第230－231页。

② 笔者详细研究了美国波士顿的一起环境污染案件及其专家鉴定问题参见乔纳森·哈尔：《漫长的诉讼》，黄乔生译，译林出版社，1998。在波士顿的沃伯恩市，一个地区的饮用水受到了化学品的污染，污染源是两家工厂的排污沟。周边居民很多人患皮肤病，十几个孩子患白血病，五个孩子死亡。原告方律师施利特曼本着对社会的责任心，对受害者及其家属的同情，勇敢地承担了这个案子。本案应原告方律师要求经过了两次鉴定，先后由约翰·托洛宾斯基（同上书，第393页）和文森特·墨菲（同上书，第393页）参加鉴定并提出了鉴定意见。其余人士仅仅提供专家意见，并没有参与鉴定工作。鉴定费用很高，如文森特·墨菲，系原告方专家证人，从事打井、震动试验和土壤地下水分析等鉴定工作。原告律师付给他的鉴定费用为59.84万美元。至于约翰·托洛宾斯基的鉴定费，没有具体说明。他是地质学家，从事勘测、震动试验和土壤取样分析等鉴定工作。“在过去的一年里托洛宾斯基率领一个小分队和其他一些工人对那两家公司的地产的几乎每平方英尺土地都进行了勘测。他们在阿贝乔纳河边沼泽地上打了二十多个测试井，对地下岩层做了震动研究，对被污染的土壤做了取样分析。”（同上书，第338页）想必鉴定费用也不会低。本案实行陪审团集中审理和连续的庭审，审理期限长达五个月。因为事实的认定是在一审完成的，而鉴定、专家证人都必须在一审召集，而一审是一个非常耗时、费力、费钱的程序。一旦完成了一审，就决定了案件的胜负。换句话说，在二审和三审再去进行鉴定或请专家证人，几乎不可能得到法律程序的认可。美国《民事诉讼法》和司法实践严格坚持既判力原则，不许随意更改判决，因此对发回重审控制得很严，上诉改判也很难。

一次、第二次鉴定可以称为必要的鉴定，此后的鉴定就是不必要的鉴定或者“多次鉴定”。可见，“多次鉴定”仅在贬义上使用。

就目前国内的情况来看，由于人身伤害案件和医疗事故案件频发和广泛的地理分布，多次鉴定问题也相应较多，其地理分布也较为广阔。由于它必然会导致诉讼拖延、当事人诉讼成本明显增加、直接损害当事人利益等，因而自然就引起当事人的不满，司法的公信力大受折损，严重者会直接影响社会稳定。从 20 世纪 80 年代以来的三四十年间，这个问题一直缠绕着当事人和司法机关，时至今日仍未得到解决，应当引起我们的高度重视。在本书中，笔者拟就多次鉴定的主要成因与程序控制问题作出初步探讨。

二、在多次鉴定的两个相邻鉴定之间不存在纠错机制

鉴定既可以作为名词，也可以作为动词。当它作为一个动词的时候，是指鉴定人对鉴定对象（送检材料）的观察、分析和判断，并作出最后的结论。从动词意义上说，多次鉴定仅是指鉴定行为的数量增加，并不意味着质的变化。如果说多次鉴定所反映的是人们在鉴定行为上的增量，那么驱动这种行为的原因是什么？这是必须回答的问题。笔者在研究中发现，不少人存在多次鉴定的下意识冲动。在他们的潜意识里，似乎“鉴定的次数越多，越能够揭露案件的事实真相”。这种想法到底是不是正确的？在实践中几乎没有人严肃认真地对待这个问题。某些人根据自己的经验想当然地认为，这是一个不言自明的结论，没有深究的必要。他们将这种未经严格证明的模糊的观念直接用于指导行为，

从而直接导致了多次鉴定的发生。也就是说，当事人在认识方面的偏差，是多次鉴定频发的主要原因之一。

然而，“批判的武器不能代替武器的批判”，简单地指责上述模糊观念是容易的，但这无助于我们提高对鉴定工作的认识，更不能用来代替对鉴定实践的科学指导。不管上述模糊观念出自何种真实的原因，它本身却包含着一个命题：在多次鉴定中，后面的鉴定（如第四次）比起前面的鉴定（如第三次）来，质量更高、更可靠，能够纠正前面鉴定中存在的错误。假如这个命题经严格证明是成立的，那么多次鉴定就有存在的科学依据，反之就应当消除之。为了澄清这种观点的真伪，我们必须深入讨论鉴定过程的性质和鉴定的局限性。

例如，在一起医疗事故纠纷案件中，就某个问题先后进行了五次鉴定（为了方便表述，下面分别用 A、B、C、D、E 来代替），得出了五份鉴定意见。我们假定最前面的两次鉴定（A、B）是必要的，后面的三次（C、D、E）是不必要的多次鉴定。我们选取 B、C 这两个相邻的鉴定作为研究对象，深入考察 C 对 B 是不是具有鉴定方法和程序上的纠错功能。假如具有纠错的功能，那么以此类推，D 对 C，E 对 D 也应该具有鉴定方法和程序上的纠错功能。反之，就不具有鉴定方法和程序上的纠错功能。

鉴定是一种证据方法。每一次鉴定都不是瞬间就能完成的，它表现为一个程序过程（包括鉴定的物质对象的选择，鉴定人的思维过程和行为过程等要素，体现为人与鉴定对象之间的相互作用关系），应当体现程序的正当性。假如其中存在一个或几个要素不合格或者明显违法，即表明程序出了问题。但是这些问题在排斥外部人员参加的情况下是不可能被发现的。只有在鉴定过程结束之后，鉴定意见被呈递到法庭，且鉴定人出庭作证的情况下，通过双方当事人（有各自的律师和专家辅助人参加）的辩论，才能予以发现。这是发现鉴定问题的唯一的合法的机会。如果鉴定人不出庭作证，即使鉴定过程中真的出了问题，也是不可能被发现的。

在司法实践中，当事人对申请重新鉴定的偏好，给予了鉴定人不出庭作证的机会和理由，白白丧失了通过庭审控辩以揭示问题的良机。以 B 鉴定为例，即便 B 的所有程序表面上看不出任何瑕疵，只要 B 的结果对某一方不利，或者不是他所想要的结果，他的第一反应就是立即申请重新鉴定，他急于否定 B 的鉴定意见。这是基于情感上不能接受的原因而作出的举动，不一定合乎理性。

假如 B 程序有错误，能不能通过 C 获得纠正（即通过一次新的鉴定去纠正）？这是涉及对 C 程序的本质的正确认识。C 本质上是一次新的鉴定，表现为一个不同于 B 的新的鉴定方法和程序过程。与 B 相比，C 要更换鉴定人，要成立一个新的鉴定组织。在 C 存在排他性介入的封闭环境下，谁也无法保证它的鉴定程序完全正当。因此，如 B 确实存在错误，C 本身也不可能自然地予以纠正。C 本身不是一个纠错机制，不仅如此，它还可能犯下与 B 不同的新的错误。因此，当事人通过申请 C 重新鉴定，并不能必然达到纠正 B 错误的目的。实际上，在德国和我国澳门地区，前后两次鉴定的结果在法律上都受到同等对待。后一次的鉴定结果并不必然能够否定前一次的鉴定结果。例如，澳门《民事诉讼法》第 510 条规定（第二次鉴定制度）：“一、任一当事人得于知悉第一次鉴定之结果后十日期间内，申请第二次鉴定；为此，须陈述其不同意所提交之鉴定报告所依据之理由。二、如法院认为进行第二次鉴定对查明事实真相属必需者，得于任何时刻依职权命令进行第二次鉴定。三……”[①] 该法第 512 条（第二次鉴定之价值）规定：“第二次鉴定并不使第一次鉴定丧失效力，两者均由法院自由评价。”[②]

事实上，在司法实践中，人们启动 C 的目的是要得到一个新的不同于 B 的、有利于己的结果，仅是私利所致。基于这一目的，人们所追求的不是鉴定程序的正当性。因为如前所述，C 与 B 相比理论上不具有必然的程序优越性。在两种程序彼此独立和封闭的运行状态下，C 不可能去揭露 B 的程序缺陷。C 也无法保障它自身的程序完全是正当的、合理的，尤其在排斥外单位内行介入的情况下。

从上面的分析可以看到，人们申请第三次鉴定（甚至第四次、第五次及以上次数的鉴定），直接追求有利于自己的结果，这是申请鉴定人的一种普遍的急于求胜的心理所导致的，并不符合理性。这时候，他们并不懂得前后两次鉴定之间的关系到底是什么。对他们来说，是否申请重新鉴定需要考虑的唯一因素是利益。鉴定结果对自己不利的，就申请重新鉴定；[③] 反之，

---

① 中国政法大学澳门研究中心、澳门政府法律翻译办公室编《澳门民事诉讼法典》，中国政法大学出版社，1999，第 160 页。

② 同上书，第 161 页。

③ 崔永利：《患者就诊成植物人 历 7 次鉴定医院判赔 42 万》，http：//news.sohu.com/20080619/n257595667.shtml，访问日期：2016 年 4 月 9 日。本案中共进行了七次鉴定。每次鉴定均认为孙方的问题与医院无关。因此每次鉴定的结果出来后，孙家就表示不服，不断地申请再次鉴定，直到第七次鉴定仍然如此。孙家表示，要继续申诉。

对自己有利的，就不提出重新鉴定的申请。[①]这种基于情感煎熬因素所提出的多次鉴定申请往往使申请人付出很大的代价。[①]

从上面的分析论证可以看到，在多次鉴定中，后面的鉴定对于与其相邻的前一个鉴定，并不存在纠错的功能。那种以为“鉴定次数越多越好，越能揭露案件的真相”的模糊观念是缺乏科学依据的，因而也是完全错误的。

三、我国诉讼法对“多次鉴定”缺乏有效的程序控制

在司法实践中，有的司法机关启动鉴定程序比较随意，缺乏严格的限制。下面，我们以具体案例加以说明。

案例 5－1　周某故意伤人案[*]

［**案情简介**］2008 年 2 月，周某介绍蔡某到一工地打工，但用工方欠下蔡某 2100 元劳务费。2009 年 3 月 12 日，蔡某找到周某讨要工钱，两人发生拉扯打斗。蔡某被周某打断了两根肋骨。公安机关随后介入了此案。由于双方有分歧，有关机构先后对蔡

* 万勤：《打工仔 5 次伤情鉴定结果均不相同》，http://news.eastday.com/eastday/06news/society/s/20091024/u1a4755783.html，访问日期：2016 年 4 月 9 日。这篇报道赞扬法官判得巧妙，似乎法官具有很高的智慧。其实，它把多次鉴定所隐藏的矛盾全部掩盖了。例如，法官判决的证据依据何在？合法性何在？多个鉴定意见（作为证据）之间的矛盾是如何解决的？判决都没有阐述清楚。案件虽然作出了判决，但这些矛盾依然存在，因此，从法理上来说，这样的判决书是无法令人信服的。

① 袁华明：《五次死因鉴定的背后》，《观察与思考》2004 年第 22 期，第24－26 页。

② 刘春燕：《母子因借条被告上法庭 经 6 次笔迹鉴定辨真假》，https://www.chinanews.com/fz/2011/05－24/3061955.shtml，访问日期：2016 年 4 月 9 日。在这起诉讼标的额 12 万元的案件中，被告方婆婆打了近四年（2007 年 7 月至 2011 年 4 月）官司，其丈夫因焦虑过度而去世，打官司花费了 10 万余元。

某的伤情进行了五次法医鉴定，但结果均不一样。

此案的伤情鉴定一波三折。2009 年 3 月 13 日，青山公安分局刑事科学技术鉴定室对此案开展了第一次法医鉴定，结果为左侧第 10、第 11 两根肋骨单纯性骨折，损伤程度为轻伤。同年 4 月，该技术鉴定室再次鉴定，左侧第 6、第 7、第 8、第 10、第 11 五根肋骨骨折，腰第 1、第 2 椎体压缩性骨折，轻伤。同年 5 月，青山警方委托湖北新华法医鉴定事务所，对蔡某进行了第三次法医鉴定，伤情鉴定与第二次鉴定一样，但鉴定属九级伤残，后期需治疗费 3500 元，误工休息时间为 120 日，伤后护理时间为 40 日。到了 5 月 20 日，武汉市青山区人民法院（以下简称青山法院）审理时再次委托湖北诚信法医鉴定事务所对蔡某进行第四次法医鉴定，鉴定结论的主要损伤一样，但伤残等级却是八级，护理期限是伤后 60 日。同年 8 月，武汉市中级人民法院技术处又委托湖北新华法医鉴定事务所对蔡某进行了第五次法医鉴定，认为其左侧第 10、第 11 两根肋骨骨折，但伤残等级却为十级，并认定蔡某左侧第 6、第 7、第 8 三根肋骨和腰第 1、第 2 椎体压缩性骨折与被打事件无关。

在法院审理时，被告周某及其辩护人提出，蔡某的伤情有多份鉴定，鉴定结论相互矛盾，不能采信，要求法院判其无罪。青山法院认为，五次伤情鉴定确有不同，但对蔡某损伤程度的结论是一致的，即轻伤。法院最后采信了第五份法医鉴定，以故意伤害罪判处周某管制一年。

［案例分析］

从上面案情中可以确认如下事实：第一，本案的伤情鉴定共进行了五次，依次分别是：（1）3 月 13 日，青山公安分局刑事科学技术鉴定室做了第一次法医鉴定。（2）4 月，青山公安分局刑事科学技术鉴定室做了第二次法医鉴定。（3）5 月，青山公安分局委托湖北新华法医鉴定事务所做了第三次法医鉴定。（4）5 月 20 日，青山法院受理本案后，委托湖北诚信法医鉴定事务所进行了第四次法医鉴定。（5）8 月，武汉市中级人民法院委托湖北新华法医鉴定事务所做了第五次法医鉴定。第二，青山法院的法官接纳和参考了这五次鉴定意见。第三，法院最后采信了第五份法医鉴定。以上三个事实是我们展开分析的基础和依据。我们的分析主要集中在鉴定程序方面，要探讨哪些鉴定属于必要的鉴定，哪些鉴定属于多次鉴定？每一次鉴定程序的启动具有何种依据？前一次鉴定与后一次鉴定之间具有何种关系？法院采纳鉴定意见的程序是否正确？

首先看诉前的三次鉴定。案件发生后，青山公安分局刑事科学技术鉴定室及时做了第一次法医鉴定，用来确定受害人的初发伤势程度，从程序上看无可置疑。后来，该公安分局又做了第二次鉴定。第三次鉴定是青山公安分局委托湖北新华法医鉴定事务所做的。应当指出的是，第二次和第三次鉴定发生在伤者治疗一段时间之后，伤情处于比较稳定的阶段。那么，第二次、第三次两次鉴定与第一次鉴定相比，在性质上是完全不同的。因此，第二次、第三次鉴定不属于多次鉴定的范畴。不过由于青山公安分局与湖北新华法医鉴定事务所是两个性质不同的组织机构。前者委托后者进行鉴定，从它的这种行为来推断，至少表明，青山公安分局对自己的鉴定意见不自信，对自己的专业能力缺乏信心。从这个意义上说，第三次鉴定或许是对第二次鉴定的补充，并不意味着对第二次鉴定意见的否定，因此，它属于必要的鉴定。

其次看诉后的两次鉴定，这两次诉后鉴定是具有争议的。青山法院受理本案后，委托湖北诚信法医鉴定事务所进行了第四次法医鉴定。法院的这种做法在程序上缺乏任何依据，令人生疑。因为青山区人民检察院提起公诉的时候，必定会提交相应的证据，包括青山公安分局本身做的两次鉴定意见，以及青山公安分局委托湖北新华法医鉴定事务所做的第三次鉴定意见。法院基于其职业素质和职业伦理，必须从证据方面对这三次鉴定意见作出价值评价。只有全部否定了这些证据，才可能批准第四次鉴定的申请，或者主动地启动第四次鉴定程序。显然，青山法院没有这样做。从判决的结果来看，法官在没有排除前面的三次鉴定意见的情况下，又启动了新的鉴定程序。这种行为缺乏法律依据，也违背诉讼原理。最后，武汉市中级人民法院委托湖北新华法医鉴定事务所做了第五次法医鉴定。一审法院所犯的错误在二审又重演了一次。尤其是，既然前面已经有过一次湖北新华法医鉴定事务所的鉴定意见，为何再一次委托它进行鉴定？实在令人费解。基于上述分析，我们有充分的理由把第四次、第五次鉴定归属于不必要的鉴定或“多次鉴定”的范畴。之所以发生这种情况，笔者分析认为：一是因为缺乏法律的限制（我国现行《民事诉讼法》和《刑事诉讼法》均没有规定鉴定的次数）；二是因为法官违背诉讼原理，随意越权所致。从本案的庭审情况来看，当诉前的三份鉴定意见都被提交到法庭之后，法官有义务组织质证活动。青山法院应该根据质证的结果作出心证和判断，并根据这些鉴定意见和其他相关证据作出裁决。但该法院却违背诉讼原理，牺牲诉讼效率，仅仅依据职权就委托湖北诚信法医鉴定事务所作出了第四次鉴定。假如《刑事诉讼法》对鉴定的次数作出了明确限制，那么法院就不敢滥用职权，擅自委托鉴定，也就不会产生第四份鉴定意见和第五份鉴定意见，更不会出现将它们作为合法的证据提交到法院的情况。

四、鉴定方法与鉴定的证据形式的关系

从上文青山法院的案件中可以看到一种现象，本案法官一直把目光集中到鉴定意见（鉴定的证据形式）上，始终没有要求鉴定人出庭作证。这种情况并非个案，而是一种普遍现象。“实践中，也有很多案件是因为法官过于相信鉴定意见的可靠性、科学性，在对鉴定意见未加严格审查或者未听取当事人意见的情况下，就将其作为定案的依据……”① 如果说鉴定人不出庭作证只是一种表象的话，那么深层的原因则是，法官和学术界对于鉴定方法与鉴定意见之间的真实关系缺乏基本认识，一直无法为司法实务提供有效的指导。或许正是基于这个原因，我国《民事诉讼法》（与德国、我国澳门地区《民事诉讼法》相比）对鉴定只有极少的规定。这可能是因为学术界和立法者似乎认为鉴定方法无关紧要。这就不难理解为什么鉴定人不愿出庭作证，以及法官、

① 杜志淳、廖根为：《论我国司法鉴定人出庭质证制度的完善》，《法学》2011 年第 7 期，第 82 页。

检察官对鉴定人出庭作证也缺乏强烈的愿望。[①] 然而，从德国、日本的司法实践来看，鉴定人出庭作证的目的就是口头陈述鉴定的过程和鉴定方法之合理性、科学性。既然我国立法上不重视鉴定方法，那么司法实践为什么一定要重视呢？即使司法实践重视鉴定方法，也是无法可依。这种状况应该尽快改善。

那么，鉴定方法与鉴定的证据形式之间是一种什么关系呢？任何一个鉴定人都会懂得，鉴定的证据形式（如鉴定书）是由于使用了一定的鉴定方法之后才产生的。也就是，从时间顺序来说，先有鉴定方法，然后才有鉴定的证据形式（鉴定书）。这种表象的观察有时难免给人造成一种印象，即鉴定方法只会产生鉴定书一种证据形式。不少人都会有这种看法，认为“鉴定意见已经出具，自己便无任何责任了”。“法院是否采纳鉴定意见就与司法鉴定人没有任何关系了。他们认为鉴定意见只能代表鉴定人的个人意见，法院最终是否采纳鉴定意见属于法院的权力，与自己也无任何利害关系，自己出庭与否不能决定案件的最终判决。”[②] 毫无疑问，如果仅仅孤立地观察鉴定活动的过程，恐怕只会得出这种结论。然而，这种看法是不全面的。鉴定方法除了产生鉴定书这种书面的证据形式之外，还产生另外一种证据形式，即鉴定人的口头陈述。因为鉴定人在实验室完成工作和出具

---

① 徐伟、李春光：《证人不出庭检方不可随意打发》，https：//news. ifeng. com/c/7fbksib1gxa，访问日期：2016 年 4 月 9 日。“检察机关要转变执法观念，不能再像以前一样，证人不愿意出庭一句话打发了”，孙长永认为，如果被告人和辩护人对证人证言有异议，作为检察机关来说，就应该主动申请证人出庭作证。“这是对检察机关公正执法的一种挑战和考验。”

② 杜志淳、廖根为：《论我国司法鉴定人出庭质证制度的完善》，《法学》2011 年第 7 期，第 83 页。

鉴定书，并不意味着鉴定活动的完成。鉴定活动的完成时间取决于一个案件的诉讼终结。这就意味着，鉴定人在完成实验室的工作、写出鉴定书之后，应当在适当的期日出庭，向法官和有关当事人进行口头陈述，详细讲解其鉴定的方法，并接受法官的讯问和当事人的询问。鉴定人在法庭上的这一系列行为构成鉴定人的口头陈述，这是一种言词证据，也是鉴定的一种必不可少的证据形式。这就要求立法上首先对鉴定方法作出详尽规定。关于这一点，我们可以参考德国的做法。德国《民事诉讼法》第411条规定："（一）法院命令为书面鉴定时，鉴定人应将其署名的鉴定书留交书记科。法院可以对鉴定人在此点规定一定期间。……（三）为了对鉴定书加以解释，法院可以命令鉴定人到场。（四）双方当事人应在适当的时间内向法院提出他们对鉴定意见的反对意见、有关鉴定的意见以及对鉴定书的补充问题。法院为此可以规定一定期间。……"① 根据上述规定，关于鉴定的证据形式有两种：一是鉴定书。鉴定书是一种法定的有关鉴定的书面证据形式。二是鉴定人的口头陈述，这也是一种法定的证据形式。关于后一种证据形式，有的德国学者明确表示支持。根据德国学者奥特马·尧厄尼希的解释，"鉴定人传递专业知识（通常情况下遵循经验法则）并且大多数情况下也陈述从中获得的结论"。"鉴定人与证人不同，是陈述他所学到的且可被他人学到的东西"。② 根据德国学者的解释，鉴定人的口头陈述和书面鉴定书这两种证据形式之间是有区别的，即前者是有关鉴定的主要证据

① 《德意志联邦共和国民事诉讼法》，谢怀栻译，中国法制出版社，2001，第102页。

② 奥特马·尧厄尼希：《民事诉讼法》，周翠译，法律出版社，2003，第288页。

形式，后者则处于次要的地位。前者基于德国《民事诉讼法》辩论原则的要求而作出。根据德国《民事诉讼法》的辩论原则，鉴定意见应在辩论中口头作出，但法院也可以命令他出具书面鉴定书。[①] 如果关于鉴定意见存在疑问或不清楚，则法院应依职权命令口头解释。

此外，日本和我国澳门地区也有类似规定。日本《民事诉讼法》第215条规定：“审判长使鉴定人，可以用书面或口头发表意见。”[②] 澳门《民事诉讼法》规定：“法官得依职权或任一当事人之申请，命令鉴定人在辩论及审判之听证时到场，以便经宣誓后就向其要求解释之问题作出解释。”[③]

然而，在我国长期的鉴定活动领域中，诉讼法把“鉴定结论”或者“鉴定意见”作为唯一的证据形式。因为它是书面证据，鉴定人向法院提交鉴定结论或者鉴定意见之后，就视为完成任务，鉴定人可以不必出庭。法律也没有要求鉴定人必须出庭。于是，鉴定人不出庭成为常态。法官和鉴定人根本没有意识到，在鉴定意见之外还存在一种叫作鉴定人口头陈述的证据形式，从而无意中把“鉴定人的口头陈述”排除在证据形式之外，客观上有利于鉴定人不出庭作证。[④] 这种错误做法应该得到纠正。

---

① 奥特马·尧厄尼希：《民事诉讼法》，周翠译，法律出版社，2003，第124－125页，第290页。

② 白绿铉编译：《日本新民事诉讼法》，中国法制出版社，2000，第86页。

③ 中国政法大学澳门研究中心、澳门政府法律翻译办公室编《澳门民事诉讼法典》，中国政法大学出版社，1999，第160页。

④ 我国把“鉴定意见”作为一个独立证据种类可能有两方面的原因：一是立法机关视野不开阔，没有深入研究德国等国家的相关立法和理论；二是把鉴定问题孤立起来看待，没有把鉴定与民事诉讼法的基本原则（如辩论主义）结合起来，忽视了当事人主义和辩论主义原则对鉴定的影响。现在应该纠正这种错误做法。

以上我们就鉴定方法与鉴定的证据形式之间的关系做了详细考察，回头来静心细想，当事人用多次鉴定把怨气一股脑地撒在法官身上，其实是不公平的，学术界和立法机关也应当承担自己的责任。如此专业冷僻而又复杂的问题，那些承担繁重办案任务的法官是无力也无暇解决的，需要学术界人士率先发挥自己的学识与才智，尽自己的本分与职责，提出有价值的意见与建议，供立法机关参考，否则就难以取得根本的突破。

五、关于防止多次鉴定的立法建议

目前，我国三大诉讼法关于鉴定次数的规定仍处于空白。为了防止多次鉴定现象，保护当事人的利益，提高诉讼效率，维护社会的稳定，我们应当在参考德国、美国等国家和我国澳门地区立法和司法实践的基础上作出规定。基本原则是：

（1）一审阶段，无论原告还是被告，都只能各有一次鉴定的机会。可以分别自行选择鉴定机构和鉴定人。无论原告还是被告，每一方只能允许提交一个鉴定结论到法庭。杜绝多个鉴定结论被法院接纳的情况。这要求当事人极为慎重地选择鉴定机构和鉴定人。

（2）二审阶段。如果一审阶段没有发生鉴定事宜，而二审认为有必要进行鉴定的，无论上诉人还是被上诉人，都只能各有一次鉴定的机会。可以分别自行选择鉴定机构和鉴定人。每一方只能允许提交一个鉴定结论到法庭。这要求当事人极为慎重地选择鉴定机构和鉴定人。

（3）再审阶段，绝对不允许启动任何鉴定事项。不能通过启动鉴定的方式来审理和查明事实问题。

（4）事实问题原则上应在一审期间查清。二审期间遇到未查清的事实问题的，原则上应当发回一审重审。

从长期来看，这项原则的优点是：一是节省当事人的诉讼成本；二是使法官摆脱多个鉴定意见带来的专业困扰，加快法庭的结案步伐，提高诉讼效率；三是有利于及时解决纠纷，维护社会的稳定。立法建议如下：

（1）在一审开庭审理之前，当事人一方或者双方认为有必要启动鉴定事宜的，可自行寻求鉴定机构或者鉴定人。如寻求一个以上的鉴定机构或者鉴定人，并取得鉴定意见的，只能选取其中一份鉴定意见提交法庭，作为法庭审查的根据。其余的鉴定意见应视为无效，不得提交法庭；法庭也不得接受这些鉴定意见。

一审开庭之后，原告方的鉴定人作为己方的专家证人，必须出庭作证，以接受法官的询问和对方当事人的询问。被告方的鉴定人作为己方的专家证人，亦必须出庭作证，以接受法官的询问和对方当事人的询问。

（2）当事人一方或者双方在开庭审理之前未启动鉴定事宜，而开庭后当事人一方或者双方认为应当启动鉴定事宜的，可在法官规定的举证时限内，各自寻求鉴定人，并将鉴定意见提交法庭。如有多份鉴定意见的，只能选取其中一份提交法庭。其余的鉴定意见应视为无效，不得提交法庭；法庭也不得接受这些鉴定意见。

一审期间一方或者双方当事人没有启动鉴定事宜，而二审期间认为需要启动鉴定事宜的，可在二审法官规定的举证时限内各自自行寻求鉴定人，并将鉴定意见提交法庭。如有多份鉴定意见的，只能选取其中一份提交法庭。其余的鉴定意见视为无效，不得提交法庭；法庭也不得接受这些鉴定意见。

（3）一审期间涉及鉴定事项的争议，只能以已经提交到法庭的鉴定意见为基础作为双方争讼的依据，不得开启新的鉴定事项。在一审中判决涉及鉴定事项的，只能以已经提交到法庭的鉴定意见为基础，经过法庭调查和法庭辩论之后，由法官综合各种证据作出判决。

（4）二审期间，如果遇到来自一审期间发生之鉴定意见的争议，只能以一审之鉴定意见为基础开庭审理，不得重新开启鉴定程序。

（5）再审期间不得开启任何鉴定事项。再审期间，如果遇到有关一审期间提交的鉴定意见的争议，只能以一审之鉴定意见为基础开庭审理，不得重新开启鉴定程序。如果遇到二审期间提交的鉴定意见的争议，只能以二审之鉴定意见为基础开庭审理，不得重新开启鉴定程序。

第六章
“多次鉴定”的驱动机制与法律对策

大约从20世纪90年代以来，多次鉴定就广泛存在于我国司法实践中。最初它给当事人带来沉重的诉累，引来不少怨冤。到现在，它除了继续承载当事人的更多怨冤之外，还给另外一个涉事主体（鉴定人）造成很大职业困惑和不安全感。① 其积弊之深重，不能不引起人们的焦虑和反思，但反思大多流于表面现象，深层次的研究极为缺乏。笔者拟选择若干个案作深入的解剖，揭示多次鉴定的驱动机制，发现其沉疴，并在此基础上提出应对之策，也许对该问题的彻底解决有所裨益。

一、“多次鉴定”中扭曲的驱动机制

在多次鉴定中涉及三方评价主体：当事人［民事诉讼的原告和被告、刑事诉讼的犯罪嫌疑人（进入诉讼阶段称为被告人）和被害人］、鉴定人和法律人（法官、检察官）。与此相应，也

---

① 近年来，社会鉴定机构和鉴定人遭当事人暴力攻击的恶性事件时有发生。例如，2015年7月20日，张某持刀闯入中山大学法医鉴定中心，劫持了一名女医务人员，原因是对该中心出具的鉴定意见十分不满。参见连楷、贺蓓、谢亮辉：《中大法医鉴定中心一男持刀劫持女医务人员》，《南方都市报》2015年7月21日第GA01版。

存在三种评价标准：利益评价、技术评价和法律评价。这三个主体之间、三个评价标准之间是如何展开博弈的，谁是赢家，谁是输家？其运行机制到底是怎样的？下面我们通过两个多次鉴定案例来加以深入的剖析。

（一）两个案例的基本情况及分析

案例6－1　江苏省睢宁县因邻里纠纷引发的故意伤害案*

［**案情简介和鉴定意见**］本案被告人孙某某，56 岁，被害人李某，48 岁，均是江苏省睢宁县姚集镇村民。两家住前后院，多年来一直因宅基地纠纷关系紧张。2014 年 6 月 4 日 16 时，李某和孙某某因宅基地纠纷动起了手，孙某某拳击李某面部致其鼻骨骨折。9 月 15 日，睢宁县公安局物证鉴定室出具法医学人体损伤程度鉴定意见书，认为李某两侧鼻骨粉碎性骨折，其损伤程度为轻伤二级（第一次鉴定意见，以下简称 S1①）。

2015 年 1 月 8 日，公安机关以涉嫌故意伤害罪将犯罪嫌疑人孙某某移送睢宁县人民检察院审查起诉。同年 4 月 14 日，睢宁县人民检察院将该案提起公诉。开庭前，孙某某及其辩护人向法院提出申请，要求对李某伤情进行重新鉴定。睢宁县人民法院于 6 月 22 日委托连云港某司法鉴定中心重新鉴定。一个月后，该司法鉴定中心出具一份司法鉴定书证审查意见书，认为“结合临床检查及会诊，李某右侧鼻骨线形骨折，属轻微伤”（S2）。

---

* 王威、顾敏：《四次伤情鉴定，听谁的》，《检察日报》2017 年 8 月 24 日第 6 版。

① 本案先后发生了四次鉴定，分别用 S1、S2、S3、S4 来代替。S 取自睢宁县“睢”字汉语拼音的第一个字母。

被害人李某对S2不服，也提出重新鉴定申请。法院于9月29日再次委托南京市某医院司法鉴定所进行鉴定。10月15日，该所出具的鉴定意见书认为，“李某右侧鼻骨线形骨折，属轻微伤”（S3）。

“因证据发生变化，在该案延期审理、补充侦查期间，我们要求侦查机关对李某伤情重新鉴定”，办案检察官介绍说。2017年3月14日，徐州市公安局物证鉴定所出具鉴定意见书，认为“李某鼻骨损伤程度构成轻伤二级”（S4）。

2017年6月13日，被告人孙某某涉嫌故意伤害案开庭审理。7月17日，睢宁县人民法院对该案作出一审判决，被告人孙某某犯故意伤害罪被判处有期徒刑一年，并赔偿被害人各项损失6300余元。

［案例分析］

1. 对四次鉴定意见的分析和评价

从案情中可以看到，被害人伤情先后经四次鉴定（S1、S2、S3、S4），两次结论为“轻伤”，两次为“轻微伤”。这里笔者试就其予以分析和评价。

S1，轻伤，由睢宁县公安局物证鉴定室出具法医学人体损伤程度鉴定意见书，系诉前鉴定。它是确定赵某是否构成犯罪的依据。

S2，轻微伤，是检方提起公诉之后，由被告人及其辩护人申请重新鉴定后得出的鉴定意见。法官是基于维护其诉讼权利的考虑，允许其重新鉴定的。但是从辩护人角度来说，这是为了维护其委托人的利益的举动和措施。

S3，轻微伤，是被害人不服S2向法院申请重新鉴定后得出的鉴定意见。本来，从保障诉讼权利的角度来说，睢宁县公安局物证鉴定室已经出具有利于被害人的鉴定意见（S1），并以此为依据向当地检察机关移送起诉材料。因此，受害人提起第三次鉴定是不必要的行为，是受害人基于单纯的技术评价标准所采取的错误行为。这个鉴定意见对他是不利的。

S4，轻伤，是检方考虑到“因证据发生变化”，要求公安侦查机关进行重新鉴定得出的鉴定意见。检方认为，S4 是规范的，予以采纳。在检方看来，S4 不存在多次鉴定问题，是必要的鉴定，但这种看法是值得商榷的。

2. 对“因证据发生变化”的分析

因证据发生变化即鉴定意见从轻伤到轻微伤的变化。笔者注意到，检方对于已出现的三次鉴定意见并没有随意否定，这意味着检方设定的前提是：S1、S2、S3 三次鉴定及其鉴定意见，都是独立的合理的存在，在法律上具有平等的地位。既然如此，“证据变化”意味着几个鉴定意见不一致，但并不意味着后者推翻了前者，或后者纠正了前者的错误，如果前者确有错误的话。

既然已进行三次鉴定，得到了 S1、S2、S3，为何还要进行第四次鉴定？这无意透露了检方的一个想法，即需要再一次通过鉴定对已有的 S1、S2、S3 三次鉴定意见做一次技术评价或检验，反映了技术评价标准在检方心中的重要地位。面对已有的三次鉴定意见，检方不敢独立地作出法律评价，而是屈身于技术标准，从而发生了第四次鉴定。这是 S4 产生的深层次的原因。在这里，是技术评价的权威性起了决定性作用。

3. 如何看待检方和法官否定了 S2 和 S3

要解释这个问题不要忘记如下的庭审事实：检方和法官均以法律评价的方式否定和推翻了 S2、S3 的法律效力。这个事实说明，S2 和 S3 其实是可以不需要进行的。本案完全可以基于 S1 来作出判决，因为 S4 与 S1 结果完全一致。

在对 S1、S2、S3、S4 四次鉴定意见的评价中，S1、S4 结果完全一致，都是轻伤。从 S1 到 S4，经历了一个“轻伤—轻微伤—轻微伤—轻伤”的封闭循环，一个从“轻伤”出发又回到“轻伤”的循环。既然如此，为什么在 S1、S2（不一致，能代表本案的两种鉴定意见）出来之后，法官不主动组织庭审，却要顺着多次鉴定的轨道继续滑下去呢？难道从未意识到 S3、S4 是多余的、不必要的吗？

上述情况说明，迁就当事人利益和鉴定技术的权威性在检察院和法院工作中占有优于法律评价的地位。如果说 S2 是有合理的诉讼平衡需要，那么 S3 就是检方屈从当事人利益的结果。此外，还有什么合理的解释？此案充分反映了多次鉴定中利益、技术和法律等三种评价标准的激烈博弈。其中，法律标准受到前两者的严重挤压。在目前的法律框架下，法律评价难以获得正常的空间。

4. 在 S1、S2、S3 中哪些是不必要的鉴定

我们看到，在 S3 之前已经有两个不同的鉴定意见：S1 与 S2。被害人提出第三次鉴定，是因为 S2 不利于被害人，这是单纯的利益评价。也许他认为有利于己的 S1 已经被 S2 推翻，而 S2 又不利于自己，故不服 S2，于是要求重新鉴定。第三次鉴定的结果可能有三种：（1）S3 与 S1 一样，都是轻伤；（2）S3 与 S2

一样，都是轻微伤；（3）S3 与 S1 和 S2 都不一样，即构成重伤。对于第一种结果，被害人肯定满意，却于被告人不利，被告人肯定不服，要求重新鉴定。对于第二种结果，被害人不会满意，必然要求再作鉴定。至于第三种结果，被告人是绝对不会同意的，一定会要求重新鉴定。总之，当 S3 出来之后，不管出现以上三种情形中的哪一种，总会有人要求重新鉴定。果然，检方说“因证据发生变化”要求徐州市公安局物证鉴定所重新鉴定，结果是轻伤（S4）。

对于 S4，被告人或许有过不满意的抱怨，或许有过重新鉴定的申请。但是法院基于审判期限等因素的考虑，觉得不能再迁就当事人，于是断然要求 S1、S2、S3、S4 四次的鉴定人出庭作证。这个事实本身说明：其一，在现有的法律框架下此四次鉴定都是合法的、必要的鉴定。在 2017 年 6 月 13 日开庭审理之前所发生的四次鉴定，从程序上说都是必要的，这是未限制鉴定次数必然会发生的结果。其二，检方对 S4 作出了法律评价，且被法官认可，说明检方和法官是能够积极地就鉴定意见作出法律评价的，有能力克服“以鉴代审”的弊端。其三，基于同样的理由，在其余的三次鉴定意见中，只要法官采取主动措施可能会有鉴定意见能够被否定。

案例 6－2　云南省昆明市赵某对李某某的故意伤害案*

［案情简介和鉴定意见］ 2010 年 4 月 9 日晚上 11 点左右，

---

* 程浩：《一名受害者的“鉴定苦旅”4 次伤情鉴定得出三种结果》，http：//news. sina. com. cn/o/2012－06－05/033924535699. shtml，访问日期：2017 年 12 月 7 日。

李某某正与朋友在出租屋玩斗地主，玩得正起劲时，被突然进来的赵某及其妻子一顿暴打。李某某反应过来后报了警。赵某随即被刑事拘留。据李某某陈述，他被打的原因是：自己欠赵某18 000元的货款，后来双方约定只还15 000元，一周内还清，但时间还没到就被赵某及其妻子打了一顿。

第二天，李某某觉得左耳嗡嗡作响，基本听不到声音，便去医院检查。“医生告诉我，我的左耳已穿孔，可能要打官司，让我赶紧去做伤情鉴定。”李某某来到昆明法医院司法鉴定中心。2010 年 4 月 12 日，李某某的伤情鉴定结果出来：损伤系外力作用所致，左耳鼓膜外伤性穿孔，伤情为轻伤，九级伤残（第一次鉴定，以下简称 K1①）。

10 月 25 日，赵某被取保候审。三天后，警方委托昆明法医院司法鉴定中心对李某某的伤情进行了重新鉴定，结果和第一次一样：轻伤（K2）。

2011 年 8 月初，官渡区人民检察院以赵某涉嫌犯故意伤害罪，向官渡区人民法院提起公诉。同时，李某某以赵某的犯罪行为给自己造成经济损失为由，向法院提起刑事附带民事诉讼。

2011 年 8 月 23 日，法院开庭审理此案。庭审中，赵某及其辩护人对鉴定结论有异议，申请重新鉴定。8 月 30 日，法院委托春城司法鉴定中心重新鉴定。但鉴定结论让赵某大吃一惊，结论显示：伤者李某某目前左耳听力障碍程度属重伤，八级伤残（K3）。对此，赵某自然不服。同时，公诉机关也认为，对同一

① 本案先后发生了四次鉴定，得出了四个鉴定意见，分别用 K1、K2、K3、K4 来表示。K 取自昆明市“昆”字汉语拼音的第一个字母。

人身伤害存在两个以上不同的鉴定结论，因此需要重新鉴定，并申请延期审理，于是法院同意了。2012 年 1 月 30 日，经官渡区人民检察院委托，昆明市人民检察院带李某某到云南省人民检察院进行法医学检查。3 月 1 日，昆明市人民检察院邀约云南省人民检察院、云南省公安厅、昆明医学院第一附属医院、昆明市公安局的法医、临床专家共同对李某某进行了会诊。会诊结果显示：李某某的损伤程度为轻伤，伤残等级为十级（K4）。

至此李某某进行了四次伤情鉴定，三次轻伤，一次重伤。法院再次开庭审理后，公诉机关依然坚持最先的指控意见，认定李某某的伤情为轻伤。法院经审理后认为，最后一份会诊意见书由多名权威法医、临床专家共同会诊得出，是具有一定权威性的书证审查意见，并与昆明法医院司法鉴定中心的鉴定结果相印证，因此，可作为认定李某某伤情的依据，法院予以采纳。法院判决被告人赵某犯故意伤害罪，判处有期徒刑一年，缓刑一年，并赔偿李某某经济损失四万余元。

［案例分析］

此案涉及三种评价标准之间的博弈。让我们首先选择 K2 和 K3 来考察。当 K2 出来之后，对于被告人赵某来说，似乎有一种幻觉和侥幸，想纠正 K2 的“错误”（尽管他根本不知道其中的“错误”在哪里），期待通过重新鉴定，得出比轻伤更轻的“轻微伤”的鉴定意见。[①] 然而结果却得到“重伤”的鉴定意见（K3）。他立即从梦幻中惊醒过来，提出重新鉴定的请求。从赵

① 《刑法》第 234 条规定，故意伤害他人身体的，处三年以下有期徒刑、拘役或者管制。犯前款罪，致人重伤的，处三年以上十年以下有期徒刑。因此，本案中李某某到底是轻伤还是重伤，对判决有重要的影响。

某对鉴定的意识和行为可以看到，利益衡量始终是驱使他提出重新鉴定的唯一标准。只要鉴定意见于他不利，他就会提出重新鉴定的请求。

我们可以继续推演下去，在对抗式诉讼中，当一个鉴定意见出现之后，只会对当事人一方有利，而对另一方不利。允许不利的一方提出重新鉴定申请，绝不会只得出一个有利于他的结果，而是可能出现两个结果，即对他有利，或者对他不利。如果对他有利，他自然心满意足；反之，如果对他不利，他必然不服，又会提出新的重新鉴定申请，这是一种基于维护其利益所产生的条件反射。其申请鉴定的行为与其不利益之间具有直接的相关性。在双方当事人关于鉴定意见的博弈中，如果法律评价机制软弱无力，或者完全缺位，那么必然会催生“多次鉴定”困局，案子会久拖不决。

我们应当认识到，当司法鉴定介入当事人双方的诉讼利益的冲突中，它所作出的鉴定意见不可能同时满足双方的要求，此时面临一个利益选择问题。但这个选择权却不属于直接的利益主体（当事人双方），也不属于间接的利益主体（作出鉴定意见的鉴定人），而是专属于法官。法官应当跳出当事人的纠缠和威胁，跳出单纯的技术标准，跳出迷信鉴定的窠巢，用法律程序的力量解决问题。法官不应当被当事人的利益、被鉴定意见牵着鼻子走。法官应当通过诉讼程序有效地控制鉴定活动。只允许必要的鉴定活动，禁止不必要的鉴定活动。①

---

① 在司法实践中，为了防止当事人利用鉴定程序拖延诉讼，避免前后鉴定意见冲突给审判工作带来困扰，部分法官对重新鉴定心生抵触，进而严加管控，在没有正当理由或证据否定鉴定意见的情况下，一般不会准许重新鉴定。但这样一来，当事人必然将不满转向法官。参见陈如超：《鉴定纠纷及其解决机制——基于民事司法鉴定的实践逻辑》，《证据科学》2017 年第 2 期，第 225－249 页。

在本案中，遗憾的是，当赵某得到重伤的鉴定意见（K3）之后，公诉机关也认为，对同一人身伤害存在两个以上不同的鉴定结论，因此需要重新鉴定，并申请延期审理，于是法院同意了。这里，公诉机关的认识和举措以及法院的决定都是错误的，因为他们完全站在技术的角度考虑问题，忽视了法律程序的价值和力量。在法官、检察官获得上述认识之前，遵循法律程序与驱动重新鉴定之间的较量还会长期进行下去。

（二）对以上两个案例的小结

通过详细地考察以上两个案例，我们大致可以窥视其多次鉴定的驱动机制，其中，追求私利的当事人旺盛执着；拥有技术的鉴定人积极跟进①；法律人则往往滞后（睢宁案）或者缺位（昆明案）。就是说，当事人的利益是驱动多次鉴定运转的决定性因素。这种局面是当初的法律设计者不可能预料到的。本来，法官应该在审判实践中起主导作用，当事人和鉴定人都应受到法官的指挥和约束，但现实中部分法官不得不屈就于当事人的利益，担心招来敌意和报复。因此，这是一种受到扭曲的、近乎本末倒置的机制。

通过对以上案例的具体考察，笔者发现，未限定最高鉴定次数是驱动多次鉴定不断前行的秘密。“多次鉴定号”犹如一列没有安装制动阀的危险列车，长期行驶在司法领域，能不闯祸？在

① 在审判实践中，由于部分承办法官盲目轻信鉴定结论，发现问题不及时反馈给鉴定单位和鉴定人，鉴定人出庭制度未得到很好地实施，错案责任无法追究等原因，滋长了一些鉴定机构和鉴定人只讲经济效益，不讲科学和不实事求是的不良鉴定作风。参见吴玉凤：《如何破解现行司法鉴定体制下的重复鉴定问题》，https：//www. chinacourt. org/article/detail/2006/10/id/222590. shtml，访问日期：2017 年 12 月 7 日。

云南省昆明市的故意伤害案中，经过了四次鉴定，检法仍有分歧。在甘肃卢某某诉兰化一中损害赔偿案中，案件从 1991 年到 2010 年，历经一审—二审—申诉—发挥重申—再上诉—再发回重审等阶段，鉴定也进行了多次，一直持续了 19 年。[①] 在湖北省武汉市方婆婆“借条”真假案（见本章最后一部分）中，尽管一审作出了三次鉴定，二审时又申请法官作出了三次鉴定。在该借条官司终审有了结果之后，败诉一方说：“借条是绝对真实的，但弄不懂这么高级的笔迹鉴定专家，却没法得出统一结论。我会考虑重新收集借款的证据，重新提出申诉。”也许在申诉阶段还有鉴定活动，因为方婆婆案件的“多次鉴定号”列车并没有安装制动阀，一旦有人启动，它就会自动前行，无法停止。这是多年来深藏在“多次鉴定号”上的一个秘密。因此，设立最高鉴定次数是十分必要的，否则后患难除。

---

① 案情如下：1991 年 12 月 23 日，14 岁的兰化一中初一学生卢某某因与同桌发生打斗，被年级主任王某某拉到走廊里施以体罚，致使卢某某脑部撞在墙上受伤。由于没能及时送医院治疗，卢某某因重度颅脑损伤从此卧床不起。其间，经由甘肃省高级人民法院法医技术室三次鉴定，认为卢某某伤情系暴力作用所致的可能性较大。王某某被判处有期徒刑三年，缓刑三年，兰化一中向卢某某支付经济损失 9.3 万元。但随后卢某某病情恶化，出现脑萎缩、肢体瘫痪等 15 种并发症，成了“植物人”。1995 年，司法部司法鉴定科学技术研究所鉴定认为，卢某某在受伤前已存在脑发育不全，故其并发症与外伤并无直接因果关系。卢某某父亲不服此鉴定意见，从 1998 年起，卢父多次状诉法院向校方索赔，然而历经区、市两级法院四次审理，法院均驳回了卢父的巨额民事索赔。2005 年，兰州市中级人民法院进行大接访，卢父遂申诉至中级人民法院。次年 7 月 14 日，该申诉经审查后，兰州市中级人民法院将该案第二次发回重审。最终，西固区法院于 2009 年 6 月 15 日仍驳回其全部诉请。卢父再次提出上诉。2009 年 12 月，兰州市中级人民法院第三次作出发回重审的裁定。2010 年 5 月，西固区法院又委托中国法医学会司法鉴定中心进行鉴定。参见郭玉红、李洁：《历经数次鉴定和庭审 受害者家人表示异议 伤情要进行第六次鉴定》，http：//news. sina. com. cn/o/2010 - 06 - 03/2008/7606107s. shtml，访问日期：2017 年 12 月 7 日。

二、驳“重新鉴定是鉴定意见的重要纠错机制”

人的行为往往受其思想的指导，多次鉴定也是如此。我们不能忽视其产生和发展过程中的思想动力。有一种支持多次鉴定的观点认为：“重新鉴定是鉴定意见的重要纠错机制。”① 持这种观点的当事人认为，它是自己捍卫自身权益的有效手段，如果有鉴定意见于自己不利，他们会不遗余力地就同一问题申请重复鉴定，同一待证事实出现多份鉴定。许多法官在办案过程中，往往会下意识地将多个鉴定意见相互印证，以便确定哪个对、哪个错。法官对鉴定意见的审查，也演变成对多个鉴定意见的技术性甄别，法官在判决中几乎都会选择重新鉴定的鉴定意见，这自然引起了当事人对重复鉴定的极大热情。据广西象州县人民法院统计，该院 2010 年到 2014 年共受理司法鉴定案件 50 件，其中有当事人自行进行诉前委托鉴定的案件 15 件，在诉讼中当事人申请对这些诉前委托的鉴定进行第二次鉴定的案件 10 件，第二次鉴定率达到 66% 以上，而第二次鉴定的意见全都与原来当事人诉前自行委托的鉴定意见不一致，法院在判决时均采信了第二次鉴定所得出的鉴定意见。② 笔者不禁要问：难道“重新鉴定是鉴定意见的重要纠错机制”吗？让我们通过剖析江苏省睢宁县故意

① 有人认为，“重新鉴定是鉴定意见的重要纠错机制”，“启动重新鉴定，意味着此前的鉴定意见已经失效”，“基于重新鉴定在时间上的后位性与重新鉴定机构在级别上高位性，法官几乎都会选择重新鉴定的鉴定意见”。参见陈如超：《鉴定纠纷及其解决机制——基于民事司法鉴定的实践逻辑》，《证据科学》2017 年第 2 期，第 225－249 页。

② 区禹泉：《申请对诉前鉴定重新鉴定应严格把关》，http：//www. gxcourt. gov. cn/info/1110/147716. htm，访问日期：2017 年 12 月 7 日。

伤害案（案例6－1）中所发生的有关事实来予以澄清。

在该案发生的四次鉴定中，彼此相邻的三组鉴定意见（S2对S1，S3对S2，S4对S3）之间发生了如下结果，让我们来细致观察并作出评价。

S2对S1，轻微伤对轻伤，两个鉴定意见不一致；

S3对S2，两个鉴定意见一致，均是轻微伤；

S4对S3，轻伤对轻微伤，两个鉴定意见不一致。

如果“重新鉴定具有纠错功能”是一个正确的命题，那么绝不会发生S3对S2这两个鉴定意见一致的情形。因为既然前后一致，只能是后者证实了前者的正确性，断不会是对前者之“错”予以纠正。

为了进一步考察“重新鉴定具有纠错功能”这个命题的真实性，我们不妨把所谓“重新鉴定”的范围从“彼此相邻”扩大到“彼此不相邻却相关”。在本案四次鉴定中，如下三组鉴定意见，虽然不是彼此相邻，但由于它们面临着同一鉴定对象（客体），因而它们之间显然具有一定的内在联系。如果我们以鉴定对象（客体）为参照点和联系点，那么还会合理地推演出如下彼此不相邻的三次重新鉴定：S3对S1的重新鉴定；S4对S1的重新鉴定；S4对S2的重新鉴定。它们分别发生了以下结果：

S3对S1，轻微伤对轻伤，两个鉴定意见不一致；

S4对S1，轻伤对轻伤，两个鉴定意见一致；

S4对S2，轻伤对轻微伤，两个鉴定意见不一致。

如果“重新鉴定具有纠错功能”是一个正确的命题，那么绝不会发生S4对S1这两个鉴定意见一致的情形。因为从四次鉴定活动发生的时间顺序来看，假如确实有“错”，那么“错”必然在前，纠错只能在后，绝不会发生相反的情况。因此，从 S4 对 S1 这两个鉴定意见一致的情形看，说明 S4 并无纠正 S1 之“错”的功能。

从上面的分析可以发现，“重新鉴定具有纠错功能”是一个不能得到完全证明的命题，一个不能成立的命题。

让我们接着讨论下去。假如“重新鉴定具有纠错功能”是一个正确的命题，那么在 S1、S2、S3、S4 四个鉴定意见之间，在彼此相邻的情况下只会出现如下的排序：

S2 对 S1，轻伤对轻微伤，两个鉴定意见不一致；

S3 对 S2，轻微伤对轻伤，两个鉴定意见不一致；

S4 对 S3，轻伤对轻微伤，两个鉴定意见不一致。

假如“重新鉴定具有纠错功能”是一个正确的命题，那么在 S1、S2、S3、S4 四个鉴定意见之间，在彼此不相邻的情况下只会出现如下的排序：

S3 对 S1，轻微伤对轻伤，两个鉴定意见不一致；

S4 对 S2，轻伤对轻微伤，两个鉴定意见不一致。

可见，在彼此相邻和不相邻两种情况下，都不会出现 S4 对 S1（轻伤对轻伤，两个鉴定意见一致）的情形。

如何理解 S4、S1 的一致？它们是两家不同的独立的鉴定机构分别作出的鉴定意见，它们之间的一致并不具有必然联系。有人或许会说，S3 与 S2 完全一致，S4 与 S1 完全一致，说明了重新鉴定的必要性，说明它具有检验前者是否正确的功能。这是在“纠错功能”站不住脚的情况下转换论题，去强调重新鉴定的检验价值，就犯了“转换论题”的逻辑错误。不过在诉讼实践中，法官在面临多次鉴定的情况下并不否定重新鉴定，而是允许重新鉴定，把多个鉴定意见拿来互相印证。这也给多次鉴定提供了“繁荣”的市场，说明了在部分法官的意识中，技术评价高于法律评价。

最后，如何理解S4的意义呢？从本案可以看出，S4被检方和法官所认定，说明了只要法律人主动，就可以采取法律评价措施，一味依赖鉴定往往会使法官和检方处于被动地位。

然而我们注意到，S4与S1是完全一致的。既然S1早已存在，且与S4完全一致，我们不禁要问，还有必要把鉴定活动从第一次延续到第四次吗？为何不在S1、S2之后就开庭审理，在庭审中检验它们，从而节省时间，加速庭审呢？

此外，不妨让我们进一步假设，假设本案经过七次鉴定，并得出七个鉴定意见（S1′、S2′、S3′、S4′、S5′、S6′、S7′），其中S7′与S1′完全一致，而介入两者之间的S2′~S6′完全一致，最后检方和法官确认依S1′和S7′的鉴定意见来判决。在这种情况下，S7′也是必要的鉴定吗？假如它是必要的，即等于合法地承认多次鉴定，又怎能遏制多次鉴定？因此，这种检验和印证多次鉴定意见的方式是值得怀疑的。

笔者指出和批评了本案的不少弊端，但也不能说本案法官的处置一无是处。其积极意义在于，法官终于敢扬起“法律评价”的利剑，在鉴定持续到第四次时果决地中断重新鉴定的进程，要求所有鉴定人到庭作证。比起那些鉴定七八次的案例，本案法官是值得赞赏的。

下面看一下云南省昆明市的故意伤害案（案例6-2）。先来考察K2和K3两者的关系。从被告人赵某的主观心态来说，他不服第二次鉴定意见（K2），因为这意味着他将承担刑事责任。

他想要获得一个有利于他的鉴定意见（如轻微伤），这样他可以不承担刑事责任，这是其主观愿望，说明驱动他申请重新鉴定的动力源是利害关系，并不是想获得一个有关伤情的事实真相。

如果这种重新鉴定机制起着纠错的作用，那么从 K2 到 K3，即从轻伤转为重伤的鉴定意见，对赵某来说，这根本不符合他的利益，这显然不是纠错，而是错上加错。对他来说，只有“利益”起着决定性作用，“纠错”是表象，是托词。纠错，或者推翻前一个鉴定意见，是一种法律评价，当事人不拥有这种权力。当事人也没有技术定性的权力，因为这是鉴定人的专有权力。

由于 K3 仍不符合他的利益，于是他又申请第四次鉴定。假如 K3 真能纠正 K2 的所谓“错误”，是不会发生这种情形的。赵某申请第四次鉴定的举动反过来证明，K3 的重新鉴定活动根本没有纠正其心目中的那个“错”的功能。

接下来考察 K3 和 K4 的关系。鉴定人接受第四次鉴定申请后，基于技术标准得到了 K4（轻伤）。赵某接受了这个鉴定意见，因为它与 K3 相比，对于他是比较有利的。只有从“利于他”的角度，才可以说 K4 纠正了 K3 的错误，推翻了 K3 的效力。除此之外，还能作出别的解释吗？

假如 K4 依然是重伤，那么赵某肯定还会不服，还会要求继续申请第五次鉴定。这再次说明，“利益”权衡是当事人启动重新鉴定的根本动机。

在本案中，到第四次鉴定时，由于鉴定意见符合赵某的利益，他不再申请重新鉴定，于是在赵某、检方和鉴定人三方之间达到了一个暂时的休战式平衡。可是 K4 却不符合另一方当事人——受害人李某某的利益，他并未信服，他决定上诉。[①] 或许在二审中他还要申请重新鉴定。可见，在现行法律框架中，当事人利益在启动重新鉴定方面起着决定性作用。

总之，在本案的伤情鉴定中存在利益标准、技术标准和法律标准三者之间的博弈。当事人一方为了维护自身的利益，首先启动鉴定程序；拥有技术的鉴定人积极跟进，有求必鉴，罕有拒绝，因为任何一个重新鉴定申请都符合鉴定人的经济利益。因此，鉴定人与当事人的利益是紧密地联系在一起的。鉴定人在当事人利益的背后积极推动“多次鉴定号”列车向前行驶。至于司法机构方面，法官和检方受到错案责任追究制的压力和当事人的纠缠，可能会藏起法律评价的盾牌，选择退让。[②] 因此，在三方的博弈中，利益起着决定性作用。只要当事人有直接的利益需要，在法律没有限制鉴定次数的情况下，他随时会启动“多次鉴

---

① 法院作出一审判决：被告人赵某犯故意伤害罪，判处有期徒刑一年，缓刑一年，并赔偿李某某经济损失四万余元。赵某没有提出上诉，但受害人李某某觉得，本案中会诊意见书不应予以认可，“按照规定，会诊意见书应该有签名和盖章，但这上面的字却是打印上去的”；另外，一审法院认定自己伤情的依据为何要与昆明法医院司法鉴定中心的鉴定结果相印证，“就算要相互印证，也应该与春城司法鉴定中心印证”。李某某不服一审判决，已上诉至昆明市中级人民法院。参见程浩：《一名受害者的“鉴定苦旅”4 次伤情鉴定得出三种结果》，http://news.sina.com.cn/o/2012-06-05/033924535699.shtml，访问日期：2017 年 12 月 7 日。

② 当前，当事人向法院和法官施压的方式名目繁多：向上级法院上诉，在法院系统内部信访，向各级党政、人大和政协机关上访；到检察院和纪委揭发、检举、控告法官等。以鉴定问题提出的上访、检举揭发，显然会影响到他们的绩效考评、职位升迁及其法律责任。当事人的抗拒还会危及法官个人的名誉、自由和生命。因此，面对当事人无休止的“依法抗争”和“违法缠闹”，推卸责任、转移矛盾，哪怕暂时脱离干系、抽身事外，都会成为受到严苛的“数目字管理”与绩效考核挤压的法官的理性抉择。参见陈如超：《鉴定纠纷及其解决机制——基于民事司法鉴定的实践逻辑》，《证据科学》2017 年第 2 期，第 225-248 页。

定号”列车驶往下一站，没有人能拦得住它。

在多个鉴定意见的“对—错—错—对”的相互转化中进行利益和技术等博弈，最后只能通过法律评价机制作出决断，这才是正途。但遗憾的是，目前诉讼法没有规定，于是法官缺乏限定鉴定次数的法律依据，导致法律评价手段无法派上用场，法律评价机制处于软弱或者休眠状态，任由利益评价机制和技术评价机制发挥作用，从而必然导致多次鉴定经常发生，不得休止。该是改变这种状况的时候了！

三、关于“两次鉴定”制度的构想

在前文中，笔者深入揭示了多次鉴定中“当事人唯利启动，鉴定人积极跟进，法律人迁就退让”的扭曲的驱动机制，否定了所谓“重新鉴定是鉴定意见的重要纠错机制”的观点，从理论上否定了多次鉴定存在的必要，同时也发现了由法律规定最高鉴定次数的必要性和迫切性。接下来的问题是，我们应该如何规定一个合理的鉴定次数？在司法实践中，也有人在积极探索鉴定次数问题。例如，有的提出协商鉴定次数①，有的

① 杨明、唐辉：《浅析网络商标侵权诉讼中的证据认定问题》，https：//www.chinacourt.org/article/detail/2017/06/id/2904904.shtml，访问日期：2017 年 12 月 7 日。针对多次、重复鉴定的现象，河南省范县人民法院规定，双方当事人事先可以协商申请司法鉴定的次数。对于那些情节比较单一、标的不大的案件，如果双方当事人一致同意只进行一次鉴定，则不能够再次委托重新鉴定。对于协商后没有办法达成一致意见的双方当事人，在案件一审过程中进行司法鉴定次数只能限制在两次以内；二审委托司法鉴定限定为一次，再审不再允许进行鉴定，但是当事人举证经法院确认确定有再次鉴定必要的不受此限。

积极推动诉前鉴定[①]，但因缺乏法律依据，这些措施都只是权宜之计。笔者经过深入研究，在此试提出从法律上建立“两次鉴定”制度的构想。

（一）对国外鉴定次数制度的考察

什么是合理的鉴定次数？带着这个问题，笔者详细研究了德国等大陆法系国家和我国澳门地区的相关法典，也参考了美国的司法实践。德国和澳门《民事诉讼法》明确规定可以进行第二次鉴定。德国《民事诉讼法》第412条规定：“（一）法院认为鉴定不能令人满意时，可以命原鉴定人或命另一鉴定人为新的鉴定。（二）如果鉴定人在鉴定完毕后被准许回避时，法院可以命另一鉴定人为鉴定。”[②] 澳门《民事诉讼法》第510条规定：“一、任一当事人得于知悉第一次鉴定之结果后十日期间内，申请第二次鉴定；为此，须陈述其不同意所提交之鉴定报告所依据之理由。二、如法院认为进行第二次鉴定对查明事实真相属必需者，得于任何时刻依职权命令进行第二次鉴

① 褚庆平、王鹤、王鸿帅：《吉林敦化法院试行诉前鉴定探索案件审理新路径》，https：//www. chinacourt. org/article/detail/2017/11/id/3087619. shtml，访问日期：2017年12月8日。吉林敦化市人民法院尝试进行诉前司法鉴定制度。当事人立案伊始，立案庭对当事人诉求进行初步审核，确定需要司法鉴定后移交机动车交通事故责任纠纷案件合议庭，合议庭指定专人联系双方当事人，以遵循自愿和双方同意为原则，主动告知当事人可申请诉前鉴定程序，并及时指导如何提供材料，组织双方当事人对鉴定材料进行质证。在此基础上，按随机或双方共同协商的方式确定司法鉴定机构委托鉴定，并对鉴定过程全程跟踪，督促司法鉴定机构及时准确完成鉴定，尽快将鉴定意见书送达双方当事人，完成诉前鉴定工作并告知当事人可以选择调解或直接提起诉讼。机动车交通责任事故纠纷案件合议庭审判长介绍说，“一般情况下，只要当事三方有意向共同委托诉前鉴定，就为日后的调解奠定了良好的基础”。

② 《德意志联邦共和国民事诉讼法》，谢怀栻译，中国法制出版社，2001，第102页。

定。三……”[①] 日本“二战”前的《民事诉讼法》也曾经规定可以进行第二次鉴定。[②] 在美国民事诉讼中，由于实行诉前证据交换制度，当事人必须在诉前完成鉴定事宜。每一方仅有一次鉴定机会，把双方的鉴定次数加起来最多也就两次。[③] 因此，从上述国家和地区的情况来看，把必要的鉴定次数确定为两次是合理的。超过这个数量的鉴定就是不合理、不必要的鉴定。

（二）关于第一次鉴定的概念和范围

1. 关于诉前的第一次鉴定

假如申请人（即单方委托鉴定人，下同）于诉前只进行了一次鉴定，并将此次鉴定意见提交到法院，那么此次鉴定就是本案的第一次鉴定。换言之，诉前的第一次鉴定与本案的第一次鉴定发生重合。不过，这种情况很少发生，大多数情况下，申请人于诉前进行了两次或者两次以上的鉴定（以下简称诉前多次鉴定），并且把所有这些鉴定意见全部提交到法院，这难免给承办法官带来困惑。

根据“两次鉴定”制度，我们必须从中找寻本案的第一次

---

① 中国政法大学澳门研究中心、澳门政府法律翻译办公室编《澳门民事诉讼法典》，中国政法大学出版社，1999，第161页。

② 松冈义正：《民事证据论》，张知本译，洪冬英勘校，中国政法大学出版社，2004，第230－231页。

③ 笔者详细研究了美国波士顿的一起环境污染案件及其专家鉴定问题。本案应原告方律师要求经过了两次鉴定，先后由约翰·托洛宾斯基和文森特·墨菲参加鉴定并提出了鉴定意见。其余人士仅仅提供专家意见，并没有参与鉴定工作。本案实行陪审团集中审理和连续的庭审，审理期限长达五个月。参见乔纳森·哈尔：《漫长的诉讼》，黄乔生译，译林出版社，1998，第393页。因为事实的认定是在一审完成的，而鉴定、专家证人都必须在一审召集，而一审是一个非常耗时、费力、费钱的程序。一旦完成了一审，就决定了案件的胜负。换句话说，在二审和三审再去进行鉴定或请专家证人，几乎不可能得到法律程序的认可。

鉴定，这就需要确定一个选择的标准。通常，申请人之所以申请多次鉴定，是为了从中得到一个最有利于自己的鉴定结论。然而，把多份鉴定意见均提交法院，却会因它们之间的意见不一致甚至彼此严重冲突给办案法官造成惶惑。对于这种显而易见的缺陷，两次鉴定制度当然不能允许，它只能允许其中一种对当事人有利的鉴定意见提供给法院。这样既满足了申请人自身为追求胜诉谋求技术支持的努力，符合诉讼对抗中人性逐利的本质，也铲除了因意见不一致甚至彼此严重冲突的多份鉴定意见提交到法庭的可能性，使法官摆脱了选择的专业困扰，保障了庭审的顺利进行。

由于诉前多次鉴定是很难避免的一种客观存在，① 因而笔者

---

① 人们对诉前鉴定有不少争议。反对诉前鉴定的人认为：首先，当事人自行委托鉴定的提起，只能由占有鉴定材料的一方当事人提起，另一方当事人即使想自行委托鉴定，也势必会因其不能占有和提供相应鉴定材料而委托不能，这样对自己不公平。其次，不少司法鉴定机构受经济利益驱动，对当事人自行委托鉴定来者不拒，经常会不自觉地站在委托方的立场，对其送检的鉴定材料不加仔细甄别，更有甚者会尽可能地选择对委托方有利的方面，规避对其不利的方面，造成鉴定意见对委托方有利，失去了鉴定的中立性和公正性。最后，鉴定人违反回避原则，导致鉴定意见的可信度大大降低。当事人为了取得对自己有利的鉴定结论，往往会通过各种渠道找到和自己有朋友、同学等各种关系的鉴定机构、鉴定人，在这种情况下，鉴定人根本不会自行回避，而对方当事人对此根本不知情，申请鉴定人回避更是无从谈起。如此，鉴定意见的可信度大打折扣。参见徐俊奎：《民事诉讼中自行委托鉴定的难点及建议》，https：//www. chinacourt. org/article/detail/2012/11/id/783545. shtml，访问日期：2017 年 12 月 8 日。

赞同者则认为，诉前委托鉴定应纳入司法鉴定的范畴。其根据是：第一，对有关法律的解释不宜过于狭窄。《全国人民代表大会常务委员会关于司法鉴定管理问题的决定》第 1 条规定：“司法鉴定是指在诉讼活动中鉴定人运用科学技术或者专门知识对诉讼涉及的专门性问题进行鉴别和判断并提供鉴定意见的活动。”根据该规定，司法鉴定必须是在诉讼活动中进行的。但若把诉讼活动严格限定在起诉后到诉讼结束的这一时间范围，就不适当了。对于人民法院尚未受理的民事、

建议应允许申请人从多个鉴定意见中选择一个，即把选择权交给申请人，法院不必强制规定。

从以上论述中不难看出，诉前多次鉴定中所指的第一次鉴定，与本案的第一次鉴定是有差异的，不是同一个概念，具有不同的意义。我们需要在诉前多次鉴定中确定本案的第一次鉴定，它既是本案鉴定的起点，也为第二次鉴定确立一个参照坐标。有

（接上页）
行政案件，当事人及其代理人、当事人的近亲属为解决举证中专门性问题而委托的鉴定，也应纳入司法鉴定的范畴。参见张乐跃、王真祥：《诉前委托鉴定的性质及其监管》，《人民司法》2013 年第 20 期，第 107 – 109 页。第二，诉前鉴定与举证责任分配原则是相符合的，是当事人为起诉所作的准备活动。有些拟起诉的纠纷，没有诉前鉴定，证据真伪不能辨别，证据证明力不能预测，起诉难以进行，受损害方的合法权益不能得到保护，法庭也不会受理诉讼。参见贾治辉、唐佳、陈如超：《我国诉前鉴定中的问题与对策》，《中国司法鉴定》2008 年第 4 期，第 12 – 16 页。鉴定意见是法定证据之一，并非不可置疑或推翻的正确结论，是否采信应当由人民法院决定。因此，诉前鉴定不影响法院对结论的审查，与诉讼中鉴定一样都可以作为证据使用，两者没有本质区别（同上，张乐跃、王真祥文）。第三，诉前鉴定能解决司法实践中的诸多不便。案件的发生与诉讼的开启存在一定的时间差，基于客观原因，譬如鉴定对象的保存不便、容易变质或者易受损害等原因而急需鉴定，而法律又规定当事人必须在诉讼过程中取得法官的同意方能进行鉴定，在这种情况下很可能错过最佳鉴定时期，导致一些鉴定材料丧失鉴定的条件，从而给当事人带来巨大的损失。例如，刑事自诉案件中的轻伤、轻微伤的鉴定，随着时间的流逝，伤口愈合而无法客观地进行鉴定，而实践中当事人经常为轻伤与轻微伤的事件争吵不休，甚而引发与鉴定机构的冲突和对法院的不信任（同上，贾治辉、唐佳、陈如超文）。第四，侦查机关的诉前鉴定也存在一定的合理性。我国法律规定立案的标准是：有犯罪事实需要追究刑事责任［《刑事诉讼法》（2018 年）第 112 条］。换言之，侦查机关要立案必须拥有一定的证据，而在人身伤害、死亡、强奸、贪污受贿之类的案件中，必须首先进行鉴定才能确定犯罪事实是否存在。虽然鉴定意见仅是一种侦查线索，并不是证据，侦查机关不会因为有了鉴定意见就能达到立案标准，从而发动强制侦查；但是侦查机关的人力、物力有限，一律否定诉前鉴定不失为一种反效率的表现（同上，贾治辉、唐佳、陈如超文）。第五，具有司法鉴定资质的鉴定机构在接受鉴定业务时，并未严格区分诉前鉴定与诉讼中鉴定，且诉前鉴定占据了业务量的大部分。如果把诉前鉴定的业务都交给法院，无疑会增加法院的负担。综上，笔者认可诉前鉴定。

了第一次鉴定和第二次鉴定，那么就可以确立本案的“两次鉴定”结构，为顺利进行一审作准备，也为将来可能发生的二审，甚至再审奠定事实审的基础。反之，如果申请人在诉前进行了多次鉴定，且把所有这些鉴定意见全部提交到法院，就会使法院陷入困境，庭审将无法顺利进行下去。

2. 如何处理诉前多次鉴定中的鉴定费用问题

如果申请人于诉前只进行了一次鉴定，那么按败诉者负担原则，在一审判决中确定由败诉方承担此次鉴定费用。如果申请人于诉前进行了多次鉴定，但只选择其中之一提交到法院，那么按照败诉者负担原则，这个被选定的鉴定之费用应该由败诉者负担，并在一审判决中确定。其余的未被选择的鉴定之费用由谁来承担呢？由于他们事实上已经成为无效的鉴定意见，故不具备按败诉者负担原则处理的法律资格，只能由单方委托鉴定人自行承担。

3. 关于诉讼中的第一次鉴定

假如当事人于诉前没有提出任何鉴定申请，但诉讼开始之后，法官认为对于本案某专门性问题必须请专家鉴定，并依据职权，按照规定程序提交到某个鉴定机构去鉴定，那么这次鉴定就是本案的第一次鉴定。

4. 确定本案第一次鉴定的意义

正如上文所言，确定本案的第一次鉴定，即可以区分诉前单方的多个鉴定与第一次鉴定之间的根本区别，有效地排除（第一个鉴定之外的）其他鉴定，有效地处理其他鉴定费用分担问题。

确定了第一次鉴定，就确定了本案鉴定的起点，也便于随后可能开启的第二次鉴定，从而及时构建两造诉讼结构中的鉴定框架，为诉讼双方在庭审质证中搭建起就专门技术性事项进行平等对抗和辩论的平台。反之，如果始终确立不了第一次鉴定，也就无法确立第二次鉴定，庭审辩论也就无法正常展开。因此，必须认真看待第一次鉴定。为此，要求法院在法律或者最高人民法院司法解释作出明确规定之后，在接纳申请人的鉴定意见时要求其书面签字，注明仅提供了一份鉴定意见，它就是本案的第一次鉴定意见。

（三）第二次鉴定与重新鉴定的区别及其意义

不少文章中将初次鉴定之后的鉴定称为“重新鉴定”，笔者认为这种提法过于笼统，是不科学的。一般来说，许多人均是在贬义上使用“重新鉴定”一词的。例如，有人写道：“多次的重新鉴定结论客观上削弱司法鉴定的科学性、动摇司法判断的稳定性。不同的鉴定结论使当事人对鉴定机构的权威性产生怀疑，法官据此作出的判决也因此不会被接受。”[①] 还有人说：“无限制的重新鉴定有损司法鉴定的客观性、科学性和权威性。建议在刑诉法中明确规定‘鉴定次数一般以二次为宜’，避免案件因为无休止的重新鉴定而久拖不决。”[②] 从这里我们看到，作者使用了“多次的”“无限制的”“无休止的”等含有明显贬义的形容词来修饰“重新鉴定”。

但是，如果我们细致观察和分析诉讼实践就不难发现，初次鉴定（第一次鉴定）之后的鉴定并不都是消极的，常常具有积

---

① 徐艳：《浅析民事诉讼证据制度下的重新鉴定》，http：//wdqfy. hncourt. gov. cn/public/detail. php? id =4354，访问日期：2017 年 12 月 8 日。

② 李贺军、石蕾：《重新鉴定启动后诉讼程序有待明确》，http：//www. jcrb. com/procuratorate/theories/practice/201708/t20170807_ 1784274. html，访问日期：2017 年 12 月 8 日。

极的意义。

首先，这是防范有偏向性的司法鉴定的需要。在面对当事人的个人委托时，由于“当前绝大多数的司法鉴定机构都是盈亏自负的社会化机构，为达到营利目的，他们有时会偏离中立性要求，尽可能地得出当事人想要的鉴定结果，以至于会隐瞒某些鉴定材料或者适用对鉴定人有利但已经失效的鉴定标准”[①]。为了预防此种鉴定意见直接进入诉讼环节，应当允许另一方当事人申请第二次鉴定。

其次，这是保护被告之诉讼权利的需要。我们知道，司法鉴定是鉴定人运用专门知识和技能，借助科学仪器设备，对案件中专门性问题进行鉴别和判断的活动。司法鉴定活动是由人来完成的，是人的主观对客观鉴定材料的反映。因此，诉讼双方对司法鉴定都是十分重视的。在不少情况下，初次鉴定（第一次鉴定）由原告启动，系原告自行委托鉴定，这是法律所允许的。此时，另一方当事人（被告）尚未得到相应的诉讼保护，多数情况下他们根本不知情。对于原告诉诸鉴定手段取证进而起诉的行为，作为科学技术外行的被告往往显得束手无策，于是，被告特别需要通过重新鉴定维护自己的权益。由于受前后两个鉴定人认识水平的不同、使用的鉴定方法及鉴定标准不同等因素的影响，在第二次鉴定中很可能得出与第一次鉴定不同的鉴定意见。因此，在初次鉴定之后，法院启动第二次鉴定，是对另一方当事人申请案件第二次鉴定权利的确认，是对其诉讼权利的保护。

---

① 刘延龄：《法院对外委托司法鉴定存在的问题及完善措施——以民事诉讼为视角》，《广西法治日报》2016 年 3 月 1 日第 B03 版。

可见，初次鉴定（第一次鉴定）之后的鉴定，并不都是消极的，我们应当充分理解其积极意义。对于这次鉴定不宜简单地使用“重新鉴定”这个术语，称之为“第二次鉴定”较为合适，两者不应混淆。在以下部分，对于初次鉴定（第一次鉴定）之后的鉴定，笔者均称之为“第二次鉴定”，以示与“重新鉴定”的区别。这是下文展开分析和推理的概念基础之一。

（四）第二次鉴定与初次鉴定的联系和区别

根据我国有关法律，第二次鉴定与初次鉴定之间应该是彼此独立的、平等的，不存在孰优孰劣的问题。在法院受理的民事诉讼中，原告（特别是侵权案件的原告）往往在立案前通过单方鉴定取得相应的伤残等级、医疗费、护理期限、误工期限等鉴定意见，作为索赔的证据。[①] 这种鉴定被称为单方鉴定（或称为原鉴定、第一次鉴定）。“以重庆市巴南区法院为例，2016 年全年受理的鉴定就有 203 件，其中第二次鉴定共有 92 件。其中原告自己委托 53 件，交巡警支队委托 22 件，律师事务所委托 17 件。在第二次鉴定中，与原鉴定意见一致的有 45 件，与原鉴定意见不一致的有 24 件（其中伤残等级 14 件、后续医疗费 6 件、护理 4 件）”。[②] “2017 年前四个月，重庆巴南区法院共受理鉴定申请 53 件，其中第二次鉴定共计 22 件，第二次鉴定中自己委托的有 17 件，交警队委托的有 3 件，律师事务所委托的有 2 件。在第二次鉴定中，与原鉴定意见一致的有 7 件，与原鉴定意见不一致的

---

① 刘秀荣：《关于解决侵权案件单方鉴定的几点思考》，https://www.chinacourt.org/article/detail/2017/07/id/2923650.shtml，访问日期：2017 年 12 月 7 日。

② 同上。

有 11 件”。[①] 以上数据说明，针对单方鉴定所进行的第二次鉴定，比例是很高的。

值得注意的是，第二次鉴定的鉴定意见往往与原来当事人自行委托的鉴定意见不一致，特别是伤残类鉴定经常会调低一个等级，至于调整原因基本上没在鉴定意见中反映出来，而办案法官却往往会以第二次鉴定的鉴定意见为依据作出判决。这反过来促进了第二次鉴定的申请。至于为什么不采信当事人自行委托鉴定所得出的鉴定意见，有些法官认为，未经法院委托的鉴定意见是不合法的或无效的鉴定，而经法院委托的鉴定则具有合法性；有的法官对单方自行鉴定不进行严格审查，轻易将当事人为维护自己的权利而自行委托以确定损害后果的鉴定意见否决，这是缺乏法律依据的，有的法官自知理亏，便干脆回避这一问题。

诉前自行委托的鉴定意见是一种法定证据，是否有效及能否得到法官采信都需要经过质证，因此，当事人要求对诉前单方委托的鉴定意见进行重新鉴定，无异于对这份证据提出了异议，至于异议是否成立，则应由案件双方当事人进行质证才能确定。法官不能以不懂其他专业为借口轻易启动重新鉴定程序。[②] 对于无根据地排除第一次鉴定意见，无条件地接纳第二次鉴定意见所作出的一审判决，如果当事人提出上诉，那么二审法院应以事实未查明为由发回重审。

（五）“两次鉴定”制度的主要内容

以上我们对两次鉴定制度的一些理论问题作了充分研讨，现

① 刘秀荣：《关于解决侵权案件单方鉴定的几点思考》，https：//www. chinacourt. org/article/detail/2017/07/id/2923650. shtml，访问日期：2017 年 12 月 7 日。

② 区禹泉：《申请对诉前鉴定重新鉴定应严格把关》，http：//www. gxcourt. gov. cn/info/1110/147716. htm，访问日期：2017 年 12 月 7 日。

就其制度构想作出总结。

1. 一审阶段

无论原告还是被告，都只能各有一次鉴定的机会，他们可以分别自行选择鉴定机构和鉴定人。第一次鉴定可能发生在诉前，也可能发生在诉讼过程中。如果一方（或者双方）当事人于诉前进行了多次鉴定，相应地得到了多个鉴定意见，那么法律应规定，申请人只能被允许提交其中的一份鉴定意见（视为第一次鉴定的鉴定意见）给法院，作为诉讼的证据，其余的鉴定意见被视为无效，杜绝多个鉴定结论被法院接纳的情况。如果当事人有鉴定需要且于诉前未进行鉴定的，可在诉讼中提出一次鉴定申请。之所以作出上述规定，是因为依各国诉讼法通说，一审系事实审，证据（鉴定意见系其中的一种）必须在一审收集和集中，以确保在一审查清案件事实。二审则主要是法律审，一般不审理事实问题。此原理对于第二次鉴定也适用。

第二次鉴定通常由被告提出，且只能发生在一审诉讼中。第二次鉴定存在的根据是：其一，原告于诉前自行委托鉴定，被告不知情。如果不允许被告申请第二次鉴定，则对被告显失公平，不符合诉讼公正原则。其二，因法律所设立的专家辅助人制度实施得不理想，为了弥补此缺憾，允许第二次鉴定，形成对抗制诉讼中的平衡，既符合现代的两造诉讼结构原理，又有利于保护被告的诉权。

在已经发生第一次、第二次鉴定的情况下，禁止进行第三次鉴定。根据多次鉴定的两个相邻鉴定之间不存在纠错机制的观点，第三次鉴定意见不可能推翻第二次鉴定意见，只会制造前后两个鉴定意见之间的矛盾，增加诉累。为了减少和消除矛盾，提高诉讼速度和效益，法律不应允许第三次鉴定。但是第二次鉴定之后可以申请一次补充鉴定。补充鉴定并非一项独立的鉴定，它构成第二次鉴定的一个组成部分。

2. 二审阶段

不允许二审阶段发生任何鉴定活动。如果一审阶段没有发生鉴定事宜，而二审法院认为有必要鉴定的，应将案件发挥原审法院重审。案件的事实问题原则上必须在一审阶段查清。

为什么不能允许二审中申请鉴定？其一，一审中没有提出鉴定申请，二审中却申请鉴定，其意图在于通过证据突袭推翻一审判决。《证据规定》（2002 年）第 19 条规定：“当事人及其诉讼代理人申请人民法院调查收集证据，不得迟于举证期限届满前七日。”对方在一审举证期限届满后和在法庭审理中一直不提起鉴定，等到二审时再提出鉴定，显然已经过了举证期限。其实质是证据突袭，违反了民事诉讼的诚信原则，对另一方是很不公平的，故不应被允许。其二，由于一审中没有提出鉴定申请，二审提出鉴定申请且被允许，就会产生一个问题：适用哪种程序审理案件？是一审程序还是二审程序？对此《民事诉讼法》没有明确规定，一般会运用二审程序重新审理案件，最后作出终审判决。如果二审阶段重新鉴定的意见与原鉴定不一致，否定了原鉴定意见，将对案件的实体权利处理产生重大影响，甚至有可能推翻一审判决，使一审判决成为错误判决，[①] 在我国实行错案责任追究制的严峻环境下，对一审承办法官不仅不公平，有时甚至会造成危险的后果。其三，有可能产生新的重新鉴定。二审中法官

---

① 孟圣祥：《二审中申请鉴定后，对方要是申请重新鉴定程序怎么走》，https：//www. 66law. cn/domainblog/15242. aspx，访问日期：2017 年 12 月 7 日。

同意对方鉴定后，要是己方提出反对意见，且根据《证据规定》（2002 年）第 28 条“一方当事人自行委托有关部门作出的鉴定结论，另一方当事人有证据足以反驳并申请重新鉴定的，人民法院应予准许”，己方在征得法官允许后还可以申请重新鉴定。也就是说，在二审中会产生重新鉴定。假如败诉方不服二审判决，进入申诉环节后，还可能提出新的鉴定申请，那么案件将继续拖延下去，这显然不符合凭诉讼解决纠纷的目的。

3. 再审阶段

再审阶段也不允许启动任何鉴定事项，理由与二审基本相同。不能通过再审中启动鉴定的方式来审理和查明事实问题。如果发现案件事实不清且需要进行鉴定的，则应发回原审法院重审。

从长期来看，这项政策的优点在于：一是节省当事人的诉讼成本；二是使法官摆脱多个鉴定意见所带来的专业困扰，加快法庭的结案步伐，提高诉讼效率；三是有利于及时解决纠纷，维护社会稳定。

四、试用“两次鉴定”制度破解多次鉴定的难题

下面试举两例，看看我们如何有效地、低成本地破解多次鉴定的难题。

（一）破解四川省南充市市民被人伤害案中的多次鉴定问题

案例 6－3 四川省南充市市民刘某某被人故意伤害案*

［案情简介和鉴定意见］ 2008 年 7 月 29 日，四川省南充市

* 魏贺：《四川一市民闹市被挑断脚筋 4 次司法鉴定结果不同》，http：//unn.people.com.cn/GB/14796/21796/9847371.html，访问日期：2017 年 12 月 9 日。

市民刘某某在闹市被人袭击，双脚被挑断脚筋。从事发后第三天一直到2009年6月，有关机构共对刘某某的伤情先后做了四次司法鉴定。第一次鉴定是事发后第三天，南充市顺庆区公安分局刑侦三队送检其伤情，结论为轻伤（N1）；第二次是2009年2月，受刘某某所在单位委托，经四川新华司法鉴定所鉴定，刘某某伤情为重伤，伤残等级为五级（N2）；第三次是2009年2月，受刘某某所在单位委托，经南充市公安局物证鉴定所鉴定，刘某某伤情为重伤，伤残等级为五级（N3）；第四次是2009年5月，由于被告人对伤情提出重新鉴定申请，刘某某被要求到四川西南司法鉴定中心重新鉴定，伤情评定为轻伤（N4）。

［**案例分析**］

本案经过四次鉴定，得出了四份性质完全相反的两种伤情鉴定意见——轻伤（N1、N4）和重伤（N2、N3）。让受害人刘某某费解的是，检察院的起诉采纳了其中的轻伤结论。对此南充市顺庆区检察院表示，他们最后依据的是四川省政府认定的鉴定机构作出的鉴定结论（N4），如果刘某某有异议，可向法院申请更高级别的鉴定机构重新鉴定。

面对诉前的四次鉴定，我们该如何利用“两次鉴定”制度加以处理呢？关于诉前是不是允许多次鉴定，我国法律法规目前尚无限制，应视为允许，实践中也是这样做的。由于本案诉前出现了四个鉴定意见，按照我国刑事诉讼规则，公诉方只能选取其中之一来起诉，不应当同时选取两个对立的鉴定意见作为起诉的证据。因此，本案中“检察院起诉时采纳轻伤结论”，可以视为检察机关的一种合法的选择行为。然而在现实社会中，受害方对检察机关的行为是警惕的，因为他珍视自己的权利。受害人或许意识到，检察院起诉时采纳轻伤结论，反映了控诉方的起诉意图——偏袒犯罪嫌疑人，对其从轻处罚的倾向，这当然会引起他的警觉和不满。虽然法官原则上应持有中立立场，但现实中法官作出判决，会在一定程度上尊重检察院的起诉书。

与此相反，如果检察院起诉时采纳重伤结论，则反映了控诉方的另一种起诉意图——保护受害人，对犯罪嫌疑人可能从重处罚的倾向，这当然会引起犯罪嫌疑人和辩护律师的警觉和不满。在这种情况下，辩护方基于诉讼构造原理，会及时提出重新鉴定的申请，这也是合理的。

那么在本案中，法院应当允许受害人提出重新鉴定的请求吗？按照诉讼法原则，法官在诉讼中处于中立的立场，不论公诉方以哪一种结论来起诉，法官都不应当受到鉴定意见的直接影响，不应受到鉴定意见的束缚，而应当根据自己独立的思考作出判断。因此，在法院受理诉讼后和开庭审理之前，受害人针对上述“检察院起诉时采纳轻伤结论”的做法，再去申请重新鉴定，是不必要的。此外，鉴于本案在诉讼之前已经进行四次鉴定，得出了轻伤和重伤两个性质完全相反的结论，不可能再有与此不同的第三种鉴定意见。因此，在法院受理诉讼后和开庭审理之前，法官可以根据“两次鉴定”制度，不允许受害人申请重新鉴定。

既然不应允许申请重新鉴定，那么在受害人有合理担忧的情况下，法官有无措施消除这些担忧呢？回答是肯定的：有的。(1) 要求检方的轻伤鉴定意见的鉴定人出庭作证。本案中，出现了两份轻伤鉴定意见（N1 和 N4），但检方只能挑选其中一份（例如 N4），该鉴定意见的鉴定人必须出庭作证。另外一份轻伤鉴定意见视为失效，其鉴定人不必出庭作证。(2) 法官应当要求辩护方和重伤鉴定意见（N2 和 N3）的鉴定人出庭作证。本案中，出现了两份重伤鉴定意见，但辩护方只能挑选其中一份（如 N2），该鉴定意见的鉴定人必须出庭作证，另外一份重伤鉴定意见视为失效，其鉴定人不必出庭作证。

总之，在一审开庭之前，或者一审的法庭辩论终结之前，最多只出现两次鉴定活动，得出两次鉴定意见。其好处是：一来有利于控诉方及时提起诉讼，避免因多次鉴定而久拖不诉；二来有利于诉讼公平，如果只允许控诉方拿出轻伤的鉴定意见来起诉，不允许受害人提出重伤的鉴定意见来作证，那么对受害人可能不公平。

最后应当指出，假如 N1、N2、N3、N4 四次鉴定意见均为轻伤，那么控辩双方就证据的性质达成一致，法庭很容易就此作出双方可以接受的判决。

(二）破解武汉市方婆婆“借条”真假案中的多次鉴定问题

案例 6-4 武汉市方婆婆“借条”真假案*

[案情简介和鉴定意见] 2007 年 6 月，家住武汉市洪山区鲁巷的方婆婆收到一张 12 万元借条复印件和诉讼传票：儿子宋某曾向某公司的高先生借款 12 万元，并由母亲方某证明，此款一直未还。但按照方婆婆的说法，儿子绝没有借过这笔钱，“借条是伪造的”。

---

* 刘春燕：《母子因借条被告上法庭 经 6 次笔迹鉴定辨真假》，https://www.chinanews.com/fz/2011/05-24/3061955.shtml，访问日期：2017 年 12 月 9 日。

法院开庭后，借条的真假成为庭审焦点，拥有资深文检资格的专家，先后对借条上的笔迹展开了六次鉴定：（1）中南财经政法大学司法鉴定中心的结论为借条中的笔迹与当事人的字迹基本一致。方婆婆不服，申请另作鉴定。（2）湖北中真司法鉴定中心的结论为笔迹模仿痕迹严重，属伪造。出示借条的高先生不服。（3）西南政法大学司法鉴定中心的结论为不存在伪造。2009 年 5 月，武汉市洪山区法院一审以此结论为依据，判决方婆婆母子败诉，须偿还 12 万元借款。方婆婆不服，提起上诉。（4）湖北三真司法鉴定中心的结论是笔迹字数过少，退回。（5）北京明正司法鉴定中心的结论是倾向不是一人书写。这个似是而非的结论，让案件无法参照。（6）武汉市中级人民法院遴选湖北省人民检察院、湖北省警官学院、武汉市公安局三名资深文检专家，联合会检，结论是笔力着力较重，墨水较浓，有的运笔动作该交代的没交代清楚；显微镜观察字迹有形快实慢、抖动、停顿、弯曲等现象，倾向伪造。此次鉴定时间是 2010 年 12 月 20 日，鉴定结论被武汉市中级人民法院采信。考虑到并无其他直接证据证明高先生提供了 12 万元的借款，武汉市中级人民法院于 2011 年 4 月 25 日作出终审判决，方婆婆母子胜诉。出示借条的“债权方”高先生需承担鉴定费、案件受理费 2.8 万元。

［案例分析］

在本案中，一审作出了三次鉴定，并作出一审判决，但败诉方不服，提起上诉。二审时，又作了三次鉴定。在该借条官司终审有了结果之后，败诉的高先生说：“借条是绝对真实的，但弄不懂这么高级的笔迹鉴定专家，却没法得出统一结论。我会考虑重新收集借款的证据，提出申诉。”谁也不知道在申诉阶段是否还允许申请鉴定。

按两次鉴定制度，二审不会发生鉴定活动，故本案二审所发生的第四次、第五次、第六次鉴定均是无效的。即使本案发生再审（假如高先生真地提出申诉并被法院受理），也不会产生任何鉴定的可能性。

至于一审阶段所发生的三次鉴定，可以作如下处理：其一，第三次鉴定发生在起诉近两年之后，不可能是第二次鉴定之补充鉴定，因此是不合法的，必须剔除。其二，二审法院应以一审阶段的第一次、第二次鉴定意见为基础，要求鉴定人出庭作证，在质证过程中，结合其他证据一起综合判断。这样根据两次鉴定制度，就可以清晰地剔除第三次、第四次、第五次、第六次鉴定意见，然后以第一次、第二次鉴定意见为基础展开和推进诉讼进程，并作出判决。

第七章 亲子关系推定的许可与禁止

——对最高人民法院《婚姻法司法解释三》第2条的评论*

一、《婚姻法司法解释三》第2条创立的亲子关系推定及其后果

2011年8月9日，最高人民法院颁布了《婚姻法司法解释三》。其中第2条规定："夫妻一方向人民法院起诉请求确认亲子关系不存在，并已提供必要证据予以证明，另一方没有相反证据又拒绝做亲子鉴定的，人民法院可以推定请求确认亲子关系不存在一方的主张成立。当事人一方起诉请求确认亲子关系，并提供

---

* 笔者注意到2021年1月1日起施行的《最高人民法院关于适用〈中华人民共和国民法典〉婚姻家庭编的解释（一）》第39条规定："父或者母向人民法院起诉请求否认亲子关系，并已提供必要证据予以证明，另一方没有相反证据又拒绝做亲子鉴定的，人民法院可以认定否认亲子关系一方的主张成立。父或者母以及成年子女起诉请求确认亲子关系，并提供必要证据予以证明，另一方没有相反证据又拒绝做亲子鉴定的，人民法院可以认定确认亲子关系一方的主张成立。"该条出现了两次"可以认定"。它的条件是："另一方没有相反证据又拒绝做亲子鉴定的。"这种做法是违反证据法则的。因为在诉讼中法院认定某个行为的前提必须是依靠证据。从这个通常的意义上来说，在没有证据的情况下"人民法院可以认定确认亲子关系一方的主张成立"，合法的手段只能是推定。因此，该条与虽已失效的《婚姻法司法解释三》第2条没有本质的区别，问题依然存在。因此，本章虽然于2013年发表于《政治与法律》第8期上，但仍然具有重要的现实意义。

必要证据予以证明，另一方没有相反证据又拒绝做亲子鉴定的，人民法院可以推定请求确认亲子关系一方的主张成立。”可见，该条款以司法解释的形式确立了一种新型的推定——亲子关系推定（经过精确分析之后，它其实可细分为两种推定，即亲子关系存在的推定和亲子关系不存在的推定）。在亲子关系诉讼领域，如果说在《婚姻法司法解释三》颁布之前某些法官还只是十分勉强地使用推定的话，那么现在他们终于可以持这把“尚方宝剑”扬眉吐气地、公开地使用推定了，而不用担心受到公众的责难。

然而，适用《婚姻法司法解释三》第2条进行亲子关系推定的实际效果又如何呢？大致分为三种情况：一是有人感到强烈不安和忧虑，甚至痛苦和责骂；[①] 二是有人担心后果严重，要求法院“慎用推定”；[②] 三是促进了商业味浓厚的亲子鉴定市场的

① 有人写道，当我看到新婚姻法的时候，我第一反应是气愤，第二反应是觉得悲哀……大多国家都信奉一点，对妇女权利的充分保障是一个民族强大和优秀的基础和根源，因为孩子的第一个教师就是母亲。因为他们知道，妇女在社会生存环境的安定程度，可以影响甚至决定下一代的总体发展。《婚姻法司法解释三》对女性的保护已经不复存在。参见《新婚姻法伤透了女人心》，https：//www. tech－food. com/news/detail/n0590954. htm，访问日期：2013年1月7日。上述观点是针对《婚姻法司法解释三》整体而言的，自然也包括了对第2条的强烈批评，可以说它一针见血地击中了亲子关系推定的要害，需引起国家高层和全社会的足够重视。

② 南京红十字血液中心司法鉴定所的专家指出，亲子鉴定表面上看是一项医学鉴定技术，实际上却涵盖了法律、伦理和家庭等多方问题，操作上如有失误，几个字的鉴定结果就有可能摧毁一个家庭甚至导致法律纠纷。从科学层面看，目前DNA亲子鉴定的结果准确率可以达到99.99%，但即使差错率只有万分之一，对于一个具体的家庭来说，都是100%的致命打击。参见朱萍：《新婚姻法推热亲子鉴定　无资质民间机构泛滥》，http：//news. sohu. com/20110919/n319821730. shtml，访问日期：2013年1月7日。在审判实践中，也有个别法院在实践中确能严格掌握标准，拒绝许可亲子鉴定和拒绝亲子关系推定。例如，江苏省沭阳县人民法院2011年受理了一起诉讼，丈夫在没有任何依据的情况，要求做亲子鉴定，结果没有得到法院的支持。参见马乐乐、项凤华：《妻子拒绝亲子鉴定　婚姻法新解释实施前后态度大不同（三）》，https：//money. 163. com/11/0822/12/7C2I30A4 00253B0H_3. html，访问日期：2013年1月7日。然而，客观地说，《婚姻法司法解释三》实施之后，这些所谓“慎用推定”的声音已明显减少。

“火爆”。其中，第三种情况是《婚姻法司法解释三》第 2 条施行以来造成的最主要局面。[①] 其实，这种局面的形成还暗示了以下问题：法院受理亲子关系纠纷案件有了明显增长；亲子关系鉴定机构的业务有了明显增长。两者之间是相互促进的。但是我们应该冷静地想一想，这是一种正常的现象吗？对于社会上相当一部分人的忧虑和痛苦，以及另一部人的谨慎立场，可以漠然视之吗？鉴于亲子关系推定是一个相当生僻的、许多人感到陌生的专业领域，本章打算抛开情感好恶立场，着重从证据法（推定和亲子关系推定均是其中的研究对象之一）专业的角度，科学地探讨亲子关系推定的利与弊，以及我们应该作出何种正确的政策选择，这对于巩固婚姻家庭关系，保护妇女和未成年子女的合法权益，对于“和谐社会”建设，无疑有着重要的现实意义。

---

① 据中国之声《央广新闻》报道，《婚姻法司法解释三》出台后，人们对亲子鉴定的关注度高了，需求多了。亲子鉴定市场就像一块“肥肉”，除了具有合格资质的司法鉴定机构参与之外，还引来了许多缺乏资质的民间机构来染指这个行业。据江苏省人民医院司法鉴定所法医物证室主任说，该机构于 2001 年开展亲子鉴定，起初是和司法部门联合，并不对外开放，一年仅做几十例。2002 年下半年向社会开放后，来做鉴定的人明显增多（当时双亲和子女三方必须全部到场）。推出更为先进的单亲鉴定以后（只需带上身份证和户口本就可以了），人数更是激增。这 10 年下来，江苏省人民医院已经做了 6000 余例亲子鉴定。尤其是近两年，每年都以 15% 的速度递增，2010 年一年更是超过了 1000 例。参见人民网海南视窗 2011 年 8 月 22 日 14：47（此内容源于网络，但距今较久，网址已无法查实，此处已标明最初引用的出处，供读者参考）。另据北京市西城区人民法院的调查，《婚姻法司法解释三》施行仅半年，申请亲子鉴定、接受亲子鉴定的当事人均明显增多。西城区人民法院已受理涉及亲子鉴定案件 23 件，比去年同期增长 43.7%。参见汪丹、郭威：《新婚姻法促亲子鉴定增 4 成，慎用“推定”规则》，http：//edu. qq. com. cn/a/20120306/000042. htm，访问日期：2013 年 1 月 7 日。

二、亲子关系推定的两种基本类型及其比较

在我国司法实践中，与亲子关系推定相关的诉讼基本上可分为两种类型：第一种类型是以争取抚养费为目的的亲子关系确认诉讼，与此相应的推定便是亲子关系存在的推定；第二种类型是以离婚和解脱抚养义务为目的的否认亲子关系的诉讼，相应的推定便是亲子关系不存在的推定。现分别加以讨论。

（一）以争取抚养费为目的的亲子关系确认诉讼与亲子关系存在的推定

在以争取抚养费为目的的亲子关系确认诉讼中，由于亲子关系推定的依据不同，又可分为两种情况。

1. 第一种情况是，根据《证据规定》（2002 年）第 75 条作出的亲子关系推定

案例 7－1　原告王小姐诉被告张先生支付孩子抚育费纠纷案*

［**案情简介**］2007 年 4 月，王小姐与张先生因业务关系相识，之后双方超出了普通朋友关系，发生了性关系。同年 12 月，王小姐经检查得知已怀孕。2008 年 6 月 28 日，因双方对怀孕问题发生不愉快，怀孕 8 个月的王小姐遂向张先生出具保证书一份，载明王小姐于 2008 年所生的孩子与张先生无任何关系。同年 8 月 12 日，王小姐在香港生下一儿子。据王小姐说，当时张先生称因举办奥运会无法办签证，他无法到香港，而根据香港法

* 刘海：《上海法院推定亲子关系成立判一男子付抚育费》，《上海法治报》2010 年 5 月 14 日第 A05 版。

律规定须父亲本人到场才能在出生证上写上父亲的名字，因此儿子出生证的父亲一栏是空白的。儿子出生后，起先张先生尚打电话来问候，之后便没有了联系。2010 年 1 月，王小姐为儿子抚养问题诉至法院，要求法院判令双方所生之子随自己共同生活，张先生自 2008 年 8 月起至儿子 18 周岁时止按每月 2000 元支付孩子抚育费。

[**法院审理和判决**] 法院审理中，王小姐提出亲子鉴定申请，而张先生予以拒绝。法院审理后认为，根据相关证据和查明的事实，对双方存在生育可能的密切关系予以认定。王小姐所写的保证书并不能排除张先生非孩子之父，而反证了双方存在生育可能的密切关系。现张先生否认亲子关系，王小姐要求亲子鉴定，此为查实张先生与孩子是否存有亲子关系的有效途径，但张先生却予以拒绝。基于双方存在生育可能的密切关系，而张先生未能提供足以推翻与孩子存有亲子关系的证据，又拒绝亲子鉴定，因此法院推定张先生与孩子的亲子关系成立，并判决张先生支付孩子的生活费、教育费。

案例 7-2　原告小豪与被告钟某抚养纠纷案*

[**案情简介**] 该案原告小豪（化名），男，2002 年 10 月 19 日生，其法定代理人为卿女士，系原告母亲。被告钟某，系四川省洪雅县某单位员工。原告诉称，被告与其母亲长期共同生活，并出资 5000 元生育了他，现被告又与他人结婚，对自己拒不承担父

* 周倔强、王青山：《拒绝亲子鉴定　法院推定原则审结抚养案》，https://www.chinacourt.org/article/detail/2003/06/id/61869.shtml，访问日期：2013 年 1 月 7 日。

亲的责任，请求法院依法判令被告每月给付原告抚养费 300 元，承担医疗费、教育费的 80%。原告还向法院申请，要求进行亲子鉴定。被告辩称，自己没有和原告的法定代理人卿女士共同生活过，原告不是他的孩子，请求法院驳回原告的诉讼请求，并拒绝配合进行亲子鉴定。

［**法院审理和判决**］法院通过对双方当事人提交的证据材料进行综合判断和分析后认为，原告母亲卿女士和被告钟先生于 1997 年认识后，双方关系逐渐发展到较为亲密，后卿女士生下了原告小豪。虽亲子鉴定能确定原被告是否存在父子关系，但被告却拒绝配合进行鉴定。对此，法院根据《证据规定》（2002 年）第 75 条的有关规定，推定被告是原告的父亲。同时，法院依照《婚姻法》第 25 条的规定，判决被告钟某从 2002 年 10 月 20 日起，每月给付原告小豪抚育费 180 元至其独立生活时止。

案例 7－3　原告小乐诉被告董某抚养纠纷案*

［**案情简介**］2006 年 3 月，未婚女青年沈某生育一女，取名小乐。2007 年 4 月，沈某以董某身为小乐父亲却以种种借口拒绝承认且拒不承担抚养责任为由，将董某起诉到浙江省桐乡市人民法院，要求该法院依法确认董某与小乐的父女关系，并要求董某接走小乐直接抚养。案件审理中，董某否认自己系小乐父亲，拒绝进行亲子鉴定。

［**法院审理和判决**］法院审理后认为，沈某在庭审中提供的

---

* 陈勇、陈霏：《未婚生女后患无穷　两岁女孩法庭认父》，https：//www.chinacourt.org/article/detail/2008/06/id/308001.shtml，访问日期：2013 年 1 月 7 日。

证人证言证明董某系小乐生父，因此，在沈某申请对小乐和董某进行亲子鉴定的情况下，鉴于董某虽然否认其系小乐生父但又拒绝进行亲子鉴定，故法院推定小乐和董某之间的亲子关系成立。至于沈某要求董某直接抚养小乐的诉讼请求，考虑到小乐年龄尚幼、一直随沈某生活、董某另有家庭，在沈某拒绝更改诉讼请求且没有要求董某承担小乐抚养费的情况下，法院依法驳回其这一诉讼请求。

2. 第二种情况是，根据《婚姻法司法解释三》第 2 条作出的亲子关系推定

案例 7－4　原告妍某诉被告许某支付孩子抚养费纠纷案*

［**案情简介**］妍某与许某于 2009 年 4 月相识和同居。妍某告诉记者，孩子出生至今没见过亲生父亲几面，如今亲父连孩子也不肯认了。妍某曾数次抱着孩子去许家寻父，可对方总是拒绝。此后许家大门向她彻底关闭了，妍某曾向许家提出做亲子鉴定的要求也被对方拒绝。因非婚同居生子，妍某饱受社会的冷眼，女儿出生却让她变得不再懦弱。妍某于 2011 年 4 月 19 日向清河县人民法院起诉。

［**法院审理和判决**］一审法院判决败诉后，她随即提出上诉，邢台市中级人民法院“以事实不清，可能影响案件实体判决为由”发回重审。2012 年 1 月 9 日案件发生转机，清河县人民法院依据妍某与许某的“艳照”和亲密通话录音及证人证言，认定许某拒绝做亲子鉴定，可推定其与妍某同居关系成立，判决许

* 张艳强：《河北首例亲子鉴定案》，https：//www.110.com/ziliao/article－282546.html，访问日期：2013 年 1 月 9 日。

某支付孩子至18岁的总额为66 231元的抚养费。

案例7－5　原告宋小诉被告黄某抚养费纠纷案*

［**案情简介**］2005年6月，原告的法定代理人宋某与被告黄某经人介绍相识恋爱，2008年7月宋某生育原告宋小。2008年9月26日国家卫生部签发的出生医学证明显示被告黄某为原告的父亲。原告出生后一直随母宋某生活，因宋某收入有限，难以维持原告的正常生活，于是通过诉讼向被告索要抚养费，被告不承认其和原告之间存在亲子关系。2011年11月3日，枝江市人民法院庭审中通知原被告双方做亲子鉴定，被告在指定的期间内拒绝配合鉴定。

［**法院审理和判决**］枝江市人民法院认为，出生医学证明显示原告的父亲为本案被告黄某。出生医学证明是法定医学证明，能够初步证明本案被告和原告系父子关系。法院为进一步查实被告和原告之间是否存在亲子关系，特通知原被告进行亲子关系鉴定。原告提出鉴定申请后，被告不同意鉴定。根据《婚姻法司法解释三》第2条第2款，法院推定被告和原告之间存在亲子关系，父母对子女有抚养教育的义务，原告向被告主张抚养费，法院予以支持。判决作出后，原被告双方均未上诉。

以上案例（案例7－1至案例7－5）所表现的共同特点是：推定亲子关系成立，据此判决确认亲子关系存在，有力地保护了妇女和未成年子女的合法权益，具有显著的积极意义。

---

* 曹自豪：《枝江法院审结辖区内推定亲子关系第一案》，https：//www.chinacourt.org/article/detail/2012/01/id/471413.shtml，访问日期：2013年1月9日。

（二）以离婚和解脱抚养义务为目的的否认亲子关系诉讼与亲子关系不存在的推定

案例7-6 赵先生诉张女士离婚纠纷案*

［案情简介］ 原告赵先生，被告张女士，他们家住安徽省舒城县城关镇。某日，赵某喜得了第二个"小公主"，并隆重办了过周酒宴，可竟然有人提醒说其女儿不像他，这让赵某不由得生起疑心。为了搞清事实，他瞒着妻子偷偷地抽取了小女儿的血样，带到了上海某鉴定中心进行了鉴定，鉴定结果显示小女儿竟然不是自己的亲生骨肉！2012年10月，赵某一纸诉状将妻子张女士诉至安徽省舒城县人民法院，要求离婚并索求2万元的精神损害赔偿金。庭审中，赵某拿出了一份亲子鉴定报告，证明小女儿甜甜与自己无血缘关系。他认为妻子婚内出轨，对婚姻不忠，应当赔偿自己精神损失费2万元，所有家庭财产将归己所有，自己为甜甜所付的花费应由张女士返还。这让被告张女士十分惊愕，她坚决否定鉴定报告的真实性。

［法院审理和判决］ 法官认为，赵先生提出小女儿甜甜非自己亲生的，并提供了一份鉴定报告，如果张女士对此提出异议，可以申请重新鉴定，可张女士坚决不同意做亲子鉴定。庭审结束后，法官对双方当事人进行了调解，法官指出，原告赵先生明确提出小女儿甜甜与自己无血缘关系，法庭也征求了被告张女士的意见，但张女士不愿意重新进行鉴定。根据《婚姻法司法解释

---

* 《夫举证上海亲子鉴定报告　妻拒重新鉴定被推定与夫无亲子关系》，https://new.qq.com/omn/20210312/20210312A0FCVP00.html，访问日期：2013年1月13日。

三》的规定，法院可以推定甜甜与原告无血缘关系。

案例 7－7　夏某与胡某离婚纠纷案*

［**案情简介**］夏某与胡某于 2008 年 6 月经人介绍相识恋爱，2009 年 2 月 5 日登记结婚，2010 年 8 月 16 日生育男孩夏某皓，夏某皓自出生至 2011 年 7 月由夏某及其家人抚养，共抚养了 11 个月，之后由胡某娘家抚养。原被告均系再婚，婚前两人感情一般，婚后因胡某经常外出，甚至夜不归宿，夫妻之间常常产生矛盾纠纷。随着小孩渐渐长大，夏某隐约觉得小孩的长相与其相距甚远，加上外面风言风语，夏某更加怀疑妻子对自己不忠，所生孩子并非亲生。2011 年 5 月 13 日，夏某在没有告知胡某的情况下，自行委托湖南省天衡司法鉴定所，对自己与夏某皓之间有无亲子关系进行了鉴定。同年 5 月 19 日，湖南省天衡司法鉴定所依据 DNA 检验结果作出了排除夏某是夏某皓的亲生父亲的鉴定结论。夏某遂诉至法院，要求与胡某离婚，小孩夏某皓由胡某抚养，并赔偿其经济损失和精神损失共计 161 500 元。在法院审理过程中，胡某拒绝重新作亲子鉴定，亦未提供相反证据反驳夏某提出的鉴定结论。

［**法院审理和判决**］法院认为，夏某与胡某双方婚前相识时间短，了解较少，缺乏婚前感情基础。婚后因被告经常外出，未能培养、建立起真正的夫妻感情。夫妻之间应当相互忠实，相互尊重。夏某提供的亲子鉴定结论证明了胡某所生儿子夏某皓与夏

---

* 邹铠、刘艳：《妻子拒做亲子鉴定　推定出轨免除丈夫抚养义务》，https：//www. chinacourt. org/article/detail/2012/05/id/512548. shtml，访问日期：2013 年 1 月 9 日。

某之间不存在亲子关系，而胡某没有提供相反证据证明且拒绝配合重新做亲子鉴定，可以推定夏某与夏某皓之间不存在亲生血缘关系。因女方拒绝做亲子鉴定，法院根据男方提供的鉴定结论推定其与夏某皓亲子关系不存在。2011 年 9 月 20 日，湖南省益阳市赫山区人民法院作出一审判决，准许夏某与胡某离婚，夏某皓由胡某抚养成人，抚养费由胡某负担，并由胡某返还夏某支付的抚养费 8800 元，赔偿夏某精神损失费 20 000 元。

案例 7－8　原告陈某（男方）与被告陈某（女方）离婚纠纷案*

［**案情简介**］原告陈某（男方）与被告陈某（女方）于 2009 年 2 月登记结婚，婚后不久生育一男孩，但生活并不幸福，原告认为被告受孕时，双方均在异地打工，并没有同居生活，所以一直怀疑儿子并非自己亲生，从此家无宁日，矛盾愈演愈烈。或许是为澄清事实，抑或是为解脱不明不白的父子关系，以免负起不必要的责任，2012 年 1 月，陈某（男方）以夫妻双方感情破裂为由诉至湖北省石首法院东升法庭，要求与陈某（女方）离婚，并请求被告独自承担孩子抚养费及赔偿其经济损失和精神损失。

［**法院审理和判决**］受理此案后，东升法庭庭长周法官了解到原告曾以同样理由起诉要求离婚，诉讼请求被驳回后，夫妻关系一直没有改善。针对此种情况，法庭根据《婚姻法司法解释三》第 2 条第 1 款的规定，经审理认为原告提供的证据确实能证明其与孩子之间不存在亲子血缘关系，而被告又没有提供相反证据证明，

* 王维维：《首例“推定”非亲子关系案明审》，https：//news. sina. com. cn/c/2011－11－29/030023540279. shtml，访问日期：2013 年 1 月 9 日。

且拒绝配合做亲子鉴定，故依法推定原告请求成立。被告生育的小孩与原告无亲子关系，对原告要求离婚的诉讼请求依法予以支持。最后东升法庭一审判决，准许原被告离婚，小孩由被告抚养，原告不承担抚养费，驳回原告其他诉讼请求。

案例7－9　谢某与莫某离婚纠纷案*

［案情简介］ 谢某与莫某在海南三亚相识，于2006年10月25日办理了结婚登记手续。2007年4月莫某产下一女。2010年8月17日，谢某怀疑女儿小敏并非自己所生，因为夫妻血型均为B型，但女儿血型却是A型。谢某要求做亲子鉴定，却被妻子拒绝。谢某说，莫某在2006年10月结婚后就因怀孕待产不再工作，也无收入。他却在被欺骗的这四年多时间已经累计支付十多万元去养育别人的女儿。谢某起诉离婚，要求莫某与其女儿搬离现在的房屋，并返还自己支付的6万元费用。

莫某不同意做亲子鉴定，认为两人从1996年认识到现在已经共同生活将近15年。这期间虽然有过矛盾和争吵，但双方的感情基础尚好，不同意离婚。谢某提出的非亲子问题，无正当理由，孩子目前已4岁，有自己的意识，从保护未成年人的角度出发，为让孩子有一个健康的成长环境，她不同意谢某的要求。

［法院审理和判决］ 法院认为，谢某与莫某均认可自己是B型血，但女儿小敏是A型血。经法院向相关专业人员咨询，如果父母都是B型血，所生育的子女不可能是A型血。因此，法院

---

* 王巍：《首例无亲子鉴定血亲案宣判　法院参考新解释断案》，http：//news. sohu. com/20111209/n328507905. shtml，访问日期：2013年1月9日。另参见孙思娅：《法院首判无亲子鉴定血亲案》，https：//sports. qq. com/a/20111210/000046. htm，访问日期：2013年1月13日。

依法推定小敏不是谢某的亲生女儿。鉴于莫某的行为严重地伤害了谢某感情，法院一审判决两人离婚，小敏由莫某抚养，莫某支付谢某各项费用 4 万元。莫某不服提出上诉。北京市第一中级人民法院作出终审判决，驳回上诉维持原判。

案例 7－10　阿勇与小萍离婚纠纷案*

［**案情简介**］阿勇与小萍经人介绍认识，2003 年 1 月 6 日登记结婚。2006 年 10 月 13 日，小萍生下女儿芳芳。2011 年 6 月 14 日，阿勇向浙江省仙居县人民法院起诉要求离婚，诉请女儿判由自己抚养，由小萍支付抚养费。他说，自己曾发现妻子与他人有不正当男女关系。一次吵架，妻子还说女儿不是他的，他当时提出要做亲子鉴定，但妻子没有同意。6 月 16 日，在没有经过妻子同意和法院许可的情况下，阿勇的亲戚委托了杭州的一家司法鉴定所，对阿勇与芳芳做了亲子鉴定。6 月 24 日，鉴定结果出来，排除了阿勇与芳芳的亲生血缘关系。2011 年 7 月 5 日，阿勇向法院变更和增加了诉讼请求，要求法院判决准予离婚，芳芳由小萍抚养，由小萍返还自己之前支付的抚养费 28 500 元，赔偿精神损害抚慰金 16 万元，支付鉴定费 3000 元，本案诉讼费由小萍承担。

［**法院审理和判决**］2011 年 7 月 11 日，仙居县人民法院公开开庭审理了此案，但小萍没有到庭应诉。法院经审理后推定阿勇与芳芳之间不存在亲子关系。阿勇提出离婚请求，法院予以支持，并判决女方返还给男方为芳芳垫付的抚养费 2 万元，芳芳随女方共同生活，女方另赔偿男方精神损害抚慰金 1 万元并支付鉴

---

* 袁定波：《浙江首例推定不存在亲子关系案》，https：//news.163.com/11/0906/07/7D8KT9OH00011229.html，访问日期：2013 年 1 月 13 日。

定费3000元。

（三）对案例7－6至案例7－10关于“推定亲子关系不存在”的总结

首先，让我们来看看推定亲子关系不存在的诉讼中的起诉证据。在这种诉讼中，原告一般为成年男性。原告起诉到法院时有两种情况：（1）原告向法院提供了亲子鉴定报告，证明他与子女之间不存在血缘关系。这些人一般在较长时间里，对妻子有怀疑，对他与子女之间的血缘关系有疑心，于是偷偷地带着不懂事的未成年的孩子到某些亲子鉴定中心进行检测。此外往往无其他确实的证据（见案例7－6、案例7－7、案例7－10）。笔者认为，原告起诉的原因主要基于情感，并不理性。（2）没有提供亲子鉴定报告，没有带孩子做亲子鉴定，而是基于血型不符合或专家咨询等不严格的证据。此外，这些人一般在较长时间里，对妻子有怀疑，对自己与子女之间的血缘关系有疑心（见案例7－8、案例7－9）。

其次，让我们对判决结果做一分析。在这类诉讼中，判决结果有着惊人的相似性。主要内容包括：一是离婚；二是解除男方对未成年子女及家庭的抚养义务；三是由女方单独抚养孩子，有的还要求女方支付精神损失费和其他经济损失等。可以说，女方付出了惨重的代价。这样的判决目前在我国还是存在的。这样的判决为何对女方如此冷酷，对孩子的未来鲜有考虑，却对男方照顾有加？这难道不是一种倒退？虽然伴随《民法典》的出台，最高人民法院于2020年12月29日发布了《最高人民法院关于适用〈中华人民共和国民法典〉婚姻家庭编的解释（一）》，但其中未有实质性变化。

（四）比较与小结

以上我们讨论了两类亲子关系诉讼——以争取抚养费用为目的之确认亲子关系存在的诉讼和以离婚和返还抚养费及其他经济损失为目的的要求亲子关系不存在的诉讼。前一类诉讼的特点是：法院均判决确认亲子关系存在，保护了未成年子女的利益，判决给付抚养费，具有积极意义。后一类诉讼的特点是：第一，法院均用推定的方式确认亲子关系不存在。第二，判决由母亲单独抚养，同时解除男方对孩子的抚养义务，从而制造了一个单亲家庭，不利于保护妇女和未成年子女的利益。这样的判决有什么积极意义呢？笔者的意见是，在这种诉讼中，原告的主要目的在于离婚，摆脱自己对子女的抚养义务。如果法院判决原告胜诉，直接以"感情破裂"为由判决离婚即可，不能将"无血缘关系"作为离婚的理由，也不要判决返还抚养费或抚育费、支付精神赔偿损失费等，因为判决无血缘关系会助长社会的封建意识，打击女方，不利于社会的进步。在包含返还抚养费或抚育费、支付精神赔偿损失费的判决结论中，意味着对女方的负面评价。

三、《婚姻法司法解释三》实施前后亲子关系推定的依据

（一）《婚姻法司法解释三》实施之前推定亲子关系不存在的依据

《婚姻法司法解释三》实施之前，在亲子关系诉讼中进行亲子推定的法律依据是《证据规定》（2002 年）第 75 条。《证据规定》（2002 年）第 75 条规定："有证据证明一方当事人持有证据无正当理由不提供，如果对方当事人主张该证据的内容不利于证

据持有人，可以推定该主张成立。”鉴于改革开放以来我国最高人民法院长期承担着很大一部分立法职能的实际情况，应该将该规定视为一个法律推定，而不是事实推定。在 2001 年到 2011 年这十年间，据考察，该规定在民事诉讼（不仅仅是亲子关系诉讼）中被广泛引用，容易导致说服责任和举证责任的转移，从而造成错判。让我们结合如下案件作出分析。

案例 7－11　李某与刘某离婚纠纷案*

［**案情简介**］2000 年底，李某与妻子刘某领了结婚证，当时他们已交往 5 年。6 个月后，刘某生下女儿。孩子生下后，李某越看越不像自己，并开始与妻子闹起别扭。一个坚持要带孩子去做亲子鉴定，一个坚决不让。从 2006 年六七月份起，李某正式与妻子刘某分居。当年年底，李某一纸离婚诉状递至南京市秦淮区人民法院，法院认为，李某与刘某感情基础应该是牢固的，况且还有个 5 岁的女儿要抚养，不能证明双方感情破裂。于是法院判决不准双方离婚。2007 年，李某再次将离婚诉状递至法院。李某主张女儿不是自己亲生的，要求进行 DNA 亲子鉴定，但遭到刘某一口拒绝。刘某既不同意女儿与丈夫李某进行 DNA 亲子鉴定，又没有提供其他的证据来证明女儿确实是她与李某所生，一审法院经审理推定：女儿不是李某亲生。据此，2008 年 7 月，法院判决准许李某与妻子刘某离婚。

［**案例分析**］

从表面上看，该推定的根据是：被告依法应承担举证不能的

---

* 秦少、冒群：《刚结婚 6 个月就意外当上爹》，https：//news. sina. com. cn/s/2009－02－04/074815109479s. shtml，访问日期：2013 年 1 月 9 日。

后果，因为原告要求作亲子鉴定，被告明确拒绝。被告对此不能作出合理解释，对原告主张的事实又没有提供证据予以反驳。实际上，该推定的根据是《证据规定》(2002 年）第 75 条的规定，即“有证据证明一方当事人持有证据无正当理由不提供，如果对方当事人主张该证据的内容不利于证据持有人，可以推定该主张成立”。仔细分析该规定，可以发现该规定包括两种事实即基础事实和推定事实。基础事实有二：（1）原告有证据证明被告持有（关于孩子身世的）证据无正当理由不提供；（2）原告主张该证据的内容不利于证据持有人（被告）。推定事实是：该（关于孩子身世的）证据，其内容不利于证据持有人（被告）。暗示这孩子是被告与原告之外的其他男人所生。可见，《证据规定》(2002 年）第 75 条确立了一个事实推定。据初步考察，该规定在民事诉讼中被广泛引用，造成了不小的混乱。让我们结合本案继续作出分析。

该规定最突出的问题是，它容易导致举证责任和说服责任的转移，造成错判。在本案中，原告请求与被告离婚，解除与小孩之间的父女关系，由被告单独负担孩子的抚养费。为了实现自己的请求，原告应该承担本案的举证责任（因为本案属于一般民事诉讼)。原告必须提出确实的证据，以证明孩子不是原告与被告婚姻期间的亲生女儿。

原告提出了两项证据：一是夫妻领了结婚证 6 个月后，被告刘某即生下女儿，且被告对此不能作出合理的解释；二是请求去作亲子鉴定，但被告拒绝作亲子鉴定。在这两个证据中，后一个证据并非真正的有力的证据，因为依据《最高人民法院关于人民法院在审判工作中能否采用人类白细胞抗原作亲子鉴定问题的批复》（已失效），亲子鉴定必须当事人自愿，任何人都不得强迫。据此，本案被告拒绝作亲子鉴定，完全合法；不能把被告拒绝作亲子鉴定看作一项不利于她本人（而利于原告）的证据。

令人惊讶的是，受案法院却反其道而行之，违反最高人民法院关于亲子鉴定必须自愿，不得强迫的有关规定，把被告拒绝作亲子鉴定看作一项不利于她本人（而利于原告）的证据。据此作出了小孩非原告亲生女儿的事实推定。接下来，法院作出了显然不利于被告的一审判决：原告李某与被告刘某离婚。

从举证责任的技术层面上说，该事实推定帮助原告摆脱了其理应承担的说服责任和举证责任。否则，仅依据原告所提出的证据（看起来是两项，其实只有一项），是根本无法完成其举证责任的。

从上面可以看到，受案法院撇开其他规定不管，单纯依据《证据规定》（2002 年）第 75 条的规定，作出了孩子“非原告亲生女儿”的事实推定。该推定除了违反《婚姻法》和具有落后性之外，[①] 还违反了举证责任的基本原则，将说服责任和举证责任转移到被告一方。这个案例基本能说明《证据规定》（2002 年）第 75 条在亲子关系诉讼中所起到的消极作用。

据考察，《婚姻法司法解释三》实施以前的几年中，我国离婚案件和亲子关系纠纷案件频发。在这些案件中，如果单纯适用《证据规定》（2002 年）第 75 条，则往往流于简单化，因为在这些案件中不仅涉及法律技术的应用，更需要法官们精通相关的法律政策，需要正确处理推定与政策的关系，否则，如果单纯适用

---

① 叶自强：《论推定的根据》，《河北法学》2009 年第 11 期，第 72 – 82 页。

《证据规定》（2002 年）第 75 条，则容易导致说服责任和举证责任的转移。其结果是造成举证责任的分担不公平，判决的社会影响也很不好。既然如此，在没有找到正确处理推定与政策的关系的良策之前，建议废弃该条款。实际上，更准确地说，在推定领域，很难总结出用以指导司法实践的一般性规则，例外的情况很多。拿推定与政策的关系来说，某一项推定总是出自某一项具体的政策（它是特定的而不是抽象的、泛泛的）。假如存在许多这样的具体的政策，那么这些政策之间难免出现矛盾。与此相对应的是，在这些政策之下所形成的具体的推定之间，也会出现矛盾。因此，在法律上或司法解释中，关于推定条款的规定，应当是具体的、有条件使用的，并规定严格的限制范围。

（二）《婚姻法司法解释三》实施以来推定亲子关系不存在的依据

2011 年 8 月 13 日《婚姻法司法解释三》被宣布实施。从此，我国各级法院在亲子关系推定中均适用该司法解释第 2 条的规定。据最高人民法院有关部门的说明，第 2 条规定正是基于《证据规定》（2002 年）第 75 条而制定的，是《证据规定》（2002 年）第 75 条的具体化。这可以理解为是最高人民法院从事司法精准化的一种积极尝试。但遗憾的是，由于立法者并没有认识到《证据规定》（2002 年）第 75 条的弊端，更谈不上及时予以纠正，故这些弊端自然被带入《婚姻法司法解释三》第 2 条。具体来说，《婚姻法司法解释三》第 2 条存在如下严重的问题：

第一，转移了举证责任，违反了举证责任的基本原则。在我国，亲子关系诉讼包括两种类型，即亲子关系的确认（即亲子关系存在）诉讼和亲子关系的否认（即亲子关系不存在）诉讼，它们都属于一般民事诉讼。在这种诉讼中，举证责任完全由原告方承担，被告不需要承担举证责任。但是，根据《婚姻法司法解释三》第2条，本由原告承担的举证责任却转移给了被告，从而违反了举证责任的一般原则，违反了举证责任的基本性质——确定性或不可转移性。

为什么说举证责任发生了转移？例如，按照《婚姻法司法解释三》第2条第1款规定，一边是要求“起诉请求确认亲子关系不存在”的原告方提供“必要证据”，另一边则是要求被告不得拒绝做亲子鉴定，否则就败诉（参见案例7－6至案例7－10，推定亲子关系不存在的判决）。表面上看，这样的安排对双方是平等的，也符合常理。但仔细分析就会发现，双方在举证方面是非常不平等的。对被告来说，必须提供相反证据，且不得拒绝做亲子鉴定，这要求被告提供实实在在的证据，且必须提供，具有强制性。而对于原告来说，只需要提供含糊其辞的所谓“必要证据”。然而，何谓必要证据？司法解释的制定者并未给出一个确切的答案，以致许多法官对什么是“必要证据”仍感到惘然无措。[①] 这说明了立法的准备工作的不足，缺乏精细的研究。但愿不要把应该明确界定的“必要证据”偷换成“莫须有证据”。因为在该司法解释颁布之前的亲子关系诉讼中，有的法官用的就是“莫须有证据”偏袒原告。

第二，由于将举证责任转移给被告承担，即把亲子关系诉讼

① 汪丹、郭威：《新婚姻法促亲子鉴定增4成，慎用“推定”规则》，http：//edu.qq.com.cn/a/20120306/000042.htm，访问日期：2013年1月9日。

的“一般民事诉讼”形态转变为一种特殊民事诉讼形态，使诉讼形态发生根本的改变。这就超越了最高人民法院自身的权限，是一种不该发生的轻率行为。哪些属于一般民事诉讼，哪些属于特殊民事诉讼，这个事项只能由全国人民代表大会在《民事诉讼法》中予以界定。此外，其他任何机构和个人都无权作出规定。

第三，转移举证责任的手法是什么？是推定。采用推定的方式转移举证责任，违反了举世公认的“推定不得转移举证责任”的基本原则，是不能够允许的。为什么《婚姻法司法解释三》第2条要用“推定”这个工具转移举证责任？因为这样做具有很深的隐蔽性，没有接受先进证据法学训练的人通常是无法轻易地察觉其致命缺陷的，而且这种转移符合所谓常理（即符合普通人通常的思维模式），容易被普通人所接受。另外，如果有人宣称要转换举证责任，一定会遭受一些人反对。因为十多年来，通过反复的宣传，不少法律界人士已经接受“举证责任不能转移”的观点。然而，不管怎样，推定这种工具是不能随意采用的。具有必要的证据法科学知识的人都应该懂得，“推定不得转移举证责任”是证据法科学准则之一，必须得到遵守。

第四，具有明显的强迫性。《婚姻法司法解释三》第2条第1款规定：“夫妻一方向人民法院起诉请求确认亲子关系不存在，并已提供必要证据予以证明，**另一方没有相反证据又拒绝做亲子鉴定的，人民法院可以推定请求确认亲子关系不存在一方的主张成立。**”请注意上面加粗字体明确表达了立法者的意志，即强迫被告作亲子鉴定，否则就会立即作出不利于被告的决定。这条规定改变了过去亲子鉴定由当事人自愿决定的做法，对被告是不公平的。

综上所述，鉴于《婚姻法司法解释三》第 2 条存在以上多种严重缺陷，笔者建议有关部门应重新加以检视，予以适当修改。[①]

四、“必要证据”与亲子关系推定的关系

在这一部分我们必须首先考察“必要证据”，因为根据《婚姻法司法解释三》第 2 条的规定，亲子关系推定与“必要证据”之间具有密切的联系，“必要证据”是作出亲子关系推定的前提条件。具体言之，在确认亲子关系不存在的诉讼中，如果原告（男方）提供了“必要证据”，被告（女方）没有相反证据又拒绝做亲子鉴定的，人民法院可以推定原告（确认亲子关系不存在一方）的主张成立。在确认亲子关系存在的诉讼中，如果原告（女方或其子女）提供了“必要证据”，被告（男方）没有相反证据又拒绝做亲子鉴定的，人民法院可以推定请求原告（确认亲子关系存在一方）的主张成立。

然而，在《婚姻法司法解释三》第 2 条中，所谓“必要证据”却是一个抽象的、模糊的概念，没有明确的标准。这也是到目前为止法院内部广泛存在的一种认识。在北京，《婚姻法司法解释三》施行半年以后，西城区人民法院已受理涉及亲子鉴定案件 23 件，比去年同期增长 43.7%。根据《婚姻法司法解释三》

① 最高人民法院发布的于 2021 年 1 月 1 日实施的《最高人民法院关于适用〈中华人民共和国民法典〉婚姻家庭编的解释（一）》，其中第 39 条几乎完整地承袭了《婚姻法司法解释三》的规定，当然也完全承袭了后者的缺陷，令人感到十分遗憾。建议有关部门组织相关专家重新研讨，提出改进对策。

第 2 条的规定，原告在起诉时可提供“必要证据”，以获得法院推定其主张成立。但由于“必要证据”的具体标准模糊，故应当对“必要证据”能达到的程度和标准进行具体界定。对缺席审理的案件，为保障原有的亲缘关系稳定，应要求申请鉴定方提供血型不合等直接证据，才能使用“推定”规则。另外，鉴于亲子鉴定是确认亲子关系的直接证据，更能令当事人服判息诉，法院应在使用“推定”规则前，向拒绝鉴定方释明其可能承担的不利后果并询问是否仍拒绝鉴定，再作出判决。① 2012 年 10 月 12 日，上海市律师协会民事业务研究委员会主办了《婚姻法司法解释三》实施一周年热点问题研究与实务研讨会。来自上海市的法官、专家、学者和律师同聚一堂，就《婚姻法司法解释三》的适用与热点问题进行了研讨。关于《婚姻法司法解释三》第 2 条所规定的亲子鉴定的推定原则，其中提到了一方当事人要提供必要证据，但何为“必要证据”是法院审理工作的难点。吴薇法官客观地指出，目前对于何为“必要证据”法院没有标准可以参照，并且要平衡孩子的生父母以及孩子本身的权益，所以较难适用。但是目前所能达成的共识是，在涉及未成年子女权益的情况下，推定尤其是推定子女与父母关系不存在的，应当非常谨慎的适用。②

与立法上“必要证据”之模糊性和不明确性形成鲜明对比的是，审判实践中的“必要证据”是明确的、毫不含糊的。从

---

① 汪丹、郭威：《新婚姻法促亲子鉴定增 4 成，慎用“推定”规则》，http：//edu. qq. com. cn/a/20120306/000042. htm，访问日期：2013 年 1 月 9 日。

② 上海律协民事业务研究委员会：《〈婚姻法司法解释三〉实施一周年热点问题研究与实务研讨会综述》，http：//www. lawyers. org. cn/info/bb89dcc8e01c4d90bab1b9b9b279a478，访问日期：2013 年 1 月 13 日。

一些案例可以看出，所谓“必要证据”是指亲子鉴定报告，如上述案例7－6、案例7－7和案例7－10。在某些案例中，亲子鉴定报告甚至是原告所提供的唯一证据，此外并没有其他证据。那么，这个“必要证据”是通过什么方式得到的呢？在原告（男方）要求确认亲子关系不存在的诉讼中，例如，案例7－6“赵先生诉张女士离婚纠纷案”中，有人提醒赵某女儿不像他，赵某不由得生起疑心。为了搞清楚事实，他瞒着妻子，偷偷地抽取了小女儿的血样，带到了上海某鉴定中心进行了鉴定。在案例7－7“夏某与胡某离婚纠纷案”中，夏某在没有告知胡某的情况下，自行委托湖南省天衡司法鉴定所，对自己与夏某皓之间有无亲生血缘关系进行了鉴定。在案例7－10“阿勇与小萍离婚纠纷案”中，在没有经过妻子同意和法院许可的情况下，阿勇的亲戚委托了杭州的一家司法鉴定所，对阿勇与芳芳做了亲子鉴定。可见，在亲子关系鉴定的整个过程中，只有作为原告的男方知道，而妻子始终被瞒着。亲子鉴定的整个过程始终笼罩着一股神秘的气氛。

从上述案例中，我们无法确切得知原告（男方）是如何得到亲子鉴定报告的，就是说，亲子鉴定报告是由什么单位作出的，它们有没有合法的从业资质？它们是通过何种程序作出的？亲子鉴定报告的科学性、客观性有多大？这些问题无法获得答案。但是我们通过更加细致地考察之后发现，这个过程十分令人忧虑，十分不可靠。

首先，受理亲子鉴定的机构有许多缺乏应有的资质。有的鉴定机构是通过虚假宣传而获得不明真相的人的认可。上海市司法局司法鉴定管理处处长指出，一些亲子鉴定机构说它们是由司法部认可的，这是明显的虚假宣传。根据国家规定，现在司法鉴定的审核批准都是在各省（市），因此在上海的亲子鉴定机构其许可证都是由上海市司法局颁发的，不可能由司法部认可，这些亲子鉴定机构的说法存在明显的常识性差错。①

其次，送检材料的传递过程十分随意，缺乏严格的监控，因此存在检验材料被污染的可能性。亲子鉴定是一件严肃的事情，按照规定，不但鉴定机构要有司法鉴定许可证，而且从事鉴定的人员必须持有执业证书。亲子鉴定的采样也有严格的规定，如果是司法鉴定就必须确认双方当事人身份后才能采样鉴定。即使是非司法鉴定，也要填写申请书等表格，一般情况不上门采集，除非是瘫痪在床等特殊情况。② 但是在亲子鉴定市场，却存在随意采样的现象。一位记者曾经就此问题采访深圳某鉴定机构工作人员，后者回答："就是那种带有毛囊的头发就可以，竖直拔起来，头发的根部会有一个白色的小点。拔起 3 到 4 根，放到白纸上，晾干几分钟，然后再把它包起来。样本可以邮寄。口腔试纸的话，在口腔腮部刮 5 下，然后需要 5 个棉签。取了之后，放在常温下自然干燥之后，再用纸把它包好。"③ 如此简单的取样，能保证最后结果的准确吗？记者就此专门采访了某省人民医院医学遗传研究所所长。该所长说："这个很容易误差，我取个头发或

---

① 王凤梅：《亲子鉴定后孩子精神崩溃》，https://news.sina.com.cn/c/2006-11-19/120710540938s.shtml，访问日期：2013 年 1 月 9 日。熊志：《亲子鉴定弄虚作假，鉴定机构为何敢顶风作案》，https://guancha.gmw.cn/2020-12/22/content_34484744.htm，访问日期：2013 年 1 月 9 日。

② 同上。

③《记者调查：亲子鉴定热的冷思考》，http://www.hnr.cn/broadcast/fm954/xw657/201209/t20120911_190526.html，访问日期：2013 年 1 月 14 日。

者唾液斑，理论上讲绝对可以，但是这个取的过程中一定要严格注意，不要被污染了。比方说头发，你取别人的三根头发，那自己说话的时候唾液细胞喷到头发上了，这个唾液细胞，DNA 鉴定特别灵敏，所以说你用这些标本的时候，最关键的就是一定要注意，要不就容易导致这个结果的误差，那就做错了。”① 据了解，目前很多的所谓鉴定机构其实根本没有相关资质，甚至没有专业实验室和设备，也没有技术人员，有的就干脆开在居民区里。更有甚者，样本拿到手后，根本不进行鉴定，直接在报告上填写“样本一致”的结果，就送到委托人手里。② 南京东南司法鉴定中心主任说，从技术本身来看，这样的传递过程我们认为它有被污染的可能性，同时，这样的传递过程发生的不仅是污染，还可能发生样本的交错、损失，甚至丢失。该中心主任还介绍，正规机构开展亲子鉴定主要有两种：一种是通过机构委托，由公检法等部门出具委托书，当事人带身份证前来检测；另一种则是家庭内部协商同意，夫妻双方及孩子带上身份证、出生证到现场进行样本采集，管理要求都十分严格。③

实践一再证明，那些无证机构的鉴定结论往往是错误的。例如，王亮（化名）是一家公司老板。2007 年 9 月，因为遗产分割问题，他决定与儿子做一个亲子鉴定，并坚持要找一家匿名鉴定的机构。通过百度搜索，王亮找到某亲子鉴定中心，发现该中

① 《记者调查：亲子鉴定热的冷思考》，http：//www. hnr. cn/broadcast/fm954/xw657/201209/t20120911_ 190526. html，访问日期：2013 年 1 月 14 日。

② 同上。

③ 杨超：《亲子鉴定机构鱼龙混杂　两次鉴定结果不一坑钱又坑爹》，http：//china. cnr. cn/xwwgf/201208/t20120831_ 510806765. shtml，访问日期：2013 年 1 月 13 日。

心宣传其鉴定的准确率高达 99.9999%，并提供上门采集血样、匿名鉴定等便利服务。该中心还宣称获得了国家权威部门认可，实验室为国际一流水平，并在网页上出示了众多权威部门的证书。王亮与对方联系后，一拍即合，当即支付了 2000 元鉴定费。9 月上旬，王亮对上小学的儿子谎称要为他做体检，需要抽点血进行化验，随后就请亲子鉴定中心的工作人员到他指定的地方为他们采集了血样。一个星期后，该中心电话通知王亮："儿子是你亲生的。"王亮觉得亲子鉴定是件非常严肃的事，怎么连书面鉴定报告都没有呢？该中心解释说，他申请的是非司法鉴定，所以没有书面报告，仅口头通知。经过再三交涉，对方终于拿出一份书面报告，可没公章。通过咨询后，王亮才知道该亲子鉴定中心是一家未经认可的机构。此后，王亮决定在权威机构鉴定，最终发现无证机构的鉴定结论是错误的。①

从上面的叙述可以看出，原告在起诉时所提供的亲子鉴定报告，在证据的科学性、客观性方面均存在明显的疑点，具有非法证据的嫌疑，有不少是应当通过法庭严格排除的。根据民事诉讼的举证责任分配原则，原告在离婚纠纷案或亲子纠纷案中应当承担举证责任。如果原告仅凭借这类存在疑点的不可靠的证据就能起诉的话，他们不但不可能获得胜诉的判决，还要受到提供伪证的处罚。可是在审判实践中，这类存在疑点的不可靠的证据已经通过或者正在通过法庭的审查，并证明原告已经完成其举证责

① 王凤梅：《亲子鉴定后孩子精神崩溃》，https：//news. sina. com. cn/c/2006 - 11 - 19/120710540938s. shtml，访问日期：2013 年 1 月 9 日。熊志：《亲子鉴定弄虚作假，鉴定机构为何敢顶风作案》，https：//guancha. gmw. cn/2020 - 12/22/content_34484744. htm，访问日期：2013 年 1 月 9 日。

任。这些事实说明一些审判机关对“必要证据”的具体要求是不清晰的，因此缺乏严格的审查措施，放纵了一些不合格的亲子鉴定报告，需要大力改进。

由于对“必要证据”的要求标准过低，使得不合格的亲子鉴定报告蒙混过关，实际上减轻了原告的举证责任，却反过来加重了被告的举证责任，这对被告是显失公平的。笔者认为，这种涉及婚姻家庭、亲子关系的诉讼必须非常严格地对待。对起诉初期原告单方所提出的亲子鉴定报告，必须进行开庭审查，要求鉴定人到场回答法官和对方当事人的问题，允许被告进行反驳。如果原告不能完成举证责任，即应当驳回起诉，以保护妇女和未成年人的合法权益。

以上我们考察了“必要证据”与亲子关系推定之间的因果关系以及它的立法形态和司法形态，懂得了在亲子关系推定中，“必要证据”所担负的关键角色。首先，如果“必要证据”并不可靠和确实（不科学、失真），而亲子关系推定也硬要做下去（对被告不利），那么被告就会蒙冤受屈。为了避免出现这种情况，我们必须就所谓“必要证据”的具体标准进行仔细完善。其次，《婚姻法司法解释三》第2条中存在“一手硬”与“一手软”的问题。一方面，对“必要证据”要求不严（规定得十分模糊）；另一方面，实行强制亲子关系推定（规定得十分明确），人为地制造了诉讼的不公平。这应当立即予以纠正，建议尽快出台新的关于“必要证据”的司法解释，消除“一手硬”与“一手软”的弊端，以维护诉讼公平。

五、许可什么，禁止什么

第一，可以肯定的是，我国目前亲子关系诉讼可分为两种形态：一种是以争取抚养费为目的的亲子关系确认诉讼，另一种是以离婚和解脱抚养义务为目的的否认亲子关系的诉讼。与此相对应的是存在两种推定，即亲子关系存在的推定和亲子关系不存在的推定。

第二，上述推定，不论是哪一种，它们都违反了举证责任基本原则，使本该由原告承担的举证责任转移到被告身上；同时，它们也违反了“推定不能转移举证责任”的原则，造成了不利于被告的不公平的局面。因此，从尊重证据科学这个原则出发，在亲子关系的诉讼中，是不能进行推定的。

第三，从前文所述的一些判例来看，上述两种推定所产生的社会效果是很不相同的。在以争取抚养费为目的的亲子关系确认诉讼中，确立亲子关系存在的推定，有利于保护未成年人及其母亲的经济利益（如案例 7－1 至案例 7－5）。相反，在以离婚和解脱抚养义务为目的的否认亲子关系的诉讼中，确立亲子关系不存在的推定，则很不利于保护未成年人的经济利益，反倒会造成加重其母亲的经济负担等严重后果（如案例 7－6 至案例 7－10）。在这种情况下，我们能不能采取简单化的做法，笼统地搞“一刀切”，把这两种推定都予以禁止？这恐怕不能一概而论。

由于亲子关系不存在的推定是在违反法律原则的情况下确立（即构成违法推定）并实施的，产生了不良的社会效果，这种推定既缺乏存在的根据，也没有存在的意义。但是亲子关系存在的推定虽然也是在违反法律原则的情况下确立并实施的，却产生了良好的社会效果，这种推定显然有存在的意义，虽然它并没有存在的合法依据。那么，我们可否设想在保留其积极意义的前提下，通过正确的法律技术手段，使其具有合法性呢？

也许这种想法会被指责为实用主义。笔者本意并非如此。客观地说，由于我们目前对推定的知识比较欠缺，依法科学地创制推定规则还具有很高的难度。这一方面给我们提出了进一步努力学习的艰巨任务，另一方面也很难避免“摸着石头过河”的现象。《婚姻法司法解释三》第 2 条的规定无疑欠缺立法的严格科学依据，然而我们从中却意外发现了在以争取抚养费为目的的诉讼中，确立亲子关系存在的推定，有利于保护未成年人的经济利益，减轻其母亲的经济压力。这是经过科学的批判分析之后的意外发现。如果我们在法律技术上对它作出适当处理，对发展正确的推定规则、对保护妇女和未成年人的进步事业是能够作出有益贡献的。假如无视这一事实而弃之，实在可惜。

第四，合理运用法律技术消除冲突。对于请求确认亲子关系存在的诉讼，保留适用亲子关系推定，其前提是消除亲子关系推定违反举证责任基本原则和“推定不能转移举证责任”的原则的严重问题。建议在《证据规定》（2002 年）第 4 条第 1 款增加第 9 项，把“请求确认亲子关系存在的诉讼”作为一种特殊民事诉讼。这样才能避免亲子关系推定与举证责任基本原则之间的冲突，避免发生亲子关系推定转移举证责任的现象，同时也能产生良好的社会效果。

顺便需要指出的是，《婚姻法司法解释三》第 2 条，正是基于《证据规定》（2002 年）第 75 条而制定的，是《证据规定》（2002 年）第 75 条在离婚案件和亲子关系纠纷案中的具体化。

由于立法者可能并没有认识到《证据规定》（2002 年）第 75 条的弊端，故这些弊端自然被带入其中，导致了《证据规定》（2002 年）第 75 条的简单适用，导致了说服责任和举证责任的转移，造成举证责任的分担不公平，判决的社会影响不好。在未找到正确处理推定与政策的关系的良策前，建议废弃该条款。

最后是作出抉择的时候了。笔者认为，对于《婚姻法司法解释三》第 2 条的亲子关系推定，不应笼统使用，应部分禁止。就是说，对于请求确认亲子关系不存在的诉讼，要禁止适用亲子关系不存在的推定；同时，对于请求确认亲子关系存在的诉讼，应当适用亲子关系存在的推定，但要运用适当的法律技术作出修改，以消除其与举证责任规则的冲突。

第八章

法定的因果关系推定与举证责任倒置的关系

——评浙江省平湖市某养殖场与五家企业之间的环境污染损害赔偿纠纷案

一、案情简介*

浙江省平湖市师范农场特种养殖场（以下简称养殖场）位于平湖市钟埭镇西，原属校办企业，1991 年 4 月，经批准成立独立法人企业。同年，该养殖场建成 1 万平方米的养蛙场，并申领了河道取水证，开始了该场经两年试养成功的美国青蛙的养殖与育种。至 1993 年春，该养殖场被中国特种经济动植物协会定为全国美国青蛙育种基地，面向全国供种，当年获养蛙净利润 25 万元。

但是，从 1993 年冬季开始，该养殖场发现，取水河道被工业废水污染，而且，污染状况越来越严重。后经嘉兴市环境保护局监测查明：该养殖场取水河道的污染物来自位于取水河道上游

* 杨素娟：《“举证责任倒置”与“因果关系推定”》，《中国环境报》2002 年 6 月 14 日第 3 版。

的嘉兴市步云染化厂、步云染料厂、步云化工厂、向阳化工厂和高联丝绸印染厂（以下简称五家企业），该五家企业将含有有毒有害物质的染化废水不经处理，直排河道，特别是 1993 年和 1994 年的染化废水均比上年增加 1 万吨，致使下游 7 个乡约 135 平方公里的水域受到污染，水质由我国《地面水环境质量标准》（GB 3838—88）中的Ⅱ～Ⅲ类下降为Ⅴ类；其中，约 53 平方千米水域受到严重污染，水质远远劣于Ⅴ类。因此，该重污染区域内的河道水体，已因色度和化学需氧量严重超标而丧失了工业用水、养殖用水和村民生活用水的功能，并对农田灌溉用水构成威胁。

1994 年春，处于严重污染水域内的养殖场与其他受害人，开始四处上访，数十次地向有关部门反映情况，强烈要求五家企业尽快治理，停止肆意排放。但是，由于五家企业一直没有停止污染排放行为，1994 年 4 月，养殖场存育的美国青蛙蝌蚪和正在变形的幼蛙（计 270 多万尾）开始出现死亡，同年 7～8 月大量死亡，至同年 9 月，几乎全部死亡。按当时的市场价计算，养殖场因此而遭受的直接经济损失为 48.3 万元。事后，司法部司法鉴定科学技术研究所在其针对本事件所作的微量物证鉴定中表明，养殖场饲养的蝌蚪死亡与五家企业排放的废水造成附近水域水质污染有直接的不可推卸的因果关系。

鉴于此，1995 年 4 月，嘉兴市环境保护局对五家企业的超标排污行为作出各罚款 5000 元的行政处罚决定，同时，试图对养殖场与五家企业之间的环境污染损害赔偿纠纷进行协调。但是，最终仅就“五家企业在污水排放未达标以前，应补给养殖场 6 万元，用于 1995 年生产自救用水费”达成调解，却未能解决养殖场1994年的污染损害赔偿问题。

1995年12月，养殖场以五家企业为被告，向平湖市人民法院提起民事诉讼，请求判令被告赔偿养殖场经济损失48.3万元，并排除污染危害，停止侵权。

二、法院审理和判决*

1997年7月27日，平湖市人民法院作出一审判决。认为：被告（五家企业）在生产过程中所产生的废水严重超标，并直排或渗入河道，污染水域；原告（养殖场）所饲养的青蛙蝌蚪和正在变形的幼蛙确定死亡，造成经济损失，这些均是事实。但现有证据不能证实青蛙蝌蚪和正在变形的幼蛙死于水污染，故无法确定原告损害事实与被告污染环境行为之间存在必然的因果关系。据此，驳回原告的诉讼请求。

原告（养殖场）对此判决不服，遂向平湖市人民检察院提出申诉。1998年6月30日，嘉兴市人民检察院在平湖市人民检察院的提请下，就本案向嘉兴市中级人民法院提起抗诉。

1998年10月20日，嘉兴市中级人民法院作出终审判决。认为：本案是原告主张水污染致害责任的赔偿权利，水污染致害责任属于特殊侵权责任，在举证责任上虽适用举证责任倒置原则，但举证责任倒置只是在证明过错责任问题上的倒置，有关有污染水域的违法行为及水污染造成青蛙蝌蚪和正在变形的幼蛙死亡的损害事实的证据，须由原审原告举证。关于原审被告超标违法排

---

* 杨素娟：《“举证责任倒置”与“因果关系推定”》，《中国环境报》2002年6月14日第3版。

污的行为，原审原告已充分举证证实，而构成水污染致害责任前提条件的损害事实，即青蛙蝌蚪和正在变形的幼蛙的死因及青蛙蝌蚪和正在变形的幼蛙体内含致死物质化学成分与原审被告排放的污水所含成分相符的鉴定结论，原审原告不能举证……故，本案因青蛙蝌蚪和正在变形的幼蛙死因不明，死亡的数量不清，无法判定被告的违法行为与养殖场主张的损害事实之间存在必然的因果关系，抗诉理由不能成立。据此，驳回抗诉，维持原判。

2001 年 3 月 10 日，浙江省人民检察院以本案终审判决“在认定事实和适用法律上存在错误”为由，提出抗诉。浙江省高级人民法院受理后，对本案进行了再审。2001 年 5 月 31 日，浙江省高级人民法院作出再审判决。认为：因养殖场没有对死亡青蛙蝌蚪和正在变形的幼蛙进行科学鉴定，故其死因不明。养殖场申诉理由和浙江省检察院抗诉理由均主张，对于环境污染侵权纠纷的因果关系判断应适用因果关系推定原则和举证责任倒置原则。因果关系推定原则与举证责任倒置原则是世界各国处理环境污染侵权案件中普遍适用的原则，本着公平正义的法律精神，应予以认可。法院根据因果关系推定原则，认为受损人需举证证明被告的污染（特定物质）排放的事实及自身因该物质遭受损害的事实，且在一般情况下这类污染环境的行为能够造成这种损害。本案养殖场所举证据虽然可以证实被告的污染环境行为和可能引起渔业损害两个事实，但由于养殖场所养殖青蛙蝌蚪和正在变形的幼蛙的死因不明，因而不能证明青蛙蝌蚪和正在变形的幼蛙之死系被何特定物质所致，故养殖场所举证据未能达到适用因果关系推定的前提。由于养殖场据以推定的损害原因不明、证据有限，其所主张的因果关系推定不能成立，其遭受的损害无法认定为系被告引起，故要求被告承担侵权损害赔偿责任依据不足。据此，浙江省高级人民法院作出了维持原判的终审判决。

三、杨文对案件的评析*

本案系原告养殖场诉被告五家企业污染其养殖场水源，造成养殖青蛙蝌蚪和正在变形的幼蛙损失而引起的环境损害赔偿案，历经基层、中级、高级人民法院审理，均否定了原告的诉讼请求。笔者认为，本案具有典型性，其涉及两个焦点问题：其一，如何适用举证责任倒置；其二，何谓因果关系推定，这是环境民事审判普遍涉及的关键问题。现特对本案各级人民法院的判决，作如下评析。

（一）环境民事诉讼中的举证责任倒置及适用

传统民事诉讼制度中，因侵权行为而提起损害赔偿诉讼的被害人，应当就加害人具有故意或过失、加害行为违法、被害人受到损害、违法行为与损害后果之间存在因果关系（构成侵权行为的四要件）承担举证责任（亦称证明责任）。而所谓“举证责任”的实质含义是指，在上述要件事实真伪不明的情况下，由主张该事实成立的一方当事人（侵权行为的被害人）承担诉讼上不利于自己结果的风险。

但是，近现代社会中大量出现的环境侵权纠纷，多数情况下，是因企事业单位的生产行为导致环境污染、环境破坏而引发

---

* 杨文即指杨素娟：《“举证责任倒置”与“因果关系推定”》，《中国环境报》2002年6月14日第3版。以下简称杨文。

的，因此，环境侵权双方当事人之间不具有传统民事侵权双方当事人之间的平等性和互换性，存在强弱之差，而且，环境纠纷的内容也异常复杂和特别专业技术化。故此，当环境被害人在基于环境侵权而寻求损害赔偿时，如果仍然适用传统民事侵权法，就要求环境被害人必须科学地、严密地证明：从被认为是造成环境污染原因的工厂等排放出了造成环境污染的物质，并且，该物质是对受害者产生影响并致使其发生损害的原因。然而，查明环境污染原因，需要高度的科学知识和大规模的科学调查，要求在科学知识上处于弱势地位的受害人承担该查明责任，实际上是极其困难，甚至是不可能的。在这种情况下，环境被害人的司法救济权将无从实现。因此，为有效地保护环境，维护污染受害人的合法权益，伸张正义，衡平当事人之间负担证明的公平性，多数国家（如美国、日本）在环境基本法及相关法律中都规定，环境侵权民事诉讼不但应适用无过错责任原则，即不把加害人主观过错和行为违法性作为承担环境民事责任的构成要件，更重要的是，适用部分举证责任倒置原则，即只要求被害人对自己遭受损害的事实以及加害人向环境中排放污染物的事实承担证明责任，而将加害行为与被害损失之间不具有因果关系的证明责任转由被害人承担。也就是说，除非加害人能够证明自己的排污行为具有法律规定的免责事由，或者排污行为与被害人损害事实之间不存在因果关系，否则，加害人就应当对被害人的损失承担赔偿责任。

我国有关法律均对承担环境民事责任适用无过错责任原则作出了规定，例如，《水污染防治法》（1996 年）（已失效）第 55 条规定“造成水污染危害的单位，有责任排除危害，并对直接受到损失的单位或个人赔偿损失”，这里明确表明，对他人因水污染而遭受损失的赔偿责任，并不以污染者具有主观过错为要件。但是，由于我国民事诉讼证据制度尚待完善，《民事诉讼法》（1991 年）未对证明责任以及证明责任分配原则作出严谨而周密的规定，亦更未触及环境侵权等特殊民事诉讼中如何承担证明责任问题。然而，为正确适用《民事诉讼法》，结合司法审判的经验和需要，1992 年最高人民法院制定了《民事诉讼若干意见》（1992 年），针对环境等特殊民事诉讼的举证责任分配原则，该若干意见第 74 条规定，因环境污染引起的损害赔偿诉讼，对原告提出的侵权事实，被告否认的，由被告负举证责任。我们据此认为，我国已确立环境民事诉讼中的被告（加害人）承担举证责任制度。具有代表性的普遍解释是，这里的“侵权事实”应作“加害行为与损害之间有因果关系的事实（因果关系事实）”之理解，才是符合该司法解释的目的与宗旨的。同时，我们也看到，由于该条规定不够严谨，使用了“侵权事实”这一模糊用语，使得司法实践中出现了不同程度的错误适用。

本案一审，平湖市人民法院完全违背了举证责任倒置原则，要求养殖场（被害人）证明养殖场的损害事实与五家企业的污染行为具有因果关系。

本案终审，嘉兴市中级人民法院则错误地认为，“举证责任倒置只是在证明过错责任问题上的倒置”。进而要求原告就“有关有污染水域的违法行为及水污染造成青蛙蝌蚪和正在变形的幼蛙死亡的损害事实”承担证明责任。既违反了《水污染防治法》有关无过错责任原则的规定，又背离了设立举证责任倒置原则的目的，要求养殖场提供“青蛙蝌蚪的死因及青蛙蝌蚪体内含致死物质化学成分与原审五被告排放的污水所含成分相符的鉴定结论”，就是要求原告就污染事实与损害之间的因果关系承担证明责任。

本案再审，浙江省高级人民法院虽然提出“因果关系推定原则与举证责任倒置原则是世界各国处理环境污染侵权案件中普遍适用的原则，本着公平正义的法律精神，应予以认可”，也肯定养殖场证实了五被告的污染环境行为及可能引起渔业损害两个事实，但仍以蝌蚪死因不明为理由，认定养殖场所举证据未达到适用因果关系推理的前提。实际上仍坚持让原告（养殖场）承担证明污染行为与损害事实之间存在因果关系的证明责任。

笔者认为，本案应由被告（五家企业）承担“排污行为与原告损害事实之间没有因果关系”的证明责任，即针对原告提出“因被告排放的染化废水中所含色度与化学需氧量严重超标，导致原告唯一合法取水河道水体中生物必需的溶解氧消耗到国家《渔业水质标准》（GB 11607—89）中规定的‘连续 24h 中，16h 以上必须大于 5mg/L，其余任何时候不得低于 3mg/L，对于鲑科鱼类栖息水域冰封期其余任何时候不得低于 4mg/L’以下的标准，因此，使生活在该水体中的美国青蛙蝌蚪和正在变形的幼蛙因缺氧而窒息死亡”的观点和证据，被告应对“自己未向河道水体排放污水，以及所排工业废水所含色度与化学需氧量不能导致利用该水体养殖的美国青蛙蝌蚪和正在变形的幼蛙因缺氧而窒息死亡”进行充分的证明。因被告（五家企业）排放染化工业废水污染河道的事实已得到法院的认定，而被告（五家企业）又没有证据证明“所排工业废水不能导致利用该水体养殖的美国青蛙蝌蚪和正在变形的幼蛙因缺氧而窒息死亡”，所以应认定被告（五家企业）的排污行为是导致原告（养殖场）养殖青蛙蝌蚪和正在变形的幼蛙死亡的原因行为，即被告排污行为与原告损害事实之间存在因果关系，从而判决被告应承担原告所受 48.3 万元经济损失的赔偿责任。

最后，值得一提的是，《证据规定》（2002 年）第 4 条第 1 款第 3 项明确规定“因环境污染引起的损害赔偿诉讼，由加害人就法律规定的免责事由及其行为与损害结果之间不存在因果关系承担举证责任”，克服了《民事诉讼若干意见》（1992 年）第 74 条规定的模糊性，并且，依据《证据规定》（2002 年）第 2 条第 2 款对举证责任后果的规定，“没有证据或者证据不足以证明当事人的事实主张的，由负有举证责任的当事人承担不利后果”。因此，笔者期待，今后的环境民事诉讼审判将沿着正确适用举证责任倒置原则的轨迹而行。

（二）环境民事诉讼中的“因果关系推定”

如前所述，因环境侵权行为造成的被害人损害赔偿请求与一般民事侵权行为造成的被害人损害赔偿请求一样，都须以因果关系存在为要件，即为了请求得到基于环境侵权而产生的被害人的损害赔偿，被告的行为和被害人的损害之间必须存在前因后果的联系。根据我国民事法律规定，追究民事责任时的因果关系，必须具有客观性和必然性。但是，在环境民事诉讼中，把因果关系作自然科学上的证明是极其困难的。因为环境侵权行为并非直接作用于受害人或其财产，而是首先作用于“环境”，然后再通过“环境”作用于受害人或其财产，即在环境侵权行为与损害结果之间存在“中间介质”，同时，由于在一定经济技术条件下，人类对很多污染物的性质、迁移转换规律、毒理、累积效果等的认识还存在盲区和认识上的分歧，对污染物作用的认识存在滞后性，况且许多污染损害又是多因子的复合效应，所以在这种情况下，如果要求对因果关系进行严格的证明，很可能陷入科学论证的泥沼之中，无疑将拖延案件的审理，难以实现对污染受害人利益的及时救助。

针对因果关系的认定困难，德国《环境法》第 47 条规定，根据“从业过程，使用设备，投入，排出物质的种类、浓度，气象学的诸元素，损害发生的时期、场所，损害的样态，个别事例中看上去对损害发生具有积极、消极作用的其他全部的状况”，在因果关系的适当性，即在因果关系存在的必然性被认可、被证明的情况下，能够推定因果关系的存在。而日本，则在公害诉讼的司法实践中，创设出了“疫学因果关系法”“间接反证法”等“因果关系推定”的证明方法。因“疫学因果关系法”的适用范围仅限于已发生疾病的公害损害赔偿事件，所以可适用于所有环境侵权诉讼的“间接反证法”更具研究价值。在日本，首采“间接反证法”是 1971 年 9 月新潟地方裁判所作出的新潟水俣病第一次诉讼事件判决，该判决认为：“在公害案件中，例如，因化学工业在其企业活动过程中排放化学物质引起多数居民患病的‘化学公害’案件中所发生的争议，涉及高度的自然科学知识。由此，要求被害人对因果关系的环节一个一个地加以严格地科学解释和证明，无异于完全封闭了以民事审判方式救济被害人的途径。所以，在上述情况下，判断因果关系是否存在，通常只考虑如下几个问题：（A）被害疾病之特性及其原因（病因）物质；（B）原因物质到达被害人或被害地的途径（污染途径）；（C）加害企业原因物质之排放（从产生到排放的装置）。……对上述

（A）和（B）的事实，依据情况、证据的积聚，如果能够就因果关系的科学关联作出没有矛盾的说明，就应当解释为已经证明法律因果关系的存在。如果上述（A）（B）的举证已经完成，就污染源的追寻而言，显然已经到达企业的门口，因此，毋宁说，如果企业方面不能证明自己的工厂与污染源无关，即应认为原告已经尽了法律上因果关系的证明，对（C）的存在作事实上的推定。”①

因果关系推定的证明方法被认为是适合于环境污染本质的正确见解，得到了日本法学界在理论上的进一步完善化论证。例如，从保持新潟水俣病判决的思考模式同时又扩大其适用范围的角度出发，淡路刚久教授认为，可将公害因果关系的要件事实分解为三部分：第一，损害发生的原因物质及其装置（病因或原因）；第二，原因物质到达受害人或受害人所在地的经过路程（污染路程）；第三，污染企业内原因物质的生成以及排放。在诉讼中，原告只要能证明三个要件事实中的任何两者，例如，能证明第一和第二、第三和第一等，即应推定所剩的另一要件事实是存在的，故可就此对污染事件的因果关系作出决断。

目前，虽然我国环境法律法规尚未对因果关系推定作出明确规定，但是为了环境纠纷的公正解决和环境损害的及时救济，在我国环境纠纷处理的司法实践中，一些法院考虑到了这一问题，并在一定程度上采用了这一方法。

针对本案，笔者认为，在浙江省高级人民法院明确提出应适

---

① 转引自杨素娟：《“举证责任倒置”与“因果关系推定”》，《中国环境报》2002年6月14日第3版。

用因果关系推定原则的情况下，因本案原告已就被告五家企业施行了向原告养殖场取水河道排放污水的行为，原告将含有染化废水的河道水通过合法取水引入养蛙场，并且，染化废水的超标排放可导致该水体中的生物因缺氧而窒息死亡等进行了充分证明，所以就是说明本案已经具备适用因果关系推定的前提条件，在五家企业没有充分证据证明其所排放的污染物对养殖业具有无害性的情况下，应推定被告污染河道水体的行为与原告养殖青蛙蝌蚪和正在变形的幼蛙死亡所遭损害事实之间具有因果关系，进而判定被告应当承担环境侵权的赔偿责任。

综上所述，笔者认为，本案审理中，各级人民法院虽对举证责任倒置与因果关系推定原则有不同的理解，但均是程度不同的错误适用，最终仍是将应由加害人（五家企业）承担证明责任的“因果关系之证明”强加给了环境受害人（养殖场）方面，并始终没有适用因果关系推定原则进行环境损害赔偿责任的认定，因此，本案审判显存不当。

四、笔者的分析与建议

（一）在举证责任分层理论的指导下，将举证责任分为提供证据责任和说服责任，严格规定各自的含义

从最高人民法院制定的《民事诉讼若干意见》（1992 年）第 74 条本身来看，它会引起不同的观点。

第一种观点是，“由被告负举证责任”，是指把举证责任倒置，由被告承担。正如杨文所指出的那样，在这种情况下，“举证责任”是十分严重的责任，叫风险责任。在缺乏法律的明确规定的情况下，理论上不允许对“举证责任”扩大解释。本案中，

各级涉案法院也没有进行扩大解释。我认为，法院遵从了举证责任的法定原则，做的完全正确，无可指责。相反，如果在缺乏法律的明确规定的情况下，理论上不允许扩大解释，而法院作出了扩大解释，那么法院就违背了举证责任的法定原则，违背了一个法律看护者的义务和职责。

第二种观点是，“由被告负举证责任”，是指提供证据的责任。从本案各级法院的判决来看，法院显然赞成这种观点。在当时《民事诉讼若干意见》（1992 年）第 74 条没有明确规定举证责任倒置的情况下，法院采取限缩解释，将“由被告负举证责任”中的“举证责任”限制在仅指“提供证据的责任”，一方面符合举证责任的法定原则，是完全正确的做法，另一方面符合科学的法律解释方法。

除上述两种解释之外，还存在第三种解释吗？我认为不会有其他解释，两者必居其一。显然，上述原则性分歧必然导致两种完全不同的结果。这种情况充分说明，举证责任的分配何等重要，它足以决定诉讼的成败！因此，不可等闲视之。

为什么会出现上述原则性分歧呢？杨文认为，是《民事诉讼若干意见》（1992 年）第 74 条使用了“侵权事实”这一模糊用语，这是根本原因。我认为这只是指出了现象，没有触及本质。问题的关键在于，《民事诉讼若干意见》（1992 年）第 74 条的制定者和杨文都不懂得举证责任分层理论。举证责任分层理论的基本内容是：举证责任是一个总概念，它可以分为“提供证据责任”和“说服责任”；这两者之间是各自独立的，但彼此有联系。[①] 可见，如果我们懂得了举证责任分层理论，就获得了“提供证据责任”和“说服责任”这两个新概念。千万不要小看这两个新概念，它们能够创造出许许多多光辉灿烂的理论体系和司法案例。如果《民事诉讼若干意见》（1992 年）第 74 条的制定者懂得举证责任分层理论，最高人民法院作出规定时，就不会笼统地规定“由被告负举证责任”，而是明确指出“由被告负提供证据责任”。这样，在实行举证责任法定原则的前提下，下级法院的判决完全正确，无可指责。

随着时代的进步，各种经济社会矛盾日益复杂，《民事诉讼若干意见》（1992 年）第 74 条的内容或许会发生变化，在这种情况下，如果规定“由被告负说服责任”，而法院仍然采用限缩解释，由被告承担提供证据责任，那就是明显的错误。反过来也证明了杨文批评的正确。

从杨文的文章发表时间来看，人们普遍［包括《民事诉讼若干意见》（1992 年）第 74 条的制定者和杨文］不懂得举证责任分层理论，这一方面导致了法院作出判决之后，因该判决基于《民事诉讼若干意见》（1992 年）第 74 条，其中的举证责任概念含糊不清，故导致了杨文的指责。另一方面，杨文对判决的指责，表面上虽言之凿凿，实际上对举证责任概念也缺乏正确的理解。在不懂得举证责任分层理论的情况下，也不可能有正确理解。所以，论证理由显得不足。因为从举证责任分层理论来看，杨文用了扩大解释的方法，真有点“糊涂官打糊涂百姓”的味道。站在历史的角度来说，在人们普遍不懂得举证责任分层理论

① 叶自强：《举证责任及其分配标准》，法律出版社，2005，第 6－46 页。

的情况下，下级法院只能从限缩解释出发，基于受害人没有完成法定的举证责任这一重要理由，作出对受害人不利的判决。

我认为，本案所反映出来的问题，绝非个别情况。从上述争论中可以看到：（1）对《民事诉讼若干意见》（1992 年）第 74 条可以作出两种解释，一种是法院方面的解释，另一种是杨文的解释。如果不用分层理论去分析，似乎双方独有道理。这至少说明该法条本身存在一定的模糊性。尽管我们已经指出，在上述模糊的状态之下，可以用法律解释理论作出正确的分析与适用，但是这对司法者的理论素质却提出了更高的要求。然而，在我国目前的条件下，又有多少人能够真正掌握法律解释理论呢？此其一。其二，为了避免法条的模糊性，使司法人员准确、快速地适用，最佳办法是在法条上规定得越明确越好，越少歧义越好。现在，我们已经有条件做到这一点，为什么不去做呢？（2）必须在举证责任理论上取得共识，以便尽快在法律规定上对举证责任的概念作出进一步划分。如果仍然像过去那样，继续笼统使用“举证责任”一词，一是容易导致没完没了的误解，导致“公说公有理、婆说婆有理”式的互不服气以及毫无益处的指责，就像本案所出现的情况那样；二是容易导致错案的发生，在本案中，如果法院走错一步，对“举证责任”作了扩大解释，则立即出现完全不同的判决结果，而这必然是一个错误的结果。与此相反，如果对举证责任的概念作出进一步划分，将其分为“提供证据的责任”和“说服责任”，那么将有利于最高人民法院对举证责任问题作出准确的司法解释，有利于下级法院正确地适用有关举证责任的条款；同时也避免了基于对举证责任的误解而发生的指责。

（二）严格而细致地处理法定的因果关系推定与举证责任倒置的关系

2001 年 12 月，最高人民法院制定并颁布了《证据规定》（2002 年）。其中第 4 条第 1 款第 3 项规定了因环境污染引起的损害赔偿诉讼的举证责任倒置和因果关系推定。如何处理好这两者的关系呢？我认为，应该遵从如下顺序。

（1）必须首先明确一个事实：这是一个关于举证责任倒置的特别条款。正是在倒置的总环境和前提之下，我们开始划分法律要件，以便在原告与被告之间具体分配举证责任。

具体来说，先把该案件作为一个一般民事诉讼案件来对待，以便分配举证责任。在因环境污染侵权行为而提起损害赔偿诉讼中，如果把它作为一般民事案件看待，那么由原告（受害人）对如下要件事实承担举证责任：①加害人具有故意或过失；②加害行为违法；③被害人受到损害；④违法行为与损害后果之间存在因果关系。

但是，由于这是一个特殊民事案件，在实行举证责任倒置的情况下，原告只需要承担其中的部分要件事实的举证责任。《证据规定》（2002 年）第 4 条第 1 款第 3 项明确规定："因环境污染引起的损害赔偿诉讼，由加害人就法律规定的免责事由及其行为与损害结果之间不存在因果关系承担举证责任。"依照该规定，要求被告就法律规定的免责事由及其行为与损害结果之间不存在因果关系承担举证责任。这些免责事由是：受害人有过错，或者是第三人的过错、意外事故。如果被告能够证明免责事由成立，则证明了原告受到损害与被告的行为之间不存在因果关系。至于原告，他需对上述①②③这三项要件事实承担举证责任，即证明他的权利受到损害。

（2）这时终于形成了因果关系推定适用的真实环境。在这个新环境中，为了便于因果关系推定的适用，第一要确定基础事实。在上述案件中，基础事实是：①被告五家企业施行了向原告养殖场取水河道排放污水的行为；②原告将含有染化废水的河道水，通过合法取水引入养蛙场；③染化废水的超标排放可导致该水体中的生物因缺氧而窒息死亡；④五家企业没有充分证据证明其所排放的污染物对养殖业具有无害性，即无法证明其污染河道水体的行为与原告养殖青蛙蝌蚪和正在变形的幼蛙死亡所遭损害事实之间不具有因果关系。可见，推定所赖以存在的基础事实，不仅来自被告一方，而且来自原告一方，且首先来自原告一方。第二要确定推定事实。上述案件的推定事实是：被告污染河道水体的行为与原告养殖的青蛙蝌蚪和正在变形的幼蛙死亡所遭损害事实之间具有因果关系；换句话说，被告污染河道水体的行为是原告养殖的青蛙蝌蚪和正在变形的幼蛙死亡所遭损害事实的原因。

至此，本案的因果关系推定终于完成。从举证责任倒置到因果关系推定，遵循先后有序的顺序，互不冲突，彼此的衔接也十分紧密，符合逻辑。

第九章 推定的不当扩张与限制

一、引言

在我国民事司法实践中，推定的运用是很多的。但基于种种原因，人们对推定的适用条件并不清晰，似乎处于一种摸索状态，从而造成了如下的状况：一是对于推定与证据的界限并不清晰，往往混淆了两者的区别。具体来说，在哪些情况下用证据规则，在哪些情况下用推定规则，有些人缺乏明确的认识，从而造成了推定的不当扩张。二是对于法律推定缺乏精确的掌握。一般来说，因为法律或司法解释中对某些推定规定了明确的适用情形，是不难掌握和区分的。不过，即使在这种情况下，也存在推定不当扩张的情形，因此仍有理论探讨和总结的空间。三是事实推定的适用条件问题，由于事实推定种类繁多，没有也不可能有一个统一的适用标准，主要依靠法官自身获得的推定知识来行使自由裁量权。然而，由于法官们各自的推定知识参差不齐，因而造成了混乱。除上述情形外，在实践中，有些人对于基础事实与推定事实之间的关系存在错误认识，需要予以澄清。

其实，产生上述问题并不奇怪，因为总的来说，推定在我国的运用时间不长，理论探讨的数量与质量都十分有限，不可能为实务界提供可靠的有力的理论工具。可以说，对于推定无论是理论还是实践，大家尚处于一种初步摸索阶段。基于这种情况，笔者本着与各位同人商榷和提高认识的目的，就推定的不当扩张和适用条件问题作一个初步探讨。

二、过错推定范围的不当扩张与限制

（一）对根据《证据规定》（2002 年）第 4 条第 1 款第 4 项“过错推定”原则作出的判决的评析

首先应该指出，这里所谓过错推定，是指从建筑物中抛掷物品或者从建筑物上坠落的物品造成他人损害的案件，所实行的过错推定原则，其范围是明确的。在法律推定中，过错推定是一个常见的类型，所涉及的案例较多，而裁判结果往往不同。[①] 下面以 2002 年丹东市张某某被花盆砸伤案为例，阐明过错推定的适用条件及解释方法。尽管本案已过去多年，但其中所涉及的问题仍值得深入探讨。

案例 9－1　张某某被花盆砸伤案

[案情简介] 2002 年 9 月 27 日，丹东市张某某被楼上掉下的花盆碎片砸伤了右眼。在无法确认谁是真正的侵权行为人的情况下，张某某将楼上六户居民同时告上法庭。

[法院审理和判决] 法庭上，六户居民均称此事与己无关。丹东市振兴区人民法院经过多次开庭审理后，于 2001 年 12 月 10

① 周永坤：《高楼坠物案的法理分析——兼及主流法律论证方法批判》，《法学》2007 年第 5 期，第 48－57 页。

日作出一审判决：因六名被告都不能充分举证原告受到的损害与自己没有因果关系，所以各被告对原告的损害后果都应承担民事赔偿责任。

六户被告对一审的判决结果不服，上诉至丹东市中级人民法院。丹东市中级人民法院以事实不清、证据不足为由，裁定撤销丹东市振兴区人民法院的一审判决，发回重审。

丹东市振兴区人民法院经重审，在没有新证据的情况下，作出与前次判决完全相反的判决，判决驳回张某某的诉讼请求。

判决的理由是，虽然法律规定，建筑物或者其他设施以及建筑物上的搁置物、悬挂物发生倒塌、脱落、坠落致人损害的侵权诉讼，由所有人或者管理者对其无过错承担举证责任，但其前提是受害人先得证明搁置物、悬挂物的所有人、管理者是谁。本案的原告提供不出充分的证据证明花盆碎片的所有人、管理者是谁，没有证据证明致其受伤的花盆碎片与六户被告间有因果关系，所以不符合起诉要件。济南市发生的菜板坠落伤人致死案也采用同样的依据作出判决①。

---

① 济南菜板坠落伤人致死案的案情如下：2001 年 6 月 20 日，家住山东济南市的孟老太在进入自家居民楼楼道入口前与邻居聊天，突然被从楼上坠落的一块菜板砸中头部，当场昏迷后抢救无效死亡。该市公安局市中分局以不符合公安部刑事立案标准为由决定不予立案。死者近亲属遂将该楼二层以上十五家居民告上法庭要求他们共同赔偿医药费、丧葬费等各项费用共计 156 740. 40 元，一审法院认为无法确定菜板所有人，遂裁定驳回原告起诉。原告上诉，二审法院仍裁定驳回。经申诉，山东省高级人民法院提审，经再审后仍驳回上诉，维持一审法院裁定。

在没有具体法律规范可适用的情况下，法院以不能确定具体的侵权人，不符合《民事诉讼法》起诉条件为由，裁定驳回起诉，具有一定的合法性。依据《民事诉讼法》的相关要求，起诉时要求当事人适格，在本案中不能确定菜板是谁家的，也就意味着不能确定被告，被告不明确，故法院裁定驳回起诉符合法律的规定。

张某某又向丹东市中级人民法院提出上诉。丹东市中级人民法院认为，根据《民法通则》第126条的规定：建筑物或者其他设施以及建筑物上的搁置物、悬挂物发生倒塌、脱落、坠落造成他人损害的，所有人或者管理人应当承担民事责任，但能够证明自己没有过错的除外。本案系高空坠落物致人损害，应实行过错推定原则。各被告在不能证明自己无过错的情况下，即应推定其有过错，并承担民事责任。但因二楼赵家的窗户上安装了防盗护栏，且护栏下有灯箱平台遮挡，据此可以排除赵家致伤原告的可能。最后，法院判决赵家不承担赔偿责任，其余五家共同承担对张某某的赔偿责任。2002年12月12日，丹东市中级人民法院对此案作出终审判决，判令三楼、四楼、五楼、六楼、七楼的住户赔偿张某某735 213元。①

［案例分析］

本案的判决适用了过错推定原则。过错推定的根据是《证据规定》（2002年）第4条第1款第4项。它的结构是：（1）基础事实。花盆碎片坠落，击伤张某某。（2）推定事实。某楼的居民有坠落花盆的嫌疑，故他们有过错。

这里，法条规定是明确的，稍加分析就可以得出其具有法定性的判断。但是法官在办案时，因无法确定该花盆碎片的所有人，为了完成审判任务，乃推定三楼、四楼、五楼、六楼、七楼的住户居民都有作案嫌疑，都有过错，都要承担损害赔偿责任。可见，法官扩展了基础事实的范围。那么，法官有没有扩展基础

① 周永坤：《高楼坠物案的法理分析——兼及主流法律论证方法批判》，《法学》2007年第5期，第48－57页。

事实的范围的权力？没有。这个范围是法定的。无论他出于怎样的动机（正当、公正公平等），都无权扩展法定的范围。由此我们得出结论，法官通过扩展推定范围和扩展基础事实所做的推定，是违法的和无效的。

为了合理解决上述案件中的问题，首先应该建立科学合理的理论解释框架。如上所述，花盆碎片坠落伤人案发生后，人们议论纷纷，莫衷一是。问题出在哪里呢？笔者认为是法律解释出了问题。大家知道，这类案件的解决都参考《证据规定》（2002年）第4条第1款第1项的规定。根据法解释学理论，对于法律条款应限缩解释，不可以随意扩张解释。梁慧星先生指出："限缩解释指法律文义过于广泛，乃限缩其文义，使局限于核心，以求正确阐释法律。"①

根据该理论，对上述条款应作如下理解：第一，它设定了一个过错推定。这是一项法律推定。换言之，该过错推定具有法定性。第二，该推定的基础事实具有法定性。它所确定的基础事实有三项：（1）有明确的所有人或者管理人；（2）所有人或者管理人的建筑物或者其他设施以及建筑物上的搁置物、悬挂物发生倒塌、脱落、坠落；（3）致人损害，即有明确的受害人。上述三项事实都必须具有法定性。法官在推定时必须满足这些条件，既然法条已经作出明确规定，法官就不能任意扩展。但是在花盆碎片坠落伤人案中，法官在无法查明具体侵害人（即无法满足第一项条件）的情况下，强行扩展了基础事实的范围，将所有"可能"的对象（花盆碎片坠落者）强行拉入"必定"的范畴，

① 梁慧星：《民法解释学》，中国政法大学出版社，1995，第224页。

即将无辜的可能的对象（三楼、四楼、五楼、六楼、七楼的五家住户）认定为坠落的花盆碎片的所有人，违反了法律推定的基础事实的法定性原则。

（二）过错推定原则的变化与发展

笔者注意到，关于从建筑物中抛掷物品或者从建筑物上坠落的物品造成他人损害的案件，《民法典》[①] 第1253条和第1254条就此作出了详细规定。在此之前，最高人民法院于2019年修改的《证据规定》已经删除原来的过错推定条款，这意味着以后关于此类案件的裁判，应改从《民法典》的相关规定。

《民法典》第1253条规定："建筑物、构筑物或者其他设施及其搁置物、悬挂物发生脱落、坠落造成他人损害，所有人、管理人或者使用人不能证明自己没有过错的，应当承担侵权责任。所有人、管理人或者使用人赔偿后，有其他责任人的，有权向其他责任人追偿。"《民法典》第1254条规定："禁止从建筑物中抛掷物品。从建筑物中抛掷物品或者从建筑物上坠落的物品造成他人损害的，由侵权人依法承担侵权责任；经调查难以确定具体侵权人的，除能够证明自己不是侵权人的外，由可能加害的建筑物使用人给予补偿。可能加害的建筑物使用人补偿后，有权向侵权人追偿。物业服务企业等建筑物管理人应当采取必要的安全保障措施防止前款规定情形的发生；未采取必要的安全保障措施的，应当依法承担未履行安全保障义务的侵权责任。发生本条第一款规定的情形的，公安等机关应当依法及时调查，查清责任人。"

---

① 《中华人民共和国民法典》，2020年5月28日由第十三届全国人民代表大会第三次会议通过，自2021年1月1日起施行。

从《民法典》的上述规定可以看到，从本质上看，关于从建筑物中抛掷物品或者从建筑物上坠落的物品造成他人损害的案件，仍然实行如《证据规定》（2002 年）第 4 条第 1 款第 4 项所确定的过错推定原则，两者没有任何变化（正因为如此，笔者在前文所阐述的张某某的案例及其分析仍然具有重要价值）。

《民法典》与《证据规定》（2002 年）的区别在于：第一，与《证据规定》（2002 年）第 4 条第 1 款第 4 项相比，《民法典》公开明确地扩大了过错推定的范围。这样以法律方式扩大推定的范围，其实蕴含着扩大法官自由裁量权的危险。因为根据通说，在民事诉讼中，在证据与推定的关系上，主要依靠证据规则判案，推定则应该受到严格限制，而不是放松约束。有的民法学家们无视这一忠告，真使人感到无奈。第二，《民法典》制造了一个新的专有名词，即“可能加害的建筑物使用人”。第三，将个别加害人的责任，通过推定的方式，转嫁到不十分确定的“可能加害的建筑物使用人”身上。这样，虽然一方面能够确保个别具体受害人的合法权益，但另一方面却制造了更多的无辜者。这“更多的无辜者”的合法权益由谁来保护？可见，简单地转嫁矛盾，实则没有从根本上息讼解纷，而是会制造更多的矛盾。总之，《民法典》通过过错推定的方式，将个别加害人的责任转嫁到“可能加害的建筑物使用人”身上，其效果令人怀疑。似应当找到一个更好的解决办法。

三、拒证推定规则的适用条件

所谓拒证推定规则，是指有证据证明一方当事人在持有证据的情况下，却无正当理由拒不提供，如果对方当事人主张该证据的内容不利于证据持有人，可以推定后者的主张成立。该规则的依据最早来源于《证据规定》（2002年）第75条，该条规定："有证据证明一方当事人持有证据无正当理由拒不提供，如果对方当事人主张该证据的内容不利于证据持有人，可以推定该主张成立。"

2019年，最高人民法院对《证据规定》（2002年）作出了修改。[①] 关于拒证推定也发生了一些变化，表述得更加具体。《证据规定》（2019年）第48条规定："控制书证的当事人无正当理由拒不提交书证的，人民法院可以认定对方当事人所主张的书证内容为真实。控制书证的当事人存在《最高人民法院关于适用〈中华人民共和国民事诉讼法〉的解释》第一百一十三条规定情形的，人民法院可以认定对方当事人主张以该书证证明的事实为真实。"《证据规定》（2019年）第66条规定："当事人无正当理由拒不到场、拒不签署或宣读保证书或者拒不接受询问的，人民法院应当综合案件情况，判断待证事实的真伪。待证事实无其他证据证明的，人民法院应当作出不利于该当事人的认定。"《证据规定》（2019年）第95条规定："一方当事人控制证据无正当理由拒不提交，对待证事实负有举证责任的当事人主张该证据的内容不利于控制人的，人民法院可以认定该主张成立。"

笔者注意到，与《证据规定》（2002年）拒证推定规则相比，《证据规定》（2019年）发生了一些变化。第一，修订后的拒证推定规则，对推定条款更加细化了，从2002年的一个条款，

① 《最高人民法院关于修改〈关于民事诉讼证据的若干规定〉的规定》，2019年10月14日由最高人民法院审判委员会第1777次会议通过，自2020年5月1日起施行。

变成了三个条款。虽然这后三个条款没有明确使用“推定”的用语，但就条文的语境来看，其本质仍然是推定，而不是根据举证责任来认定。第二，对当事人无正当理由拒不提交书证的问题作出了特别规定，以显示与其他证据种类的区别。第三，根据通说，按照推定的强度差别，推定可分为必须推定和可予推定两种。《证据规定》（2019 年）第 48 条和第 95 条均为可以认定，即可予以推定的意思，并不是强制性的。而《证据规定》（2019 年）第 66 条“应当……认定”，即含有必须推定的性质。

由于《证据规定》（2019 年）的拒证推定规则与《证据规定》（2002 年）的规则在本质上并无区别，接下来，我们通过一个案例来阐述该规则的适用条件。

案例 9－2　江苏省丰县孔某与彭某欠款纠纷案*

［**案情简介**］2006 年，江苏省丰县孔某（原告）以彭某（被告）欠款两万元为由，将其诉至法院，要求被告归还欠款，并向法庭提供了三个证据：一是欠条复印件；二是两位证人（与当事人均无利害关系）当庭证实在诉前曾跟随原告到被告家催过债，当时被告同意用小麦抵债，但未能证实欠款的具体数额；三是记录被告承认欠原告的钱，且也承认欠条原件以前已经被他收回的录音，但亦未能证实欠款的具体数额。庭审中，被告抗辩称：欠款还清后，原告就把欠条给我，后来被我撕了，我现在不欠原告的钱。

刘秋苏的文章写道：“本案在审理过程中，原告的陈述与举

---

* 刘秋苏：《从一则民事案例谈拒证推定规则的适用》，http：//www.148com.com/html/641/375268.html，访问日期：2020 年 12 月 27 日。

证、被告的抗辩理由好像都有道理，似乎无所适从，这时就应该审查双方所举证据，使用拒证推定规则。适用该规则首先要有欠款的基础事实。本案中，原告提供的两位证人证言及录音资料可以证明欠款是事实，这样基础事实就得到了证明，下一步要看被告拒绝提供证据原件的理由是否正当。通过录音资料可以证实欠条原件在被告的占有、支配之下，他拒不提供的原因是欠条被撕了，但未向法庭提供欠条已撕的证据，假设欠条已撕，而被告在仍欠原告钱的情况下，把欠条从原告手中取得后故意撕掉的行为，就是一种十分不正当的行为，是一种赖账的行为，这种行为违反了公序良俗的民事活动原则，理应受到处罚，因此被告拒不提供原件的理由是不正当的。再次，原告主张的证据内容不利于持有人被告。”①

［**法院审理和判决**］法官据此依据《证据规定》（2002 年）第 75 条作出了支持原告诉讼请求的判决，被告服判没有提出上诉，本案现已发生法律效力。②

［**案例分析**］

1. 被告欠钱还是不欠钱，原告是否完成了其举证责任

这是一个首先需要面对的问题。

被告说，我欠原告的钱已经归还，故收回了欠条，且将欠条撕毁。

原告说，被告欠的钱没有还我，故向法院起诉。但因为没有欠条的原件只有复印件（复印件不能作为起诉的证据，应被排

---

① 刘秋苏：《从一则民事案例谈拒证推定规则的适用》，http：//www.148com.com/html/641/375268.html，访问日期：2020 年 12 月 27 日。

② 同上。

除）、证人和录音资料。证据的证明力显得不足。

由此可见，原告的证据力不足，它只能证明曾经发生借钱的事，不能证明现在被告仍然欠着原告的钱。否则，在被告仍欠钱的情况下，原告怎么会把欠条还给被告？除非原告能够证明被告采用了欺骗手段，从原告手中拿走欠条。显然，原告缺乏这样的证据。

从这里可以看到，原告把欠条还给被告，只能说明被告已经还了欠款，不再欠钱。双方的债权债务关系已经结束。此外，很难有其他合理的解释。但是原告坚持要被告还钱，却提不出有力的证据予以支持，这只能说原告未能完成其举证责任。据此应判决原告败诉。

2. 法官的处置是否符合拒证推定的条件

根据刘秋苏的文章提供的资料，原告的证据有：欠条（复印件），两个证人，录音资料。其中，欠条因为是复印件，故没有被采纳为证据。

被告的证据有：承认向原告借了钱，但已经收回欠条原件并撕毁。据此判断，欠条的原件曾经在被告手中掌握。

法官不承认被告的符合逻辑的解释。刘秋苏的文章说道："通过录音资料可以证实欠条原件在被告的占有、支配之下，他拒不提供的原因是欠条被撕了，但未向法庭提供欠条已撕的证据，假设欠条已撕，被告在仍欠原告钱的情况下把欠条从原告手中取得后故意撕掉的行为就是一种十分不正当的行为，是一种赖账的行为，这种行为违反了公序良俗的民事活动原则，理应受到处罚，因此被告拒不提供原件的理由是不正当的。”①

从这段话里可以知道：欠条原件在被告的占有、支配之下，他拒不提供的原因是欠条被撕了，但未向法庭提供欠条已撕的证据。这话实在令人费解。我们知道，欠债还钱是常理。还了钱收回欠条的原件，并加以撕毁，也是顺理成章的事情。既然被告拒绝拿出欠条的理由充分合理，那么就不能适用《证据规定》（2002 年）第 75 条。这是合理的推断。

而现在，在被告坚持自己的正当理由拒不拿出原件的情况下，法官仍强行要求被告交出欠条原件，由于无法交出原件，法官就以拒证推定规则认定被告仍然欠款，判被告败诉。这种做法不符合拒证推定规则的前提条件。这种做法违反常理，因为欠条既然已经撕毁，还怎么拿得出来？这种做法的实质是，采用推定，将本案举证责任转移到被告身上，致使被告败诉，违反了推定不得转移举证责任的原则。

从这里也可以看到，《证据规定》（2002 年）中第 75 条的不良后果之一是，破坏了举证责任规则。此推定代替了举证责任分配的功能，直接导致了被告败诉的判决结果，是完全错误的。

3. 本案的事实真相不明时，应当用举证规则来解决纠纷

在本案中，原告承担举证责任。在双方的证据的证明力势均力敌，事实真相不明时，应当用举证规则来解决纠纷，判决原告败诉。但法官却撇开举证责任规则，以十分荒唐的理由来适用拒证推定规则。这显然不符合推定的适用条件，是推定的滥用。

① 刘秋苏：《从一则民事案例谈拒证推定规则的适用》，http：//www.148com.com/html/641/375268.html，访问日期：2020 年 12 月 27 日。

法官在文章中说，被告败诉且没有上诉，似乎暗示他适用拒证推定规则的正确和有效。这种以判决结果来证明其行为正确性的看法，笔者并不认同。因为被告不上诉，可能还有其他因素的考量，如诉讼时间、精力的付出，可能会大于诉讼利益的取得，不等于被告认同法官的判决。

四、是依举证责任规则判案，还是依推定规则判案

在有的案件中，法官所确定的关键事实是根据举证责任规则而不是根据推定规则确定的。在这种情况下应当依举证责任规则判案。以下通过一起案例来解释这个问题。

案例 9－3　杨丙诉某村委会等建筑合同纠纷案*

［**案情简介**］2007 年 8 月，某村委会将乡村公路的建设工程发包给李甲承建。李甲承接工程后，将该工程以包工不包料的形式，按每平方米 12 元的价格违法分包给赵乙，赵乙又以每平方米 11 元的价格转包给杨丙，该村公路建设工程于同年 11 月完工并投入使用。工程施工期间，杨丙向赵乙提出预支工程款的要求，赵乙遂介绍杨丙与李甲认识，要求李甲先为垫付，之后从李甲应给付赵乙的工程款中扣除。杨丙遂以借支的形式在李甲手中借款 60 000 元以支付工人生活费及其他开支。2008 年 1 月，李甲与赵乙结算后，赵乙出具了证明，证明内容为：“本人与李甲工程款已结清，特此证明。”

---

* 胡金华：《由一起建设工程合同欠款案件看民事裁判中事实推定的适用条件》，中国法治网 2009－12－03 19：46：38，访问日期：2009 年 12 月 29 日。（此文源于网络，但距今较久，网址已无法查实，此处已标明最初引用网站，供读者参考。）

2008 年 3 月 20 日，杨丙与赵乙对工程款进行结算后，赵乙向杨丙出具了欠条。欠条载明："今欠杨丙人工工资总计 148 500 元。杨丙本人已领 60 000 元，下欠 88 500 元。"后赵乙对下欠款项 88 500元一直未付，另外村委会尚有 97 860 元工程款未付李甲。杨丙遂以某村委会、李甲、赵乙为被告诉至法院，要求支付下欠工程款 88 500 元。法院在审理时，李甲与赵乙均认可两人在结算过程中已将杨丙向李甲借支的 60 000 元作为李甲应支付给赵乙的工程款抵账，杨丙出具的借条并未交给赵乙。但赵乙称其出具给杨丙的欠条中没有扣除杨丙向李甲借支的该 60 000 元，因此其仅欠杨丙工程款为 28 500 元。而杨丙却称，欠条上载明的"杨丙本人已领 60 000 元"字样即是扣除的其在李甲处借支的 60 000 元。

［**法院审理和判决**］法院根据现有事实认为，杨丙向李甲借支 60 000 元后，李甲与赵乙结算在先，赵乙与杨丙结算在后，赵乙向杨丙出具的欠条上载明的"杨丙本人已领 60 000 元"与杨丙向李甲借支的 60 000 元在数量上吻合，故赵乙与杨丙结算时应当一并结算了杨丙在李甲处的借支款，且杨丙在李甲处的借支款并非小数，称赵乙其算总账时忽略了该笔款项，不符合完全民事行为能力人惯常的行为逻辑，据此法院认定赵乙应支付杨丙下欠工程款 88 500 元。

［**案例分析**］

1. 李甲、赵乙、杨丙三人之间的债权债务产生过程及其相互关系

让我们首先来梳理一下李甲、赵乙、杨丙之间的债权债务产生过程及其相互关系。首先，李甲从村委会那里承接了工程，然后分包给赵乙，赵乙垫付工程款，故李甲欠赵乙的工程款。其

次，赵乙将这个工程转包给杨丙，故赵乙欠杨丙的工程款。接下来，杨丙要求赵乙预支60 000元，而赵乙则要求李甲来垫付（因为李甲欠赵乙的工程款），于是李甲垫付了60 000元（却是以借条的形式），借条在李甲手里。

以上情况十分清楚，不存在什么疑问。

2. 本案中，当杨丙向法院起诉之后，李甲（作为被告之一）没有拿借条向杨丙提出还款的请求，这一事实意味着什么

胡金华的文章说：在本案件中，“应当说，李甲用杨丙借支的60 000元抵付欠赵乙的工程款是李甲和赵乙均认可的事实，赵乙与杨丙结算时欠条注明‘杨丙本人已领60 000元’的事实是有证据证明的事实，这两个事实，都具备基础事实的可靠性特征。”①

鉴于本案中李甲没有拿借条向杨丙提出还款的请求，这一事实说明“李甲用杨丙借支的60 000元抵付欠赵乙的工程款是李甲和赵乙均认可的事实”，是真实的。60 000元是用来抵付欠赵乙的工程款。这说明，赵乙于2008年1月之前，已经向杨丙支付了60 000元。这个事实，通过借条、李甲和赵乙的认可足以认定，毫无疑问。

3. 本案有哪些证据，其特点是什么

在本案中有若干书面证据和当事人的口头陈述。书面证据有借条、一张证明、欠条。当事人的陈述包括李甲、赵乙、杨丙的

---

① 胡金华：《由一起建设工程合同欠款案件看民事裁判中事实推定的适用条件》，中国法治网2009－12－03 19：46：38，访问日期：2009年12月29日。（此文源于网络，但距今较久，网址已无法查实，此处已标明最初引用网站，供读者参考。）

口头陈述。

以上三个书面证据有何特点？仅从三个书面证据本身（假如它们之间不存在任何联系）来看，它们具有如下特点：（1）借条发生在李甲与杨丙之间，赵乙没有参与。杨丙从李甲那里借钱60 000元，出具了借条，这借条保存在李甲手里。（2）一张证明发生在赵乙与李甲之间，杨丙没有参与。（3）欠条发生在赵乙与杨丙之间，李甲没有参与。

4. 关于欠条“杨丙本人已领60 000元”的问题，是本案的争议焦点

2008年3月20日，即出具借条两个月之后，赵乙向杨丙出具了欠条。欠条载明：“今欠杨丙人工工资总计148 500元。杨丙本人已领60 000元，下欠88 500元。”不仅如此，杨丙在法庭的口头陈述称，“欠条上载明的‘杨丙本人已领60 000元’字样即是扣除的其在李甲处借支的60 000元”[①]。杨丙承认60 000元是当初扣除的（从李甲那里借支的）钱。杨丙的口头陈述与欠条记载之间有矛盾吗？没有。可以看作对欠条记载的一种合理解释。

反观赵乙，其陈述前后矛盾。胡金华的文章说，法院在审理过程中，李甲与赵乙均认可两人在结算过程中已将杨丙向李甲借支的60 000元作为李甲应支付给赵乙的工程款抵账，杨丙出具的借条并未交给赵乙。这意味着，杨丙的取钱行为具有如下两个

① 胡金华：《由一起建设工程合同欠款案件看民事裁判中事实推定的适用条件》，中国法治网2009－12－03 19：46：38，访问日期：2009年12月29日。（此文源于网络，但距今较久，网址已无法查实，此处已标明最初引用网站，供读者参考。）

后果：第一，抵账。李甲实际上向赵乙抵付了 60 000 元工程款。假如李甲以前欠赵乙60 000元工程款，杨丙从李甲那里取走60 000元后，李甲就不欠赵乙一分钱，李甲、赵乙之间的债权债务已经结清（那张证明就记载了这一事实）。第二，由于这60 000元是杨丙从李甲那里拿走的，等于说赵乙已经向杨丙支付了60 000元。假如赵乙欠杨丙的工程款总额是 10 万元，那么扣除这60 000元之后，还欠杨丙 40 000 元。但是，“赵乙称其出具给杨丙的欠条中没有扣除杨丙向李甲借支的该60 000元，因此其仅欠杨丙工程款为 28 500 元”。这话毫无根据，无法与前面的话自圆其说。明明扣除了，怎么说没有扣除?

5. 杨丙有收回借条的必要吗

笔者认为没有。原因如下：第一，李甲、赵乙均认可（当事人的陈述）这60 000元是抵付赵乙的工程款。第二，李甲与赵乙之间有一张证明（书证）。胡金华的文章说，2008 年 1 月，李甲与赵乙结算后，赵乙出具了证明，证明内容为：“本人与李甲工程款已结清，特此证明。”第三，李甲本人认可。李甲与赵乙均认可两人在结算过程中，已将杨丙向李甲借支的 60 000 元作为李甲应支付给赵乙的工程款抵账（这 60 000 元是李甲欠赵乙的工程款的一部分）。

以上三个证据形成紧密的证据链条，足以证明杨丙不欠李甲的任何钱款。因为这 60 000 元是杨丙（从赵乙处）应得的工程款的一部分。由于李甲欠赵乙的，故赵乙请求李甲代为支付。

6. 如何理解胡金华的文章所说的“双方均没有书面证据证实”

胡金华的文章说“双方均没有书面证据证实”，但需要证实什么，对此应如何理解？我们知道，“杨丙本人已领 60 000 元”，是赵乙给杨丙出具的欠条上的一句话。对于欠条上的这个事实，胡金华的文章说“双方均没有书面证据证实”。为什么一定需要书面证据来证实呢？口头陈述为什么不可以？胡金华的文章没有给出理由。

原告杨丙在法庭的口头陈述中说，“欠条上载明的‘杨丙本人已领 60 000 元’字样即是扣除的其在李甲处借支的 60 000 元”。这是当事人之一（杨丙）的承认，是一种有力的证据。然而，被告赵乙不同意原告的说法，于是他申请了一名证人作证，但未被法院所采纳。据胡金华的文章说，“在上述案例中，赵乙曾申请其与杨丙结算时在场的一个证人出庭作证，证明赵乙与杨丙将人工工资结算后，赵乙将手中的领款条据已交还给杨丙的事实。法院在认定证据过程中，认为证人陈述的事实没有其他证据相印证，且证人未参与结算的全过程，没有采信该证据”。

从上面可以看到，在欠条的“杨丙本人已领 60 000 元”问题上原被告双方均有证据，只是被告方证明力弱，被法官排除了。原告的证据是有力的，故被采纳。在这种情况下，当然不符合推定的适用条件，只能采用举证责任规则，驳回了被告的证据，采纳了原告的证据。可见，在欠条问题上，法官并没有采用推定的方法，这种处置是合理的。胡金华的文章说：“本案中法院认定赵乙出具的欠条上扣除的 60 000 元和杨丙在李甲处借支的 60 000 元为同一笔款项的事实，是通过推定进行认定的。”这是误解。假如在欠条的“杨丙本人已领 60 000 元”问题上双方均没有证据，那么可以采用推定的方法，假定一个事实（推定事实）存在，但在本案中并没有出现这样的条件。

五、基础事实与推定事实之间的关系

谈到推定的适用条件，自然无法回避“基础事实”这一因素，因为在推定的结构中，客观存在的基础事实（具有确定性）是适用推定的必不可少的条件。然而，对于基础事实与推定事实之间是一种什么关系，仍存在一些不准确的认识，有必要予以澄清。

胡金华的文章指出：“法院认为杨丙在李甲处的借支款并非小数，赵乙称其算总账时忽略了该笔款项不符合完全民事行为能力人惯常的行为逻辑，该种推定更是将行为逻辑的模式概念强加于赵乙，对赵乙是不公平的推定，因为杨丙同样是一个完全民事行为能力人，若其与赵乙在结算时已将债权抵付工程款，其应当要求收回借条，在不能收回的情况下，应当在欠条上注明已领取的60 000元为抵账而来，这样即使将来李甲再持借条向其索要借支款，其也可以向赵乙追索。因此，本案例的推定事实与基础事实之间缺乏必然的联系，不具备高度盖然性。”①

从上面可以看到，胡金华的文章提出了两个问题：第一，基础事实与推定事实之间应该存在必然的联系；第二，这种联系应该具有高度盖然性。下面让我们对此加以分析。

（一）基础事实与推定事实之间应该存在必然的联系吗

毫无疑问，在基础事实与推定事实之间存在某种联系，但这

① 胡金华：《由一起建设工程合同欠款案件看民事裁判中事实推定的适用条件》，中国法治网2009-12-03 19：46：38，访问日期：2009年12月29日。（此文源于网络，但距今较久，网址已无法查实，此处已标明最初引用网站，供读者参考。）

种联系的性质是什么？是必然的联系，或者可能的联系，抑或是其他的联系？这是需要认真加以分析的。

美国加利福尼亚州《证据法》第600条规定，推定就是根据另一事实的证明力或若干事实的总和，假设某一事实的存在。[①] 根据该规定，所谓推定事实是指“假定的事实”。它不是像严格的逻辑推理那样得出的具有必然联系的结果。换句话说，在基础事实与推定事实之间的联系，不是必然的联系，而是一种（有一定客观性存在的）可能的联系。正因为这样，当推定事实作出之后，处于不利地位的一方，如果发现了对自己有利的证据，即可对推定事实予以反驳和推翻。因此，胡金华文章在这里所讲的“必然的联系”是不准确的。

如果基础事实与推定事实之间只有“必然的联系”（唯一正确答案），那么推定的适用范围将受到很大限制。

（二）基础事实与推定事实之间的联系应该具有“高度盖然性”吗

按胡金华的文章的原义，基础事实不等于推定事实，这是常识。胡金华的文章认为，基础事实与推定事实之间的联系应该具有“高度盖然性”。对此笔者不敢苟同。盖然性即可能性。笔者认为，基础事实与推定事实不必存在高度的可能性。只要存在可能性，哪怕是微弱的可能性，也是允许的。以推定死亡为例，死亡事实与推定死亡之间的联系，不一定非得达到“高度的可能性”，因为推定事实是假定的事实。从基础事实到推定事实，有时具有很高的可能性，有时仅具有假定的可能性，并不具有很高

---

① 普钦斯基：《美国民事诉讼》，江伟、刘家辉译，法律出版社，1983，第102页。

（或高度）的可能性。因此，把“具有高度盖然性”作为本案适用推定的条件，未必合适。

六、结语

以上我们详细讨论了推定的不当扩张与适用条件等问题，下面作一个总结。

首先，举证责任规则与推定规则在适用条件上是不同的。就举证责任规则来说，其适用条件有二：一是原告和被告双方可能都有证据（一个或一个以上的证据），或者一方有证据另一方没有证据；二是双方的证据在证明力方面势均力敌，故不能确定哪一方的证据占有明显优势。在这种情况下，法官需要按照举证责任规则，判决原告（负担举证责任的一方）败诉。举证责任规则决定了案件谁胜谁负的根本问题。上文案例 9 - 3 建设工程合同欠款纠纷案中即采用了此原则判案，是正确的做法。

然而，推定规则却不同。它的适用条件是，对于案件中的某个必需确定的事实，双方均无任何确定的证据。正是在这种情况下，法律或者法官才假定某个事实存在。这个被假定的事实，叫作“推定事实”，它是一个被人为制造出来的所谓“证据”，因为它是被假定的事实，所以它可能被某一方（由于该推定而受不利益的一方）提供的强有力的证据所反驳，甚至被推翻。这样的“推定事实”，可能是案件中的一个事实（案件中可能还有其他事实）。因此，这个推定事实（在唯一的情况下）能够决定判决的结果。在不是唯一的情况下，它需要与其他案件事实一道来决定判决的结果，这时，它的作用就不是决定性的。

可见，它不是用来解决案件谁胜谁负的根本性问题，只是解决案件在“无证据”情况下的证据的有无问题。它对于整个案件来说，一般不是决定性的。

其次，过错推定具有法定性，该推定的基础事实的范围也具有法定性，法官不能无视这一法定要求任意进行扩张。

再次，采用拒证推定规则的前提条件是，不得违反推定，不得转移举证责任的原则。在拒证推定案件中，原告承担举证责任，不得将案件举证责任转移到被告身上。在双方的证据的证明力势均力敌，事实真相不明时，应当用举证规则来解决纠纷，判决原告败诉。

最后，基础事实与推定事实之间并非必然的联系，而是存在一定客观性的可能的联系。这种可能性的要求亦并非“高度的”，只要达到一定程度即可。

第十章 美国密西西比州《证据法》中的推定

一、美国密西西比州《证据法》中推定的四种分类

美国是一个联邦制国家，许多州都制定了自己的证据法典，其中大多数包含了有关推定的规则。在这些州的证据法典中，密西西比州的《证据法》对推定的内容作了相当充分的规定。当然，美国密西西比州最高法院处理推定的全部历史并不是在州证据法典制定之后。在此之前，它实际上已经根据普通法的规则在处理推定问题。

有足够的证据表明，密西西比州最高法院已经处理了数百个有关推定的案件，在这些案件中，法院利用了普通法的推定规则，承认它们具有不同的影响。法院一般不解释为什么要用这个推定，以及它的效果是什么，因为这有时会很困难。在少数案件中，对于不同的有关推定的问题说明了相应的理由。密西西比州最高法院在采纳密西西比州《证据法》之前，还赋予这些推定规则以不同的效果。[①]

---

① Tom R Mason, " Mississippi Rule of Evidence 301 Presumptions Civil Actions and Proceedings", *Mississippi Law Journal*, VIL. 70 (2001): 103 - 325.

(一) 弱推定或者一般性的推定

许多推定具有较弱的功能，就是说，它们仅将提供证据的责任转移给反对该推定的一方，法院根据被推定的事实直接作出裁判。因此，这种推定对当事人一方是有利的。在诉讼过程中，如果出现了矛盾的证据，那么关于被推定的事实是否成立的问题就要提交陪审团讨论。法官指导陪审团说，应该从已证的基础事实推论出最后的事实，这是否合适是可以讨论的。

(二) 强有力的推定

许多推定具有强有力的功能，这种推定将提供证据的责任转移给反对该推定的一方。一旦当事人一方提出了基础事实，因而产生了推定，那么，这种推定也将说服责任转移给对方。这里必须指出的是，在过去的推定理论中，并不存在所谓“强有力的推定”以及下文的“非常强有力的推定”，这两种推定是由摩根提出的。①

(三) 非常强有力的推定

许多推定不仅具有向对手转移负担的功能，而且具有要求对手通过很高程度的说服（通常是明晰的确凿的证据，有时甚至是没有任何疑点的证据）来否定被推定的事实，从而增强对手的负担。②

(四) 决定性的推定

密西西比州《证据法》承认一些推定规则具有决定性作用。

---

① Tom R Mason, “Mississippi Rule of Evidence 301 Presumptions Civil Actions and Proceedings”, *Mississippi Law Journal*, VIL. 70 (2001): 103 – 325.

② 同上。

这些规则实际上可以当作实体法规则。因此，密西西比州最高法院采纳和适用了许多推定规则，并给予它们不同的效力。根据密西西比州《证据法》第301条的规定，大多数推定规则具有单一的弱小的功能。但是在司法实践中，密西西比州最高法院赋予这些推定规则更重的分量。

（五）强有力的推定与非常强有力的推定之间的相同点和不同点

强有力的推定与非常强有力的推定，在密西西比州《证据法》中有所体现，这是摩根的“杰作”。其相同点是：两者都转移提供证据责任，都允许被告用反证予以推翻。不同点是：在非常强有力的推定中，转移说服责任要求对手通过很高程度的说服来反证。但是在强有力的推定中，转移说服责任是有条件的，并不要求对手通过很高程度的说服来反证。

二、从美国密西西比州《证据法》的推定看两种不同推定观的影响

在本章附件中，我们逐一列举了密西西比州《证据法》的推定规则，共有70类186项。其中，一般性的推定有154项，决定性的推定有24项，强有力的推定有2项，非常强有力的推定有6项。[①]

从各类推定所占的比重可以看出：（1）密西西比州《证据法》在很大程度上肯定了柴尔的推定观。根据是，在186项推定

---

① Tom R Mason, “Mississippi Rule of Evidence 301 Presumptions Civil Actions and Proceedings”, *Mississippi Law Journal*, VIL. 70 (2001): 103 -325.

规则中，一般性推定有154项，占全部推定的约82.80%。这些推定仅转移提供证据责任，而不会转移说服责任。（2）密西西比州《证据法》也在一定程度上接纳了摩根的推定观。因为在186项推定规则中，强有力的推定有2项，约占1.08%；非常强有力的推定有6项，约占3.23%，两者相加占比为4.31%。这些推定不仅转移提供证据责任，而且转移说服责任。[①]

摩根曾说，他要扩展推定的作用范围。从密西西比州《证据法》中强有力的推定和非常强有力的推定所占的比重来看，他取得了一定的成功，尽管他未能全部否定柴尔的观点。[②]

今后强有力的推定和非常强有力的推定所占的比重是否还会增加，有待进一步观察。

附件　美国密西西比州《证据法》中的70类186项推定规则[*]

（一）已经放弃的个人财产

1. 对于法律所规定的各种存折、支票或者其他物件，如果财产所有人在一定期限内没有提出权利要求，或者缺乏合同凭据，则推定由银行或者金融机构持有或者所有该财产，财产所有人已经放弃该财产。（一般性推定）

2. 根据已经到期的人寿保险和基金保险政策，如果基金所有人在5年以上没有提出权利要求和没有支付，那么推定基金所

---

* 本规则译自：Tom R Mason，“Mississippi Rule of Evidence 301 Presumptions Civil Actions and Proceedings”，*Mississippi Law Journal*，VIL. 70（2001）：103－325.

① Tom R Mason，“Mississippi Rule of Evidence 301 Presumptions Civil Actions and Proceedings”，*Mississippi Law Journal*，VIL. 70（2001）：103－325.

② 同上。

有人对于人寿保险公司持有或者所有的各种基金，已经放弃权利要求。（一般性推定，放弃权利要求的推定）

3. 权利人的基金由保险公司持有。基金权利人最后告知的地址就是公司所记录的被保险人的地址。（这是强有力的推定，影响到举证责任的分担）

评论：法律规定，推定影响到举证的负担。这意味着谁反对被推定的事实，那么说服责任就由他承担。

4. 如果一个署名的储户超过 5 年仍然没有提出权利要求，则推定所有人放弃存款。

5. 如果所有人对其权益 5 年内没有提出权利要求，各种利益已经分光，则推定所有人已经放弃商会中的股份或者其他隐性的所有权权益。

6. 如果所有人的任何隐性的个人财产或者收入，由一个自己所信赖的人为了另一个人的利益持有，则推定所有人已经放弃这笔财产或者收入。但是，如果所有人在 5 年内增加或者减少了这笔财产或者收入，从中接受了付款，用书面方式就这笔财产进行过联络，或者表明了对这笔财产的利益的关心，则上述推定不能成立。

7. 如果所有人没有在支付日届满后 5 年内提出权利要求，或者进行通信联系，且所有人的最后地址不详，则推定所有人的财产由商会、联邦、州或者地方政府，或者政府的下属机构、代理处或实体，或者任何个人或实体所持有，所有人已经放弃这笔财产。

（二）认可

8. 认可书中所陈述的事物是原始的和真实的。如有人反对此推定，则要求提供明晰的确凿的证据予以反驳。这项推定产生于物件的认可证书，无论该证书是官方按照通常的形式颁发的，还是由证人提供的。

9. 作出承认的官员有权确定事实的真相，不出错，没有欺诈。此推定要求明晰的确凿的证据予以反驳。

评论：法院判例中没有说明这些推定的理由。他们可能基于如下政策：保持各种资格或权利状态的稳定性，反对欺诈的主张。当事情过后很长时间当事人对物件提出问题，加上证人已经去世，在这种情况下，从公平的角度来说，这项推定可能要将举证责任赋予反对此推定的人承担。另外，从逻辑上讲，大多数公证行为是诚实的，真实地反映了此事件所涉及的其他人的行为以及他们所作出的陈述。

（三）并非真正的财产转移

10. 在财产转让契约签订后，如果让与人继续占有财产，则推定让与人的财产只是附在受让人的名下，而不是真正转移。（一般性推定）

11. 如果一方当事人与其他当事人之间是父母关系或子女关系，则推定此人占有财产是受到允许的，是善意的。

评论：判例中没有说明这些推定的理由。但是，从已证明的事实来看，这些推定似乎是可能的。

12. 如果所有人在很长时间内占有某件财产，则推定其行为是受到物件的主人或某个私人同意的。（可能是决定性推定）

评论：尽管一些私人交易的案件中已经运用这个推定，但是土地占有人可以追索其现已丢失或者有疑问的专有权或税契。这个推定的条件之一是：财产的占有是长期的（5 年或 5 年以上），这项规则在有限的法令中是独立存在的。

就政府的考虑来说，该推定的理由就是，政府不应当从错误的记录中获利，不应该提出税收的要求，不应该剥夺纳税人的权利。和有限的法令不同，这项规则承担着反对政府统治的职能。

在法院判例中，关于这项规则用于私人当事人之间的理由没有得到说明，但是这可能是基于如下逻辑：除非占有人具有占有的正当资格，否则，一种占有行为在长时间内未受挑战是不可能的。显然，这是决定性推定，因为当申请人提出这么长时间内占有的事实以及纳税的行为作为证据时，这个推定就可以决定性地了结案件。如果缺乏明晰的书面资格的证据，是不会击败此项推定的。

13. 契约丢失，视为契约已经执行或者送达。（一般性推定）

（四）动物

14. 野生动物的所有人或饲养人懂得该动物的危险习性。

评论：野生动物的所有人或饲养人对于其动物所产生的伤害负有严格责任。这个规则消除了原告诉讼中关于科学因素的考虑，因此产生了严格责任。

（五）代理人与委托人

15. 代理行为的根据是委托人的授权。

该推定要求提供没有欺诈或者双方没有错误的证据予以反驳。

（六）交通工具

16. 司机看到了他应当看到的事情。（决定性推定）

17. 在交通事故案件中通常推定司机承担过失责任。（一般性推定）有时作为一个推论来对待。

（七）受托人与委托人

18. 如果商品在运送过程中完好无损，但后来发现商品受到损害或灭失，则推定受托人因过失致商品损害或灭失。（一般性推定）

如果发现相反的证据，则此推定不成立。

（八）破产

19. 如果在公司清理之前请求转移债务的，则推定该公司在清偿债务之前 90 日内无还债能力，其已经破产。

（九）银行

20. 银行可以识别储户的签名。（决定性推定）

评论：一项实体法规则认为，如果银行接受了伪造的支票并在储户的账户上付款，那么银行应当承担由此导致的损失，而不是储户负担损失。上述推定是从这项实体法规则中得出的必然结论。

（十）专家

21. 如果提供如下证据：在法院存有合格的报告，没有人对测试结果及时提出挑战，以及法院认定无须再测试，那么推定遗传学实验的测试结果是专家作出的，正如专家报告所表明的那样。（一般性推定）

（十一）票据

22. 票据的全体制作人拥有同样的股份。（一般性推定）

23. 允许流通的票据是无欺诈的。（一般性推定）

24. 允许流通的票据由控制者定价并决定在多长时间内有效。（一般性推定）

评论：这些推定是根据普通法的规定来支持票据的可靠性和交易性。《美国统一商法典》取代不了它们。《美国统一商法典》不包含这些推定规则，因此这些规则继续有效。

（十二）承运人

25. 如果有联运合同，最后承运人没有提供由所有承运人 30 日内所处理的记录，则推定货物的损害由最后承运人负责。（可能是决定性推定）

26. 如果送给承运人的货物是完好无损的，则推定货物的损害是由于承运人的疏忽造成的。（一般性推定）

27. 如果证据表明家畜在运输过程中受伤或被损害，则推定家畜受伤或被损害是由承运人缺乏合理的技术、疏于看管造成的。（一般性推定）

（十三）儿童

28. 如果儿童是在婚姻期间出生的，则推定儿童是合法出生的。

反对此项推定的人必须提供无任何疑点的证据方可推翻。

29. 在离婚之后、正常的出生期间所出生的儿童，其出生也是合法的。（非常强有力的推定）

评论：这项推定的根据是保护儿童法益的强有力的社会政策。早先的判例坚持认为：它只能在提供无任何疑点的证据的条件下被驳倒。最近更多的判例承认，通过科学实验证据，能够在很高程度上证实生父或者否定生父。

30. 由生身父母监护儿童，符合儿童的最大利益。（一般性推定）当生身父母自愿放弃儿童监护权的时候，该推定无效。生身父母只有在提供明晰的和确凿的证据的情况下，才能够提出监护权的要求。

（十四）民权

31. 如果证据表明，在雇佣原告（作为受保护阶层的一员）的过程中，雇主有严重的差别待遇行为，那么推定雇主是故意歧视原告。

（十五）碰撞

32. 如果载重船在行驶过程中突然偏离正常航道，驶入另一条航道，那么推定该船舶的船员有疏忽大意的过失责任。

33. 如果承租人在占有驳船期间驳船沉没，那么推定承租人对此负有疏忽大意的过失责任。

34. 如果一艘船舶撞击了一根已知的水下电缆，那么推定船主对此负有疏忽大意的过失责任。

35. 如果一艘船舶撞击了一根固定目标，那么推定船员对此负有疏忽大意的过失责任。

（十六）妥协与解决

36. 如果没有欺诈的证据，那么推定书面解决协议是一个完善的协议。

评论：这似乎是刑法上的假释证据规则的另一方式的表述。

（十七）隐匿证据

37. 在当事人能够控制的范围内，如果他传唤不到证人出庭或者拿不出物证，那么推定该证据不利于该当事人。

评论：作为一项推论，尽管它在一些案例中已经固定下来，但它仍应属于推论的范畴，因为一项推论是由已经证实的事实来作为基础而予以保证的。

（十八）公寓

38. 如果一栋建筑物整体迁移，或者该建筑物之一部分的公寓、办公室或商店迁移，那么推定整个公寓都迁移。（一般性推定）该推定可以通过文件中的明确的陈述给予反驳。

（十九）事实的继续存在

39. 事实的性质是不变的，直到出现相反的性质为止。（一般性推定）

（二十）合同

40. 如果合同载明了约因，则推定约因是既定的。只有提供明晰的、确凿的证据方可推翻。

41. 订立合同是自由的。（一般性推定）

42. 当事人双方都有完善的心理能力来签订合同。

它使说服责任转移到反对该推定的当事人身上。

评论：这些推定的根据在判例中没有提到，但是从判例中可以看到，这些推定确立了被推定的事实，从逻辑上说，这些事实存在的可能性大于不存在的可能性。这些推定的效果是：谁反对这种推定的事实，那么举证责任就由他承担。

43. 如果在当事人之间存在一种信用的关系，那么推定合同无效。它要求提供关于忠诚、充分的知识、意志和行为的独立等方面的清晰的证据来予以反驳。

评论：这个推定的存在与遗嘱、礼物有关，因为从中往往有一些信用的利益关系。法院从未说出这些规则的理由，但是从这些规则中可以看到，这些规则受到一项有力的政策的支持，它就是：保护人们免受他们所信赖的人的侵犯，因为后者可能利用那种信赖获取利益。

44. 合同是不可更改的。（一般性推定）

（二十一）公司

45. 公司总裁为了公司利益，有权执行任何指示。（一般性推定）

46. 公司总裁有用人权。（一般性推定）

（二十二）损害

47. 根据美国劳工部的规定，一个患儿的收入应该与国民平均收入水平相等。（一般性推定）

评论：这是一项新的推定规则，法院在制定这个新推定时说，它的根据是平等和公正。把患儿的经济潜能限定在儿童的双亲或者同一社区的人的经济能力范围之内，是不可能平等的。这里首先要估计到的是：儿童的平均的经济潜能，正如美国劳工部的统计所表明的那样，双方当事人都可以用那个孩子个别的潜能的证据来反驳这个推定。

（二十三）死亡

48. 如果证据表明，某人失踪 7 年，在此期间也没有证据证明他还活着，那么推定他已经死亡。

49. 没有这样的推定：失踪 7 年的人死于任何特定的时间。

50. 人的死亡是一个表面证据，由被授权的官员或者雇员提供书面文件来证明这项事实。（一般性推定）

如果该书面记录是原始的，且发现该事实的官员或者雇员得到授权，那么这类书面记录的复印件可以作为表面证据。

51. 生命的过程是连续的，直到出现相反的证据为止。（一般性推定）

（二十四）契约

52. 抵押（省略）。

53. 如果转移物件的情况有7年的记载，那么可以推定，关于转移物件的有瑕疵的许可是完整的。（决定性推定）

54. 如果转移物件的情况有10年的记载，那么可以推定，关于物件的转移虽然没有许可书作为根据，但是它是受到许可的。（决定性推定）

55. 如果契约早已记录在案，那么推定该契约是先执行，而后来记录在案的。（一般性推定）。

56. 谁持有契约，谁就拥有财产（谁就是财产所有人）。（一般性推定）

57. 从契约的记录情况或者受许可者持有契约的情况可以推定，该契约已经送达。（一般性推定）

评论：关于这些规则没有说明理由。但是从这些规则中可以看出，他们的根据是如下的政策：赞同财产的稳定性，以及被推定的事实更可能是真实的。

58. 如果一件契约具有表面的效力或者被记录在案，那么推定：在订立契约的时候，当事人诚实无诈。该推定要求明晰的确凿的证据予以推翻。

评论：和其他规则一样，这项规则支持如下政策：不赞成宣誓，而是要求提供强有力的欺诈证明。

59. 如果让与人的受托人得到了契约，那么推定，该契约对于让与人履约或者该契约的订立有不当影响。该推定要求明晰的确凿的证据予以推翻。

评论：在礼物让与案件中，不必证明受托人是在无异议的情况下取得了礼物。当受托人成为遗嘱的受益人时，这使此项不正当影响的推定比废除契约更为有力。

60. 如果证据表明，让与人不识字，相信受让人会帮助他避免麻烦，则推定契约无效。其根据与那些关于受托人的不正当影响的推定相似。

61. 让与人有履行契约的法律能力。（一般性推定）

62. 如果契约是以合适的方式被认可的，那么推定让与人采纳另一个人代替他本人所作的签名。这是一个非常强有力的推定，要求明晰的确凿的证据予以推翻。

评论：这项规则的理由是，如果让与人认可另一个人代替他本人签名，那么推定承认是真实的。另外，在这项交易很久之后，原始的当事人常常不在，或者记忆淡漠的情况下，如果一方当事人攻击这个契约，那么举证责任就由他承担，对他来说，这项规则是公平的。

（二十五）离婚

63. 一旦建立了住所，那么它就是稳定的连续的。（一般性推定）

64. 连带共有财产的共有人拥有同等的股份。（一般性推定）

65. 婚姻期间取得的财产是夫妻双方共同的财产。（一般性推定）

66. 在诉讼中，如果有两名医生作证说当事人有精神病，则推定离婚的一方是精神病人，离婚就是正当的。（一般性推定）

67. 如果当事人一方在婚姻期间有精神病，且连续发作，则

该精神病人在婚姻期间不知道自己是精神病人。（一般性推定）

68. 如果双亲同意连带监护，由双亲连带监护符合未成年儿童的最大利益。（一般性推定）

69. 根据法律指南，应该发出命令支持儿童。该推定要求根据密西西比州法典第 43－19－103 节的规定予以反驳。

（二十六）家庭虐待

70. 如果一个秩序表面上看来是传统的，那么推定为了保卫来自另一个州的秩序，家庭虐待是有效的。

71. 医院或者其他健康服务的提供者，本着良好的意愿来制作家庭虐待报告。（一般性推定）

（二十七）住所

72. 男子的住所是指他与家人在一起的住所。（一般性推定）

（二十八）选举

73. 除了法律禁止的标记外，选票箱上的任何标记都是无害的。（一般性推定）

74. 选举是有效的、适当的，除非有证据表明存在欺诈。必须提供明晰的、确凿的证据来证明欺诈。

75. 投票是合法的。（一般性推定）

评论：许多推定赞同官方的行为，维护官方的权威。如果有人反对这些行为，那么举证责任就由他来承担，他必须证明这些行为是非法的和无效的。这些规则看起来和其他推定规则是一样的。

（二十九）电力

76. 用电事故是由于疏忽造成的。（一般性推定）

（三十）电力协会

77. 对于密西西比州城市电力协会的工作，用户方面反馈了适当的陈述，除去抱怨，从它们的复印件来看，在电力协会所管辖的区域内，绝大多数用户书面表示满意，他们愿意用该协会的电。

（三十一）著名管区

78. 土地所有人有资格获得一等奖的份额。（决定性推定）

这项推定起源于一种请求奖励的纠纷。通常，减除土地所有人的税负是合理的。关于该纠纷的判决没有区分一等奖与其他任何奖励。

（三十二）雇主与雇员

79. 如果证据表明雇主的名字刻在一辆商用卡车上，那么推定司机在雇用期内是该雇主的一名雇员，而雇主是卡车的所有人。该推定要求反对者提供明晰的确凿的证据予以推翻。

80. 如果证据表明雇员正在驾驶雇主的交通工具，那么推定司机正在为雇主所用。要求雇主提供证据，证明司机是在为自己办私事。

81. 如果证据表明司机负责管理雇主的轿车，那么推定在允许雇主的儿子驾驶轿车的同时，司机仍为雇主所雇用。（一般性推定）

82. 如果证据表明在雇主与雇员之间存在主仆关系，那么推定雇员仍在受到雇佣。（一般性推定）

83. 如果证据表明，司机所驾驶的卡车，其所有权在雇主，那么推定雇员仍在受到雇佣。（一般性推定）

评论：所有这些推定看来都受到如下的逻辑关系所支持：这

就是推定的事实与已证事实之间的逻辑联系。一般来说，雇员在驾驶雇主的交通工具的时候，是处在工作状态。从这些推定中可以看到，雇主有权反驳这些推定；由雇主承担反驳这些推定的责任是公平的，因为雇主通常能够更好地接近和掌握有关这类情况的证据。

（三十三）雇佣关系

84. 如果雇员因未能通过酒精或者毒品的测试而被解雇，那么推定酒精或者毒品测验的结果是正确的。（一般性推定）

（三十四）公平交易

85. 从商家只备置了60天内存货这一事实可以推定，商家正在准备破产。（一般性推定）

（三十五）农民合作公司

86. 在公司的成员与公司签订的市场合同期内，任何人在公司合作成员的土地上生产的产品都是该成员的产品，应当受到市场合同的约束。（决定性推定）

（三十六）欺诈

87. 人的行为没有坏的动机、不诚实和欺诈。

该推定要求反对者提供明晰的确凿的证据来推翻。

（三十七）礼物

88. 如果受赠人与赠与人之间存在信用的关系，尽管没有出现可疑的情况，那么推定受赠人在取得礼物的过程中施加了不当的影响。

该推定要求反对者提供明晰的确凿的证据予以反驳。

89. 如果证据表明，赠与人与受赠人之间存在密切的关系

（如丈夫和妻子），那么推定赠与物是礼物。（一般性推定）

（三十八）国民警卫队员

90. 如果有证据表明，国民警卫队员有军籍的介绍信和官方颁发的证书，那么推定一个非定居的国民警卫队员是被有效和合法地任命的，是合格的，即使它是在另一个州或者国家任命的。（决定性推定）

（三十九）丈夫和妻子

91. 如果丈夫有财产送给妻子和留给自己，那么推定妻子和丈夫一样有平等的财产利益。（一般性推定）

92. 如果一件财产从丈夫转移给妻子，那么推定该财产是一件礼物。（一般性推定）

93. 如果没有相反的证据，那么推定丈夫和妻子在一起共同生活。（一般性推定）

94. 如果有证据表明，丈夫与作为原告的妻子之间的正常关系已经结束，那么推定此后被告（丈夫）对妻子的行为是恶意的。（一般性推定）

（四十）保险

95. 根据残疾人的政策，如果受害人在6个月期间仍未恢复肢体功能的，则推定受害人为终身残疾。（决定性推定）

96. 在突发性的死亡事件中，推定受害人是暴力致死，而不是自杀身亡。（强有力的推定）

如果保险公司认为是自杀身亡，那么它应当就此承担说服责任。

97. 如果汽车司机分别为多个交通工具投保，那么可以推定，

未投保的汽车司机的范围可能较为集中。(可能是决定性推定)

98. 如果没有相反的证据，则推定保险申请人如实地申报了自己的年龄。(一般性推定)

(四十一) 故意

99. 一个人在从事某种行为的时候是有意为之。(一般性推定)

(四十二) 国内税收服务

100. 精确的国内税收服务决定了应纳税款的总额。(一般性推定)

(四十三) 连带佃户

101. 如果佃户之间存在连带关系，则推定每户拥有一半的财产利益。(一般性推定)

102. 在两个或者多个人的名字中，银行存折的抬头会有助于那些名字不同的人。(一般性推定)

103. 在两个或者多个人的名字中，对于所有当事人来说，储蓄协会存折的抬头会有助于那些名字不同的人。(决定性推定)

(四十四) 法官

104. 法官是合格的、公正的。

该推定要求反对者提供无疑点的证据来予以反驳。

(四十五) 法律知识

105. 每个人都懂得法律，人们必须承受其行为的法律后果。

反对此相推定的人，应当提供错误行为的事实或者非法藏匿事实的证据来予以反驳。

(四十六) 合法行为

106. 人的行为是合法的、诚实的。(一般性推定)

107. 经商的过程是有规律的和有效的。（一般性推定）

（四十七）诬蔑和诽谤

108. 原告有好的名声。（一般性推定）

109. 如果被告有适格的权利发表其诚信的信息，那么可以推定被告的行为是诚恳的。该推定要求原告提供被告缺乏诚意的证据来予以反驳。

（四十八）邮电

110. 如果邮件上有适当的地址，交付了邮资，并投放到美国的任何一个邮政服务机构，那么推定邮件已经送达收件人。（一般性推定）

111. 如果邮件是由合格的邮政机构寄送，有收据，信封上写明了这些鸟类交易商人提供给委员会的地址，那么由此推定鸟类交易商收到了出席农业委员会的听证会的命令或权利的通知。

112. 如果邮件证书上写明了正确的地址，盖了邮政机关的邮戳，那么推定他们收到了取消保险的通知。（一般性推定）

该推定可以提供充分的、可靠的缺乏收据的证据来予以反驳。如果仅是否定收据，那是不够的。

（四十九）婚姻

113. 仪式婚姻是有效的。

114. 如果前一次的婚姻因离婚或者死亡被解除，那么接下来的婚姻是有效的。该推定要求反对者提供明晰的确凿的证据予以反驳。

评论：上面提到的这些推定属于非常强有力的推定的范畴，他们是根据公共政策而订立的。这些公共政策维护婚姻的效力、维护儿童的合法权益、维护财产的继承权和社区的公共道德标准。

115. 第一次婚姻被解除后，接下来的婚姻是有效的。这项推定优先于另一项推定，即关于生命过程是连续的推定。

116. 一个正式的婚姻表明双方当事人都是有能力的，能够对一件有效的婚姻作出合意的表示，并提供其他必需的东西。

117. 外国婚姻是有效的。(一般性推定)

118. 如果双方当事人已经开始一种成熟的关系，那么推定这种成熟的关系是继续存在的。除非反对者提供明晰的证据，表明有一种普通法上的婚姻存在，否则上述关系就不会中断。

119. 如果丈夫和妻子在一起生活，有他们自己的孩子，而且他们的亲戚也这么认为，那么推定他们结了婚。

120. 如果在男人的妻子死亡之前，这个男人与另一个女人之间产生了一种不正当的关系，而且这种关系已经深入夫妻关系，那么推定在男人的第一个妻子死后，这个男人和那个女人之间的不正当关系继续存在。(一般性推定)

(五十) 医疗费用

121. 如果医疗费用已经发生和支付，那么推定支付医院和医生的医疗费用是合理的和必需的。

(五十一) 未成年人

122. 从文件的执行与他们的实际居所相符这一情况可以推定，已婚的未成年人占有财产，或者企图占有财产，其目的是作为居所之用。(决定性推定)

该推定用来确保这类文件的有效和执行。

（五十二）抵押

123. 如果债权人在契约的名义下占有财产，那么可以推定，契约是债的凭证，不是抵押。（一般性推定）

124. 从法律效果来说，契约就是债的凭证，这是它的本意。契约不是抵押。（一般性推定）

125. 如果当事人提出了有价值的约因，在取得信赖凭证时不存在欺诈。如果有人反对此推定，那么他必须提供明晰的确凿的存在欺诈的证据，正像通常所做的那样。

126. 如果债务人发誓付款，那么推定信赖凭证是债的保证。（一般性推定）

（五十三）过失

127. 如果马群因无人看守而跑丢，则推定马群的所有人负有疏忽大意的过失责任。（一般性推定）

128. 如果一个障碍已有若干年，则推定城市的路边都有障碍标志。（一般性推定）

129. 七岁到十四岁的儿童具有一定的辨识能力，不可能完全疏忽。

如有人反对此推定，则要求他提供证据证明该儿童不具有这样的能力。

130. 七岁以下的儿童不可能完全疏忽。（决定性推定）

131. 受过训练的病人通常会关心自己的安全。

评论：这表明被告负有相对疏忽的证明责任。除此之外，没有别的办法。

132. 一个人看见了他应当看见的东西。（可能是决定性推定）

每个人都承担践行可见的通常的注意义务，无论他看见了什么或者什么也没有看见。这项推定将侵权责任赋予这样的人来承担。

133. 如果能够证明，当事故发生时是被告负责仪器设备的操作，假如操作过程中没有疏忽，那么通常不会发生事故，同时也不存在原告自伤的可能性。由此推定被告在导致原告受伤害中有过失责任。（一般性推定）

评论：对于上述推定，法院有时会把它作为一种推论提出，对于这些推论，陪审员们可能采用也可能不采用。法院也可能把它作为一种推定，要求被告提供证据，证明自己没有过失。法院将告诉陪审团成员，他们发现的这些基础事实具有何种效果，但是说服责任仍由原告承担。

134. 如果司机没有疏忽，吊车是不会倾覆的。（一般性推定）

135. 如果证据表明被告正在奔跑、操作或者发动汽车，那么推定原告受伤或者受损害是由被告的疏忽造成的。

该推定要求被告证明，尽管他或她触犯了法律，但是他或她仍然遵守了通常的注意义务。

评论：这是法定的过失责任。

136. 在联邦或者州高速公路上的家畜是车辆倾覆、丧命或者身体受伤的原因。根据密西西比州法典第 68 - 13 - 111 节的规定，举证责任由家畜所有人来承担，他要证明自己不存在过失或者因果关系。如果原告提不出证据对抗被告的强有力的无过失的事实，那么关于过失和因果关系的推定便随之消失，法院将直接对被告下达判决。（一般性推定）

评论：这说明当推定受到有效的反驳之后，至少在被告的无过失证据的压力之下，就变得没有分量。

（五十四）官员

137. 如果一名官员有任何资格证书、证据或者有相应职位的人制作或者提交的原始文件来证明，那么推定他是任何州或者合众国的一名官员。（一般性推定）

（五十五）合伙关系

138. 合伙人打算平等地分享利润。（一般性推定）

139. 在商业协作中协作者分享利润，那么推定商业协作是一种合伙关系。

140. 如果合伙关系已经开始，那么推定这种关系将继续下去。（一般性推定）

141. 在合伙关系中，如果合伙关系中的一员偿付了债务，则推定全体合伙偿付了这笔债务。

142. 如果有表面证据证明，有限的合伙关系证书是由美国国务院颁发的，那么推定这种有限合伙关系已经成立并将继续下去。就合伙关系的成立来说，这是一项决定性推定；就合伙关系的继续来说，则是一般性推定。

143. 如果生意由合伙人或者类似这种人继续经营，那么推定作为一个固定的组织，合伙仍继续存在。（一般性推定）

（五十六）专利

144. 专利是有效的。

反驳此推定的人必须提供明晰的确凿的证据。

（五十七）付款

145. 如果债务人的财产已被查封，则推定债务已经清偿。（一般性推定）

146. 如果债务从发生时起已过 6 年，则推定债务已经清偿。（一般性推定）

147. 债务人长期用自己所占有的土地作为债的保证，则推定债务已经偿付。（一般性推定）

148. 如果不能对抗妨害行为，那么推定关于债务有效的法令实施后债务已经清偿。（可能是决定性推定）

149. 对于一个已经存在的债来说，债权人拿走票据仅作为有条件的支付，而不是完全支付。（一般性推定）

（五十八）工艺

150. 固定从事某项工艺的人是通过授权从事这项职业的。（一般性推定）

151. 尽管在报告中他少年时代的设计作品被忽略了，但是作为从事工艺职业的人，他是合适的。（一般性推定）

（五十九）公共用地

152. 政府对土地的专有权是合法的、有效的。（一般性推定）

153. 专利权所有人根据他的专利和法律进入土地领域。

154. 根据专利和财产来判断，土地的名称是合法的，如果它与前者相一致。

155. 如果土地以收税为代价售出之后，经过了 25 年以上，没有专利记录，没有申请者过去 10 年纳税的记录，则推定土地属于州政府专有。（可能是决定性推定）

156. 如果取得专利已经有 10 多年，而且税款已经缴纳，那么推定为了用土地冲抵税款，而从州政府取得的专利是有效的。（可能是决定性推定）

（六十）公共记录

157. 如果监事会重建了那些失去的记录，那么推定丢失的记录、税款的征收或者其他关于监事会的公共法律事项，都是正确地重建的。除非在重建记录（表面上是正确的）之前，产生了某些权利。(决定性推定)

其中，记录是正确地重建的，这是一项决定性推定；但是对于所产生的权利，则是一般性推定。

（六十一）交易的禁止

158. 如果有证据证明，烟草商在广告上宣称以低于成本价来出售香烟，或者实际上也是这么做的，给予买主好处费或者打折，以达到出售烟草的目的；或者以低于成本价来引诱或打算引诱人们购买他的香烟，那么推定烟草商打算伤害竞争者（对手），消灭或者相应地削弱竞争对手。

159. 面对竞争，批发商或者零售商到底是不是以合理的价格诚信以对，是没有实际成本作为证据的。由此推定，在同一交易地区，从事批发或者零售是由交易成本来决定的。对于批发商或者零售商来说，烟草成本是最低的。(一般性推定)

160. 如果证据表明，一个地区同另一个地区相比，其机械服务的费用较低或者棉籽的价格较高，那么推定，棉花机械商连锁公司的出价具有歧视性。(一般性推定)

161. 如果证据表明，一个地区同另一个地区相比，其服务价格较低，或者商品价格较高，此外，商品的分量有多有少，其他必需品昂贵，那么推定该地区存在一种限制自由交易和产品自由流通的联盟。

（六十二）信赖

162. 如果所有人不打算让某人取得使用该财产的资格，那么推定这里所有人不信赖该人。（可能是决定性推定）法院可据此作出判决。

163. 如果丈夫用他妻子的钱购买了财产，那么推定妻子信赖她的丈夫。

164. 如果名义管理人有义务平等地为了另一些人的利益管理财产，那么推定名义管理人打算忠诚地为另一个人管理财产。

165. 如果一个人为财产付款，而另一个人取得该财产的所有权，那么推定付款方是值得信赖的人。

（六十三）学校

166. 校董会成员忠于职守。

167. 如果学校制度有种族隔离的历史，那么推定该制度中存在歧视。（一般性推定）

168. 从校区夺走它的土地会削弱它的效用。

169. 在废除双重的学校体制之前，在位的老师和校长是合格的。

（六十四）自杀

170. 每个热爱生命的人都会避免危险，不会走向自杀。（一般性推定）

（六十五）征税

171. 公司财产的账面价值是正确征税的基础。（一般性推定）

（六十六）共同租用

172. 在共同租用财产的活动中，一名合租人的行为（如纳税或者处理税后的财产）有利于其他合租人。

173. 一名合租人的占有行为不会对其他合租人不利。

评论：这些推定显然是在维护法律，因为这些推定是在处理一种信用的关系。在合租关系中，有时一名合租人为了建立自己的权威，必须通过不利于其他人的占有行为，坚决排斥其他合租人。为了维护正常的合租关系，需要制定此推定规则。这些推定属于非常强有力的范畴。反对此推定的人为了说服法庭，必须提供明晰的确凿的证据，来证明存在排斥的行为。

（六十七）卖方与买方

174. 买方通过阅读卖方的产品证书可以知道产品的瑕疵所在。这可能是决定性推定。在买方没有提出权利告知要求的情况下，它否定了善意的买方的地位。

175. 卖方知道产品证书的内容。这可能是决定性推定，它的根据是买方的权利或者缺陷告知要求。

176. 买方知道文件所载明的内容。（决定性推定）

（六十八）重量和尺寸

177. 如果称量证书是由一个掌称人签署和封好的，则推定重量和尺寸是精确的。（一般性推定）

178. 如果不允许农业委员会的代表去检查汽油泵、卡车或者其他设施，则推定对汽油泵、卡车或者其他设施的测量是不精确的。（一般性推定）

179. 如果在任何建筑物（附属物、站台或者交通工具）中存在这类尺寸或者设施，那么推定重量或者尺寸标准，或者称重或者尺寸的度量工具，通常被建筑物（附属物、站台或者交通工具）的管理人用于商业目的。这是非常强有力的推定，要求提供无疑点的证据予以反驳。

（六十九）遗嘱

180. 如果证据表明，受益人与遗嘱检验人之间有信任关系，在立遗嘱过程中有可疑的情况，则推定遗嘱受到了受益人的不正当影响。（非常强有力的推定）要求明晰的确凿的证据予以反驳。反对此推定的人应当提供如下证据：受益人的行为是诚实的；遗嘱检验人在检验遗嘱时凭借的是自己的知识、独立的意志和行动。

181. 在某些情况下，经过长时间之后，仍未有人提出异议，则推定遗嘱有效。(一般性推定)

182. 如果遗嘱是由检验人制作的，由检验人持有，在被继承人死后经过艰难的搜索也未能发现，则推定遗嘱作废。

183. 如果检验人隐匿或者销毁了遗嘱的复印件，则推定检验人打算使他的遗嘱作废。(一般性推定)

如果没有证据表明打算使遗嘱作废，那么这个推定就不会发生。

184. 如果有表面证据证明，遗嘱是被正当地认可的，则推定遗嘱有效。(一般性推定)

（七十）员工的补偿

185. 妻子和 18 岁以下的合法子女是靠这位员工过活的。(决定性推定)

186. 如果员工受伤后获得的收入等于或者超过了受伤之前的收入，则推定员工的生活质量没有受到削弱。(一般性推定)

附录一
必须推定与可予推论之间的区别

本文源自一起由美国最高法院审判的上诉案件。[①] 案件名称叫尤金·约翰·卡里纳（上诉人）诉加利福尼亚州政府（被上诉人）案（EUGENE J. CARELLA, Appellant, v. STATE OF CALIFORNIA, Appellee）。该上诉案件来自加利福尼亚州高等法院上诉庭。

背景介绍

1. 美国租赁协会，是一个非营利性的、采用会员制的全国性商会。坐落在美国伊利诺伊州莫林市第 19 街，邮政编码是 61265。

2. 美国租赁协会大约有 3600 宗独立的覆盖全美的设备租赁业务，这些业务都是短期租赁性质的。其用于对公众租赁设备和其他个人财产，范围极为广泛和多样。这些设备迥异，其范围包括家庭用品、团体的供应品和设备、建筑机械和设备、交通工具和其他交通设备、耐用的医疗设备和工具、健身设备等。

---

① No. 87 - 6997. SUPREME COURT OF THE UNITED STATES. 1987 U. S . Brief 6997, October term, 1988, March 31, 1989.

3. 美国租赁协会代表完全的设备或个人财产租赁行业。美国租赁协会在本案中的利益就是从该案的事实中产生的。美国租赁协会相信，这份概要（正在要求允许提供的文件）将有助于法院从较宽阔的视野来定义强制推论和推定在刑事盗窃案件中的本质，决定在被告的个人权利与租赁业主的财产权之间取得恰当的平衡。

4. 在过去的30年中，个人财产或者设备租赁业务在租赁史上经历了一个强大而稳定的增长期。美国租赁协会估计，至少有15 000个租赁设备（非汽车），年收入超过160亿美元。

在美国，独立的设备租赁业务于“二战”后立即兴起，以回应“干你自己的事”的运动。许多人通过建筑和机械贸易加入该行业，这些人拥有保管和修理电器工具、机器和其他设备的经历。大多数租赁商店开始采用家庭作坊式经营方式，丈夫和妻子在业务上协作互助。经过第二代甚至第三代之后，今天租赁业公司已经成长为强壮而有效率的小型商业组织。

5. 短期设备租赁面对的是日益增长的顾客需求，因为相对于拥有设备而言，租赁具有便利性，特别是它能够节省昂贵的费用。租赁还避免了不必要的投资，解决了修理和保管的问题，消除了储藏的困难。因此，租赁是一个完美的方案。

6. 设备租赁业的成功，反映了设备租赁公司在美国市场上的独立功能。

7. 然而，在短期设备租赁快速增长的同时，该行业也遭受了日益增多的损失。这些损失是由一些不诚实的顾客侵占租赁设备而产生的。法院已经对“侵占”下了定义，认为它是未经授权的、非法的占有和支配另一个人的财产的行为，其目的在于排斥所有人的权利，或者使之与所有人的权利不一致。

8. 侵占与其他种类的偷窃不同。在侵占的状态下，财产属于合法地取得，并通过租赁协议而进行转移。也就是说通过支付定金或者费用，顾客合法地取得财产的占用权。与此相反，偷窃者是通过非法的方式取得财产的占有权。不诚实地通过合法方式取得财产的顾客大都会改变租赁物的用途，但根据现行《偷窃法》，他们的行为很容易逃脱检察官的刑事指控和惩罚。因此，我们承认，这违背了完善的公共政策。

9. 美国租赁协会支持政府制定的法律和法官对法律的解释。通过这些内容，陪审员可以区分财产犯罪与无辜或因过失而不返还财产。因此，美国租赁协会对于强制推论和推定的应用和发展非常感兴趣。通过强制推论和推定的应用和发展，以建立可靠的标志，同时确保这些推论和推定不侵犯被告的宪法权利。我们的兴趣不在于取消侵权者的举证责任的控告。相反，我们始终坚持保护每个公民的正当程序权利。

10. 许多州立法机构已经承认这个难题，制定了多种条令，以便打击和消除犯罪。立法机关的目的在于努力取得这些相关权利的必要而精致的平衡，为此，他们将继续关注这个高等法院的审理情况。

11. 这些关键因素已经凸显美国租赁协会在本案中的利益，这些利益是法院应当考虑的。

事实陈述

12. MPG 汽车租赁公司位于加利福尼亚州。1985 年 3 月 25 日，尤金·约翰·卡里纳从该公司租了一辆汽车，租赁协议约定的期限为30日。该协议已经提交到法庭作为证据。协议写道："租赁协议为期72小时，承租人应该在此期限内返还汽车。租赁工具应当用于合法活动。"1985年3月26日，上诉人（承租人）要求更换另一辆汽车并同意在1985年4月26日还车。随后，上诉人打电话要求延期，将租约延长到1985年5月3日，但是到期仍然没有归还汽车。

13. 5月3日以后，租赁公司的主人加利·亚科夫多次打电话与承租人联系。他甚至驱车到承租人的从业地址，但根本接触不到承租人本人。后来发现，承租人的住址有两个，他不住在第一份租赁协议上的地址，而是住在另一个地址。

14. 承租人从不回复亚科夫的电话。于是，亚科夫给承租人的两个地址寄了挂号信。1985年5月16日，亚科夫致信承租人，要求其立即返还汽车，否则诉诸法院。信件内容是：

"请在1985年5月26日立即返还你所承租的汽车。我们的地址是威尔希尔大街9047号。否则我们将采取法律行动控告你，我们将报告警方这辆汽车被人偷了。"

15. 但是，这封信被邮局退回，亚科夫被告知："收信人已经搬走，无法投递。"另一封信没有退回邮局，对此，上诉人缺乏任何否认的收据，因此可以合理地推断他收到了这封信。

16. 亚科夫试图继续通过承租人在租赁协议上所提供的营业电话联系他，以便告知他一些信息。后来，亚科夫发现承租人的电话号码是一家旅馆的电话号码，承租人从未给亚科夫回话。亚科夫问旅馆职员，承租人是否已经收到他所留下的信息。职员回答，承租人已经收到这些信息。

17. 1985年6月3日，亚科夫向警察局报告汽车被偷了。警探施瓦布（Schwab）接到报案后，试图与上诉人取得联系，留下了自己的联系方式和相关信息，但也没有得到回话。于是他申请了一张逮捕令。1985 年 6 月 27 日，上诉人被逮捕。在上诉人所说的营业地址的停车场发现了那辆汽车。

18. 两个证人为被告作证。上诉人的信贷员证实，本案发生期间，她跟上诉人一起住在租赁协议所注明的营业地。她作证说，她不记得收到了任何要求返还汽车的信息，尽管她证实把“收到信息”的单子留给了上诉人。

19. 她证实，她记得在星期六，1985 年 5 月 11 日，在上诉人陪伴下到燃气站，为租来的汽车加满气。她还证实，当时正值傍晚，靠近 MPG 汽车租赁公司。她知道当时上诉人带了大量现金，但是不知道他要用这些现金干什么。她说，在正常情况下，她坐公共汽车而不是坐上诉人租来的汽车。她不知道有租赁协议。

20. 第二个为被告作证的证人是警察局的雇员。她说，接听电话是她的职责的一部分。1985 年 6 月 3 日她当班，她不记得上诉人是否给警探施瓦布打了电话。

21. 上诉人没有提供更多的证据，也没有就其为什么不返还汽车作更多的解释。大陪审团指控他犯有偷窃罪。

争论概要

22. 就性质而论，强制推论和推定是允许的。它们的建立和运用，并不否定被告基于《美国宪法》第 14 条修正案第 1 节所享有的正当程序权利。这些以强制为基础的推论，结构是完善的，应予以坚持，只要能够在基础事实与终极事实之间找到一种所要求的合理关系。

23. 法院认为，可予推论在结构上是不完善的。只要存在不合理的方式，事实审理者都可能通过这种推论作出所允许的连接。这个推论，同过去的与强制推定相关联的标准相比，实际上构成一个不同的标准。因此，任何本质的分析都必须从界定推定的性质开始。

24. 给予陪审团的指示来源于两个条令——加利福尼亚州《刑事处罚法》第 484 条第 B 款和加利福尼亚州《交通法》第 10855 条。根据加利福尼亚州法律，强制推定总是被允许的。加利福尼亚州最高法院把所有推定都归结为可予推论的范畴，以便保持这些推定的本质特征，从而指导加利福尼亚州法院在指示陪审团时把强制推定当作可予推论处理。因此，如果有关推定的指示采用了强制形式，而不是作为可予推定给出的，那么这种指示就存在根本缺陷。这不是强制推定本身的缺陷。

25. 人们可能容易建立合理的连接，这些连接（给予陪审团的指示得以产生的）是这些条令的本质所要求的。与《交通法》第 10855 条相连接，本案中上诉人具有故意行为，该事实不言自明，没有发现更多的事实，终极事实需要满足政府的关于《偷窃法》上“故意”之举证责任的规定。

26. 与审判有关的条令或指示，都不把任何说服责任转移给上诉人。相反，在大多数情况下，它们仅转移提供证据的责任，就是说，在书面警告、超过还车期限或者延长还车的时间面前，上诉人应该作出某些解释或者提供有助于解释他不能返还汽车给业主的证据。

27. 由于低级的提供证据责任（与说服责任相比，提供证据的责任要求不高，一般并不难实现，所以说它是低级的）的缘故，这些“推定”应该被理解为可予推论，它们不具有强制性。根据加利福尼亚州法律，如果被告提出了任何证据来回应或者反驳推定，那么这里法院就不会向陪审团发出这些推定的指示。如果某人假定，法官在本案审理中遵从法律，那么也可以推论：已经给予实质性指示，因为上诉人不能（缺乏能力）提供任何这种证据。

28. 考察决定性推定或者不可反驳的推定是如何构成的，绝不能仅看表面指示的语言。决定性推定从本案中取消了被推定的要素，一旦州政府已经证明所断言的事实给出了推定，故意的问题就不能通过陪审团指示的方式从这起案件中取消。首先，要求陪审团去发现从其他行为中分离出来的预测性行为，以便去推定。其次，陪审团将会被指示疏忽的事实，或者诚实而合理的错误事实将会使上诉人的行为成为合法。一旦陪审团根据其他指示而读到上述指示，陪审团将面临一种选择。

29. 美国租赁协会承认，从总体上看，这些指示使得陪审团对举证责任的分担有充分的、完整的理解。对于每项要素进行无可怀疑的指控，其举证责任由检控方承担。这完全是宪法的要求。

30. 加利福尼亚州两个法令上的推定，是可予推论。在它们的基础事实与最终被推定事实之间存在一种合理的连接。

美国租赁协会承认，法律和法官建立的推论和推定，具有可允许的性质。它们的建立与运用，并不否认被告的正当程序权利。这些州法中的推论和推定并不仅表明在它们的基础事实与被推定事实之间存在合理的连接。基础事实、证据性事实，至少它们的大多数，常常具有支持陪审团的无可怀疑的指控的独立能力。这些基于条令的推论，其结构完满，应该坚持。事实上，应该鼓励把推论用作建立标准的工具。利用这些标准，法院、陪审团和公众可以预测刑事犯罪。

31. 法院指出，推论和推定的价值因案而异，取决于有关的特定基础事实与终局事实之间联结的强度，取决于妨碍事实发现者自由评价证据的程度。在估计不同类型的推论和推定时，法院得出结论：可予推论根本上就是不完善的，只要存在不合理的方式，审判者就可能采用推论的方式作出所允许的连接。法院设定了更多的富有活力的有关强制性推定的测试。因此，任何本质的分析，均必须从界定推定的性质开始。

32. 加利福尼亚州最高法院已经命令把所有从本州刑事条令中产生的推定变为可予推论来处理，从而维护了受攻击的强制推定的本质。

33. 检控方提起公诉，法院指示陪审团，双方的依据都是两个强制的推定。其中之一是加利福尼亚州《交通法》第 10855 条，其中讲到交通工具时特别指出："无论何时，租赁交通工具的任何人，在租赁合同到期后五日内，故意不归还该工具给其所有者，那么此人被推定有意偷窃该交通工具。"

34. 另一个推定写在加利福尼亚州《刑事处罚法》第 484 条，其中规定："如果某人通过书面合同已经租了某人的财产为自己使用，但是，在租赁合同期限届满之后 20 日内，所有人通过挂号信提出其归还财产的书面要求，而承租人仍不归还的，承租人的行为除了适用加利福尼亚州《交通法》第 10855 条的规定之外，还被推定犯有用欺诈手段盗窃他人交通工具的罪行。"

35. 根据加利福尼亚州法律，上述推定本质上总是允许的。在人们诉瑞得（People V. Read）一案中，涉及与有罪推定相关的强制推定。在该案件中，一个二手财产交易商被指控收购偷窃的财产，因而有罪。在评价强制推定时，加利福尼亚州最高法院明示考虑到阿尔斯特（Ulster）案件的影响。法院认为，根据阿尔斯特案件和桑德斯特伦（Sandstrom）案件的判决和加利福尼亚州《证据法》，这种推定将会是必需的。然而，为了维护那个推定及其相似的推定（例如这里所述的两个推定）的本质属性，法院坚持认为，既已存在的加利福尼亚州《刑法》强制推定应该是“降低到法律允许的限度内，而不能将它们混为一谈”。因此，法院依法将强制性的、可以反驳的推定统统归结到可予推论的范畴，用来引导加利福尼亚州法院向陪审团作出如下指示：这些强制推定要作为可予推论来对待。

36. 首先，维护采用限制形式的强制性条款，将仍然使法院能够将推论告知陪审团。这项推论是，立法机关能够从基础事实的证明中合理地得出结论。这项证据工具（推论）的消灭，将剥夺立法机构对于陪审团的任何指导。在这些情况下，实际犯罪的直接证据将不可能取得。

其次，即便作为可予推论，强制条款亦将在规范二手交易商人的行为，当要求他们交出可能是偷来的财产时，引导这些交易商去作出合理的要求方面，发挥其重要的实质性的功能作用。州政府积极鼓励交易商这样做，以便给偷窃者设置更多的销赃困难。

37. 让我们去考察基础事实与终极事实之间的合理连接，正如阿尔斯特案件所要求的那样。人们可以轻易就该案的可予推论作出合理的连接。简言之，在两个有疑问的推定中，其终极事实是“更可能”从基础事实中得出，“而不是不可能”从基础事实中得出。

38. 为了得到推定的利益，或者更精确地说，为了得到有关故意的终极事实的推论的利益，要求检控方证明其所断言的事实，即书面要求和长达 20 天的延迟。必须承认，陪审团根据通常关于环境证据的陪审指示，有权从书面要求和合理的时间期限内自由地作出推论。这里，这种推论显然是合理的。例如，如果陪审团相信，上诉人已经收到 1985 年 5 月 16 日的信，该信件要求上诉人“立刻”返还汽车，那么陪审团就会独立地作出结论：一旦他不返还汽车超过了规定的日期，那么尤金·约翰·卡里纳先生便已经构成诈欺或者侵占的故意。

39. 对于加利福尼亚州《交通法》第 10855 条的推定，可以作出同样的分析。该条规定：“无论何时，租赁他人交通工具而在租赁契约期满后 5 天内故意不还的，承租人将被推定为侵占他人的交通工具。”

40. 尽管使用了这样的措辞，但是它根本就不是推定，因为它绝对依赖于意愿或者故意。为了导出这个“推定”，陪审团必须发现检控方所断言的事实，即上诉人没有返还所租赁的交通工具是有意的、故意的。意欲和故意的行为不言之明，发现这个行为不需要更多的事实。因此，这个推定与桑德斯特伦案件中的那些推定是有显著区别的。因为所断言的事实与终极事实具有法律上的唯一性。本案是建立在加利福尼亚州《交通法》第 10855 条之上的推定，对于故意要件来说是多余的。这里，这个推定是通过如下发现导引出来的，这个发现就是：被告故意不归还交通工具，且超过了法律规定的 5 天期限。检控方提出了上诉人故意不归还交通工具的充足理由。这个发现构成了推定的基础事实。这个发现与终极事实之间具有逻辑上的一致性。因此，它具有无可怀疑的合理性。

41. 加利福尼亚州《交通法》第 10855 条所规定的推定不是决定性推定，而是表面的、可以反驳的推定。条令可以有效地表明一项表面性推定具有证明一定事实的法律效力。然而，《美国宪法》第 14 条修正案的正当程序条款要求：在被证事实和被推定事实之间应当有合理的连接。

根据加利福尼亚州《交通法》第 10855 条，待证事实是：一个人已经承租一辆汽车，但是，在租赁合同到期后 5 日内，他仍故意不把车返还给车主。

42. 在阿尔斯特案件中，法院对必须推定的性质作了解释。法院说，必须推定要求事实审理者，他或者他们在证明基础事实的基础上，必须找到终极事实，除非被告已经提出一些证据反驳在两个事实之间所建立的推定。

43. 要求极低的提供证据的责任是一种能够用任何证据满足的证明责任。从强加于此种责任之上的推定这一范围来说，很可能该推定的影响并不比可予推论的影响大。这样分析它可能是适宜的。

44. 在决定何种推定或者推论适用于本案时，法院通常要控制给予陪审团的指示，尽管他们的解释可能要用到所涉及的条令以及依据该条令而裁决的判例。

45. 这个疑问被［在弗朗西斯（Francis）案的］法院明确地回避了。因为要求极低的提供证据责任是被加利福尼亚州法律强制赋予的。事实上，这些推定应该作为可予推论处理，它们不具有强求的性质。

46. 根据加利福尼亚州法律，只有在缺乏旨在推翻推定的证据的情况下，才可能作出必须推定的指示。

美国租赁协会认为，指示是根据推定而作的。与该指示有关的加利福尼亚州法律至关重要。根据加利福尼亚州法律，如果被告提供了任何证据来回应，或者想取消该推定，那么建立在刑事强制的推定之上的指示不必给出。

47. 推定应该从本案中消失，如果被告证实了他对还车日期的理解，那么陪审团不应该受到有关推定的指示。

48. 由于有充分的证据来支持一项缺乏用欺诈手段盗窃的故意的发现，推定从本案中消失。因此，关于该推定效力的指示不应该作出。立法委员针对加利福尼亚州《证据法》第604条发表评论，认为该条款描述了推定的效果，即它影响提供证据的责任。指出：

“这种推定仅仅是在缺少相反证据时的一种暂时假定。也就是说，证据充分，足以支持推定事实的不存在。如果提出了相反的证据，事实审理者应该衡量由这些事实（给出了反对相反证据的推定，解决了冲突）而引出的推论。”

49. 如果一个影响提供证据责任的推定是可靠的，那么法官就必须判断是否存在充分的证据，足以支持推定事实不存在的发现。如果确有这类证据，推定立即消失，法官必须在他关于该推定的指示中说“没什么”。

因此，如果证据足以证明推定事实不存在，那么该推定便消失，法官便不会给予陪审团什么指示。

50. 柴尔推定的独特性表现为，它没有更多的功能。一旦对方完成了提供证据的责任，那么该推定便消失。诉讼继续进行，仿佛该推定从未有过。（参见加利福尼亚州《证据法》推定条目）

51. 如果有人假定，本案庭审的法官遵从上述法律（第50条），那么就会出现下面的情况：由于被告无法提供任何这类证据，法官将会对陪审团发出实质性指示。结果，卡里纳先生、本案的代理人，既想有自己的权利，同时又不作出任何解释或者提供任何证据。正是基于这个原因，或者仅基于这个原因，法庭可能向陪审团发出指示。在这些情况下，特别是根据提供证据责任的最低水平，取消该推定。美国租赁协会认为，法院将把这些推定作为可予推论或者可靠的标志来处理或者分析。陪审团将衡量他们的推论。

52. 法院不会指示陪审团，要他们通过运用决定性推定的方法达成对被告的指控。因为决定性推定将会从要因中取消犯罪因素，将会使得检控方完成无可怀疑的举证责任。

53. 关于“推定”或者“假定”的意义，法院从未向陪审团发出指示。“假定”的通常意义在权威性词典中有解释，但是这个意义对于律师、法律学者，有时还包括法官，不必要求参考。

54. 在桑德斯特伦案中，法院注意到词典中“假定”的一般意义是指“假设是真实的，但没有被证明”。所谓“假设”，根据《韦伯斯特大辞典》（第9版）（1985年出版）的解释，是指“假定、推设”。美国租赁协会认为，如果我们处于一个理性的陪审团的地位，像这样从单纯读这个词来得出所要求的法律结论，那么在《刑法》中的“假定”可能会与司法实际相距甚远。

55. 只有从广阔的视野，全面而深入地理解和讨论推定的定义，才能把握其要义。

56. 陪审团的指示没有消除本案的主观故意的问题，决定性推定将损害对被告的无罪推定。因此，对于陪审团的指示没有建立决定性推定。考察决定性或者不容反驳的推定是如何构成的，不能仅看表面指示的语言。在阿尔斯特案件中，法院仅根据语言区分了必须推定与可予推论。随后，在弗朗西斯案件中，法院写道：

“一旦政府证明了自己所断言的导向推定的事实，那么决定性推定从案件中消除了被推定的因素。可反驳的推定则不能从案件中消除被推定的因素，但是要求陪审员去发现被推定的因素，除非被告说服陪审团说，这种发现不是法律所要求的。”

57. 但是，根据法院对陪审团的指示，被告的主观故意问题没有从本案中取消。相反，法院告诉陪审团：应该注意被告的事实疏忽或者错误，犯愚蠢的错误或者因麻痹大意导致错误的或者疏忽的事实（这些事实不能证明有任何犯罪意图），不是犯罪。因此，在存在一定事实或环境的情况下，如果他诚实而合理地相信其行为或忽略是正确的，从而可以合法地作出这类行为或者忽略这类行为，那么当他作出这类行为或者忽略这类行为时，他就是无罪的。

58. 假如上诉人的行为是在诚实而合理地相信自己是在正确的情况下作出的，他就是无罪的。当陪审团被告知“上诉人无罪”时，就不要遵从这些指示（即上诉人具有主观上的故意），而是应把这些指示从本案中抹去。

59. 即使假定法院要作出结论，称这里用来指示陪审团的语言与桑德斯特伦案经检验的语言一样，是结论性的，我们也认为，本案与那个案件之间存在一个关键的区别，后一个案件中所使用的语言强迫陪审团作出了一个不同的结果。换句话说，在那些案件中，一旦检察机关证明了犯罪行为本身的非故意因素，那么法院的指示就使得陪审团能够在存在逻辑漏洞的情况下去推定犯意。这个逻辑漏洞是指根本不要求其他任何证据。在桑德斯特伦案件中，陪审团能够单独从一个杀人行为推定被告的行为是“故意”的。在莫里塞特（Morrissette）案件中，陪审团从被告非法掠取政府的财产，能够推定被告具有“有意的和明知的”意图。在另一起案件中，允许陪审团作出如下推定：当事人具有从价格交易信息的效力来定价的意图。在上述每个案件中，政府（实际上指检控方，因为检察官代表政府提起控告）被解除了无可怀疑的证明主观意图（被告的精神因素）的责任。在发现（寻找）反对被告的主观故意的因素方面，陪审团受到有效的引导。因为政府不必证明被告具有无可怀疑的犯意，所以被告被剥夺了其宪法权利。

60. 本案庭审中所涉及的推定是十分突出的。首先，为了导出有条件的“推定”，要求陪审团去寻找特定的确定的事实。根据加利福尼亚州《刑事处罚法》第 484 条第 B 款，要求陪审团发现：（1）书面的要求；（2）20 天内没有返还的，以便使该推定发挥作用。其次，法庭指示陪审团，疏忽或者关于事实之诚实而合理的错误，将使被告的行为具有合法性。这与桑德斯特伦案件中的指示几乎完全一样。本案中，法庭有效的告知陪审团，如果陪审团发现上诉人的行为能够从他的合理的错误或疏忽中引出，那么应该宣告被告无罪。

61. 法庭告诉陪审团："要从整体上考虑这些指示，每个单独的指示要与其他指示联系起来一起考虑。"从整体上看，对陪审团的指示并不等同于直接的命令或者法律结论。很清楚，陪审团有选择的余地。正如法院所坚持的，"当然，陪审团没有仅仅听到这两个具有挑战性的句子"。相反，美国租赁协会承认，这些指示，如果从整体上来看，它"用充分而清晰的语言，对适当的举证责任分配作了解释。使用富有挑战性的特殊语言所造成的任何模糊，都不可能被理智的陪审团作为转移说服责任来理解"。

62. 法庭告诉陪审团，控诉具有哪些要件。控诉犯罪，证明被告具有无可怀疑的犯罪是政府的责任，同时法庭就推定向陪审团发出指示，之所以这样做，这仅仅是因为在案卷中没有反驳这些推定的证据（的记录）。最后，法院就疏忽大意的后果、无罪行为和错误的事实等事项也对陪审团作了指示。换句话说，关于加利福尼亚州两个法律所确定的推定的指示，不是大量的，也不是不平衡的。的确，当我们从整体上阅读这些指示的时候，它们采用了真实而有意义的削弱证据的术语。每一项无可怀疑的犯罪指控的举证责任均在检控方。检控方通过确定指控的事实或者建立基础事实来承担无可怀疑的举证责任。这是《宪法》的全部要求。

63. 正如我们反复指出的那样，美国《宪法》要求对被告进行公平的审判。因此，我们发现了审判中的缺陷。这个缺陷是指一个不许恶意转移举证责任的指示。这种缺陷对公平审判而言并非如此重要，以致公平审判可能会受到损害。

桑德斯特伦（Sandstrom）案件所确定的规则的目的是支持这个结论的。桑德斯特伦案件是温希普（Winship）案件中法院看法的逻辑延伸。在该案件中，法院的观点是，检控方必须证明每个用来指控被告、使罪行成立的事实，而这种指控必须做到无可置疑。这项规则的目的在于确保只有犯罪才受到刑事处罚。正如哈兰（Harlan）法官在温希普案件中所说，这项规则在于保护“我们社会的根本价值观”。这项规则认为，指控一个无罪的人，比起让有罪者逃脱惩罚更为糟糕。

64. 结论。基于上述理由，加利福尼亚州洛杉矶郡高等法院上诉庭的判决将被确认。

附录二
民事证据法
（草案初拟稿）*

* 这份草案初拟稿，作为一份珍贵的文献，是我国首次起草独立的民事证据法的尝试。它在我国证据法发展史上具有重要历史意义。其出台背景为：1998 年最高人民法院肖扬院长上任后，立即大力推动我国法院系统的审判方式改革，其突破口就是从民事证据制度的改革开始。1999 年 4 月，由最高人民法院当时主管民事审判工作的副院长和中国人民大学法学院王利明教授领衔，成立了民事证据法起草小组，小组成员有：张卫平教授（清华大学法学院）、李浩教授（南京师范大学法学院）、毕玉谦教授（国家法官学院）、汤维建教授（中国人民大学法学院）、叶自强研究员（中国社会科学院法学研究所）、陈敏仲裁员（中国国际贸易促进委员会）和高家伟教授（中国政法大学）。当年 5 月，起草小组召开了第一次全国性的研讨会议（即北京蓟门饭店会议），来自最高人民法院、上海市高级人民法院等地方法院的代表，清华大学、中国人民大学、中国政法大学等高校的学者出席了会议。会上提出了制定民事证据法的任务。几个月后起草小组提出了第一稿（也叫草案初拟稿），就是收录在本书的这个稿本。后来，由于改革任务紧迫和其他种种原因，决策机构提出了变通设想，即暂时不要制定民事证据法，而是将已经达成共识的、较为满意的部分进行合理编撰，制定了《最高人民法院关于民事诉讼证据的若干规定》，由最高人民法院于 2001 年 12 月发布。由于本草案初拟稿制定于二十多年前，为保留本来面目，现将原始内容呈现给大家，其中难免存在不甚严谨之处，敬请读者谅解。

第一章　总　　则*

第一条（宗旨）　为了公正、迅速解决民事争议，作出裁判，维护当事人及诉讼参与人在诉讼中的合法权益，完善民事程序法体系，制定本法。

第二条（证据的概念）　本法所称证据，是指能够证明案件真实情况的事实。当事人及诉讼参与人所收集、提出的，以证明自己主张的事实材料是证据资料。

第三条（证据的种类）　证据有下列几种：

（一）书证；

（二）物证；

---

* 本章由张卫平教授拟写。

张卫平，清华大学法学院教授、中国民事诉讼法学研究会会长。代表作有：《转换的逻辑：民事诉讼体制转型分析》《民事诉讼：关键词展开》《司法改革：分析与展开》《民事诉讼：回归原点的思考》等，曾在《法学研究》《中国法学》等杂志上发表多篇学术论文。

（三）视听资料；

（四）证人证言；

（五）当事人陈述；

（六）鉴定结论；

（七）勘验笔录。

第四条（合法证据原则） 只有合法收集的证据才能作为裁判的依据。

第五条（证明责任） 当事人对自己提出的事实主张应当加以证明。

第六条（法院调查） 当事人及其代理人基于客观原因难以自行收集证据时，可以向人民法院提出收集证据的申请，人民法院将根据当事人及其代理人提出的申请和证据线索收集证据。

第七条（法院审查认定证据） 人民法院应当对当事人提出的证据材料进行审查认定。

第八条（法院调查取证） 人民法院有权向有关单位和个人调查取证，有关单位不得拒绝。

第九条（质证） 除法律有规定外，当事人提出的证据材料应当在法庭上出示，并由双方当事人互相质证。

第十条（证人出庭） 证人有出庭作证的义务。

第十一条（真实义务） 当事人有真实陈述的义务。

第十二条（自认） 当事人对对方当事人提出的主张自认的，对方当事人无须对该主张加以证明。

第二章　证据的种类*

第一节　证人证言

第十三条（申请证人证言）　申请证人证言，应表明证人姓名，并提出应向证人询问的事实。

第十四条（委托法院对证人调查）　只有存在下列情形之一时，才能委托受诉法院的成员或另一法院向证人调查证据：

（一）为发现事实，以在现场询问证人为适当时，或者依法律规定不应在法院询问而应在其他场所询问证人时；

（二）证人因故不能到受诉法院时；

（三）证人居住于远离受诉法院的地方，到受诉法院来受询问是不适当的。

第十五条（证人传票）　对证人的传票，应由书记官根据证据裁定作成，并依职权送达。如法院未命令送交时，即不拘泥于任何方式送交之。

传票中应记载：

（一）双方当事人的姓名；

（二）询问事项；

（三）应于指定期日按时到指定地点陈述证言，否则将依本法给予制裁。

如果要向证人询问的事项是须由证人预先根据他所有的账簿或其他记录陈述的，法院可以命令，证人预先提出对于作证中问题的书面回答，并提出担保以代宣誓而保证其正确性，证人就可

---

* 本章由叶自强教授拟写。

以不必在期日到场。

有其他情形，法院按照案件情况，特别考虑作证中问题的内容，认为由证人提出书面陈述足已的，并得到双方当事人的同意，也可照前款办理。

第十六条（预付证人费用） 法院因传唤证人作证而产生的费用，应预先垫付，如果不在规定期间内垫付费用，而以后偿付的，依法院的自由心证，再传证人足以拖延诉讼时，则不应予以传唤。

第十七条（对证人的制裁） 经合法传唤而不到场的证人，可以不经申请而命其附带不到场所产生费用的证明。同时可以对他处以罚款，不缴纳罚款时，对他科以拘留。

如果证人再次不到场，即再次给以制裁，也可以命令拘传证人。

对此项裁定，可以提起抗告。

第十八条（证人免除责任） 如果证人释明，他没有及时收到传唤，或者他不到场并非由于他的过失，就不对他处以制裁或命其负担费用，也不对他执行拘传。如果这种释明或对无过失的说明是以后补充的，对证人所作的命令予以取消。

证人的此项陈述和申请，可以以书面为之，也可以在书记科为之，作成记录，还可以在规定的询问期日里口头为之。

第十九条（对官员作证的询问） 对于中央政府的部长或省政府的省长，在他们的办公处所询问之；如他们不在办公处所时，在他们的所在地询问之。

对于全国人民代表大会的代表、地方各级人民代表大会的代表，全国政协委员、地方各级政协委员，当他们在集会地点时，在该地点询问之。

第二十条（证言拒绝权）　有下列情形之一的，有权拒绝作证：

（一）是当事人一方的未婚妻或未婚夫的；

（二）是当事人一方的配偶，包括曾经是当事人一方的配偶的；

（三）现在是或者过去是当事人一方的直系血亲或直系姻亲，或三亲等以内的旁系血亲，或二亲等以内的旁系姻亲；

（四）基于职业的原因，现在从事或过去曾经从事定期刊物的编辑、出版或发行工作、广播工作的人，知晓文稿和资料的作者、著作权人或提供材料的人的个人情况，以及这些人的活动的内情的，但这些都是以工作中的文稿、资料和报道为限；

（五）由于职务、身份或职业上的关系，而知悉一定事项的人，对于事情的性质上或依法律规定应保守秘密的事项。

对于前款第一项至第三项的人，在询问前应告知其拒绝作证的权利。

对于第一款第四项、第五项的人，即使他们不拒绝作证，对于违反其保密义务才能明了的事项，也不应询问。

第二十一条（证人拒绝作证）　有下列情形之一的，可以拒绝作证：

（一）对于某些问题的回答，将会对证人或与证人有本法第二十条第一款第一项至第三项所列各种关系的人直接发生财产权上的损害的；

（二）对于某些问题的回答，将会对证人或与证人有本法第二十条第一款第一项至第三项所列的证人的亲属引起不名誉或使其因犯罪或违法行为而有受追诉的危险的；

（三）对于某些问题，证人非将其技术上或职业上的秘密公开于众就不能回答的。

第二十二条（证人不得拒绝作证） 有本法第二十条第一款第一项至第三项或第二十一条第一项的情形之一的，对下列事项，证人不得拒绝作证：

（一）关于他自己曾经作为证人而参与过的法律行为的成立与法律行为的内容；

（二）关于家庭成员的出生、婚姻或死亡情况；

（三）他自己曾经作为一方当事人的前手或代理人而就争执的法律关系采取过行动。

第二十三条（拒绝作证的程序） 拒绝作证的证人，应该在询问他的期日之前，以书面方式或以在书记科作成记录的方式，或者在该期日里，说明他拒绝作证的原因并释明之。

有本法第二十条第一款第五项的情形，只需引用其职务上的宣誓而为保证即可。

证人已经以书面方式或以在书记科作成记录的方式说明他拒绝作证的理由后，即可在询问期日里不到场。

书记科收到证人说明，或就其说明作成记录后，应立即通知双方当事人。

第二十四条（对拒绝作证的裁判） 对于拒绝作证的合法与否，受诉法院于询问当事人后裁判之。

证人不得让律师代理自己作证。

对此项中间判决，可以提起即时抗告。

第二十五条（拒绝作证的说明） 证人以书面方式或以在

书记科作成记录的方式说明他拒绝作证，并且在期日未到场时，受诉法院应立即根据证人的说明提出报告。

第二十六条（证人在受命法官或受托法官前拒绝作证）　证人在受命法官或受托法官前拒绝作证，如果证人并未以书面方式或以书记科作成记录的方式说明时，应将证人的说明与当事人陈述一并记入记录。

法院应依职权传唤证人与双方当事人到受诉法院进行言词辩论。

受诉法院应根据证人和当事人的陈述提出报告。在报告人提出报告后，证人和当事人都可发言说明自己申请的理由，此时不得提出新事实、新证据。

第二十七条（对证人拒绝作证的惩罚）　证人并未提出理由，或者经宣示确定其理由不充分时，而仍拒绝作证或拒绝履行宣誓手续，即可不经过申请，命证人负担因其拒绝作证而产生的诉讼费用，同时对证人处以违警罚款，不能缴纳罚款时，处以违警拘留。

证人再次拒绝作证时，依申请或命令拘留之，以强制其作证，但不得超过在该审级中诉讼终结之时刻。强制执行程序中关于拘留的规定于此准用之。

对此项裁定，可以提起抗告。

第二十八条（证人宣誓）　法院根据证言的重要性，并为了使证人作出真实的证言，认为有必要命证人宣誓时，在双方当事人都未宣誓的情形下，证人应该宣誓，但有本法第十八条规定的情形为除外。

第二十九条（证人宣誓的程序和内容）　宣誓应在询问前

为之。有多位证人的，可以同时宣誓。誓词中应表明证人应按照自己的良心为真实的陈述，毫不隐瞒。

第三十条（不予宣誓） 对于在询问时尚未年满十六周岁的人，或者因智能欠缺或智能薄弱而不能充分理解宣誓的实质和意义的，都不经宣誓而询问之。

第三十一条（对证人分别询问） 对各位证人应分别询问，询问时不能让之后要接受询问的证人在场。

证言相互矛盾的几个证人，可以让他们互相对质。

第三十二条（询问证人的程序） 在询问前，应告知证人应为真实的陈述，并且要向其指出，证人在法定的情形下，依事情状况，就自己的证言宣誓。

开始询问时，应先询问证人的姓名、年龄、身份、职业与住址。必要时，应就证人在该案件中信用情况向其发问，特别应就其与当事人的关系发问。

第三十三条（证人全部陈述的义务） 应该使证人就他对询问事项所知道的全部陈述之。

为使证人的证言明白而且完全，并且为了查考证人知识的来源，必要时应再发问。

法院的成员提出要求时，审判长应准许其发问。

第三十四条（当事人向证人发问） 为了阐明案件或证人的各种关系，当事人在认为适当时，有权向证人发问。

审判长可以准许双方当事直接向证人发问，在当事人的律师要求时，应准许律师直接向证人发问。

关于发问的合法与否有异议时，由法院裁判之。

第三十五条（对证人再度询问） 受诉法院依自己的裁量，

可以命令对证人再度询问。

法官在询问时，如一方当事人提出要求发问而被拒绝的，受诉法院可以命令对证人就该问题补行询问。

在对证人再度询问或补行询问时，法官可以命证人不再宣誓，而引用原来宣誓以保证其证言的正确。

第三十六条（证人的舍弃）　当事人可以舍弃他已提出的证人，但对方当事人可以要求询问已到场的证人，如果询问已经开始，可以要求将询问继续下去。

第三十七条（委托法院对证人的询问）　受委托进行调查证据的法官，在证人未到场或拒绝作证时，有权作出法律上的处分，并且在合乎法律规定时，即使在受托任务终结后也可取消该处分，还有权对于向证人提出的发问是否合法，暂时作出裁判，也有权对证人再次询问。

第三十八条（对证人的费用补偿）　对证人应当给予费用的补偿。

第二节　鉴　　定

第三十九条（证人规定的准用）　除以下各条另有规定外，关于人证的规定适用于鉴定。

第四十条（鉴定的申请）　申请鉴定，必须表明应鉴定的事项。

第四十一条（鉴定人的选任）　鉴定人的选定与其人数均由受诉法院决定。除有必要任命数名鉴定人之外，受诉法院只任命一人为鉴定人。受诉法院也可以任命另一鉴定人以代替先任命的鉴定人。

就特定种类的鉴定工作，已有由政府任命的鉴定人时，只有在特殊情况且有必要时，才另行选任他人为鉴定人。

法院可以要求当事人指定适合于为鉴定的人。

当事人一致同意某特定人为鉴定人时，法院应即听从其一致意见，但法院可以把当事人的选定限制在一定的人数。

第四十二条（受托法院鉴定） 受诉法院可以授权被委任调查证据的法院任命鉴定人。在此情形下，被委任调查证据的法院享有本法第四十一条所规定的受诉法庭的职权。

第四十三条（作出鉴定的决定） 命令为鉴定的决定须载明下列事项：

（一）任命一人或数人为鉴定人；

（二）鉴定人的主要任务；

（三）鉴定人应说明作出鉴定书的期限。

第四十四条（鉴定的决定） 决定也可确定鉴定人与各方当事人前往作出裁定的法官处的日期，或者前往负责监督事务的法官处的日期，以便明确鉴定人的任务，以及有必要时，明确鉴定活动的日程。

鉴定所需的全部文件应在上述会面地交给鉴定人。

第四十五条（通知鉴定人） 任命鉴定人的决定一经宣布，书记官应以适当方式将决定的副本通知该鉴定人。

鉴定人收到通知后，应即刻告知法官其接受任命。

鉴定人已经接受任命，即可经其签字或出具收据，提取上述各方当事人的案卷或文件，或者由书记科向其寄送这些案卷或文件。

第四十六条（鉴定人的回避） 鉴定人可以基于与法官回避的相同原因而实行回避。但鉴定人作为证人接受询问的，不得进行回避。

申请回避，应在询问鉴定人之前向任命鉴定人的法院或法官提出，如系以书面形式进行鉴定，应在鉴定书提出之前向法院或法官提出。在上述时间以后申请回避的，必须释明以前不能提出回避申请的原因，才可提出回避申请。回避申请可以向书记科陈述，由其作成记录。

回避原因必须予以释明，当事人不得提出担保宣誓。

申请鉴定人回避，由本条第二款中的法院或法官裁判之，可以不必由利害关系人进行言词辩论。

对于宣示回避理由的裁定，不得提起上诉；对于宣示回避无理由的裁定，可以提起即时抗告。

第四十七条（鉴定的义务）　被任命为鉴定人的人，如果原来就是被政府任命从事特种鉴定工作的人，或者是公开从事具备鉴定所需知识的科学工作、技术工作或职业的人，或者是经政府委任或授权从事这些工作的人，都必须接受鉴定的工作。

向法院表示承诺为鉴定工作的人，也有进行鉴定的工作义务。

第四十八条（拒绝鉴定）　鉴定人具备证人拒绝作证的同样原因时，也有权拒绝进行鉴定工作。法院可以因合理理由免除鉴定人为鉴定的义务。

以法官、公务员或其他从事公务的人为鉴定人而询问之，适用对公务员的专门法律的规定。对中央政府或地方政府的成员，适用关于他们的特别规定。

参与法院裁判的人，关于裁判事务中的问题，不得作为鉴定人而对之进行询问。

第四十九条（不履行鉴定义务的制裁） 有为鉴定义务的人，不到场或拒绝为鉴定的，应负担由此而产生的诉讼费用，同时对他处以罚款。

如果有为鉴定义务的人再次不到场或再次拒绝为鉴定者，可以再一次处以罚款。

对此项裁定可以提起抗告。

第五十条（鉴定人的宣誓） 鉴定人应在鉴定前宣誓。在誓词中，鉴定人应表示：在要求他作的鉴定中，他公正地并依自己的良心和良知进行鉴定。

如果鉴定人就其所作的该种鉴定工作，已作过概括的宣誓，只需引用其作过的宣誓即可；此点也可以在鉴定书中表明。

第五十一条（鉴定人的告知义务） 鉴定人应将鉴定活动的进展情况告知法官。

第五十二条（鉴定笔录上的签字） 鉴定时如法官在场，得将法官的见证、鉴定人的释明，以及当事人与第三人的声明载于笔录。笔录须经法官签字。

第五十三条（鉴定的材料） 当事人应将鉴定所必需的全部文件交给鉴定人。

如当事人拒绝提交文件或只提交所需文件的一部分，鉴定人应告知法官；法官得命令提交文件，必要时应处以逾期罚款；或者在相应情况下，批准鉴定人不予理睬或依现有状况提交报告。

第五十四条（鉴定义务的违反） 法院命令书面鉴定时，鉴定人应将经其署名的鉴定书留交书记科。法院可以对此规定一定期间。

有鉴定义务的人迟误期间时，可以对他处以罚款。在确定处罚之前，应规定一定的延展期间，以警告之。鉴定人再次迟误期间时，依同样方式，可以再一次处以罚款。对此项裁定可以提起抗告。

为了对鉴定书加以解释，法院可以命令鉴定人到场。

第五十五条（鉴定的要求）　鉴定人应考虑各方当事人的意见与要求。如此种意见与要求系书面形式提出，应将其附于鉴定书之后。

鉴定人应在鉴定书内写明其对当事人所作的说明与要求的答复。

第五十六条（鉴定人听取意见）　鉴定人可提议听取另一技术人员的意见，但以与其专业不同的技术人员为限。

第五十七条（鉴定人报告）　鉴定人如遇到困难，妨碍其鉴定任务之完成，或者有必要扩大鉴定范围的，应向法官提出报告。

法官得决定延长鉴定人提交鉴定报告之期限。

第五十八条（和解后的鉴定）　当事人之间如实现和解，鉴定人应确认其鉴定任务已完成，并向法官作出报告。

当事人达成和解须形成意见一致的文书，并得请求法官赋予此文书以执行效力。

第五十九条（鉴定书）　鉴定人应向书记科提交鉴定书。即使鉴定人为两人以上，也仅制作一份鉴定报告；如鉴定人之间意见有分歧，每一个人均应在鉴定书中指明自己的意见。

鉴定人如听取了另一位不同专业的技术人员的意见，可视不同情况，将此意见或附于鉴定书，或附于庭审笔录，或附于案卷。

如鉴定意见并不要求作书面阐述，法官得允许鉴定人在开庭时作口头说明；对鉴定人的口头说明应作成笔录；如对案件立即作出终审判决，得以在判决中加以载述替代笔录。

第六十条（鉴定人说明） 法官如依鉴定书仍不能查明真相，得听取鉴定人的说明，各方当事人应到场，或者传唤他们到场。

法官在采取前款措施的情况下仍不能查明真相时，可以命原鉴定人或命另一鉴定人为新的鉴定。

如果鉴定人在鉴定完毕后被准许回避时，法院可以命另一鉴定人进行鉴定。

第六十一条（鉴定人的费用补偿） 对鉴定人应当给予费用的补偿。

第六十二条（专门知识证人的准用） 如果要证明过去的事实或情况，而对这种事实和情况的认识需要特殊的专门知识时，询问具有这种专门知识的人，适用关于证人证言的规定。

第三节 书 证

第六十三条（公文书的定义） 由公共官署在其职权内，或由具有公信权限的人在他的事务范围内，依正规的方式制作的文书，称为公文书。如果其中所记载的是在公共机关或制作文书的人面前所为的陈述，对于这种由公共官署或制作文书的人以文字记载的事项，公文书提供完全的证明。

对公文书内记载的事项，推定其为正确，但准许以确凿的反证推翻之。

第六十四条（私文书的反证） 由制作人署名或者经公证人认证的私文书，完全能证明文书内所为的陈述是由制作人所制作的，但准许以确凿的反证推翻之。

第六十五条（公文书的推定）　由官署制作的，记载公务上的命令、处分或裁判的公文书，对其中的内容，推定其为真实。

第六十六条（公文书的反证）　除本法第五十二条和第五十四条所规定的内容以外，具有其他内容的公文书，对于其中所记载的事实，推定其为真实。

对文书中所记载的事实，准许以确凿的反证证明其不真实。

第六十七条（证书的裁判）　证书[①]有删除、涂改、增添或其他外形上的缺点时，其证明力应否全部或一部分消失或减少，减少到何种程度，由法院依自由心证裁判之。

第六十八条（证书的提出）　申请用书证方式证明的，应提出证书。

第六十九条（命令对方当事人提出证书）　举证人断定证书在对方当事手中时，应在申请证据阶段，提出对方当事人提交证书的申请。

第七十条（提供证书的义务）　根据民事法律的规定，举证人可以要求交出或提供证书，此时对方当事人有提供证书的义务。

第七十一条（证书提供的义务）　对方当事人在诉讼中为举证而引用在自己手中的文书时，有提供此项文书的义务，即使只在准备书状中曾经引用的，也有提供的义务。

第七十二条（证书的申请）　申请提供证书时，应该：

---

① 证书一般是指正式的书证，如身份证、护照、获奖证书等。其不仅用于正式场合，而且形式也是正式的，强调规范性。

（一）表明证书；

（二）表明该证书所证明的事实；

（三）对该证书内容，尽量完全说明之；

（四）主张证书在对方当事人占有中所根据的事由；

（五）对方当事人有提供证书的义务的原因，对该原因申请人应释明之。

第七十三条（命令提供证书） 法院认为证书证明的事实是重要的，并且认为申请提供证书的理由是充分的，而对方当事人承认证书在他手中，或者对方当事人对申请不作表示时，法院可命令提出证书。

第七十四条（询问证书所在） 一方当事人不承认证书为他所占有时，法院应询问其证书所在。在询问期日的传票中，应指示对方当事人对证书的所在细心追究之。其他事项，准用本法第六十三条至第六十六条的规定。法院如果相信证书为对方当事人所占有时，可命令其提出证书。

第七十五条（不服从提供证书命令的制裁） 如果对方当事人不服从提供证书的命令，或者存在本法第七十四条规定的情形使法院相信对方当事人并未细心追究证书的所在时，就可以把举证人提供的证书善本视为正确的证书。如举证人未提出证书善本时，举证人关于证书的性质和内容的主张，视为已得到证明。

第七十六条（第三人提供证书） 举证人主张证书在第三人手中时，在证据申请中，应申请一定期间以便取得证书。

第七十七条（第三人提供证书的义务） 第三人有与举证人的对方当事人相同的提供证书的原因时，负有提供证书的义务；但强制第三人提供证书，必须通过诉讼的途径实行。

第七十八条（申请证书）　举证人依据第七十六条提出申请时，为说明其申请理由充分，应列举第七十二条第一项至第三项和第五项的要件，并释明证书在第三人手中的原因。

第七十九条（提供证书的命令）　如果以证书证明的事项是重要的为由提出申请，而申请也符合本法第七十八条的规定，法院可命令在一定期间内提出证书。规定期间，可以不经言词辩论。

如果对第三人的诉讼已经终结，或者举证人拖延起诉、拖延诉讼的进行或拖延强制执行时，对方当事人可以申请，不待期间届满就继续进行诉讼。

第八十条（官员提供证书的义务）　举证人主张证书在官署或在公务员手中时，应提交官署或公务员提供证书的申请。

当事人依法律规定，可以不经法院协助而取得证书时，不适用此项规定。官署或公务员依据本法第六十三条有提供证书的义务而拒绝交出证书时，适用本法第六十五条至第六十八条的规定。

第八十一条（向法院成员之一或其他法院提交证书）　由于重大的障碍不能在言词辩论时提出证书，或者因为证书重要，为防其散失或损坏而有不能提出之虑时，受诉法院可以命令把证书提交给法院成员之一或提交给另一法院。

第八十二条（证书的舍弃）　举证人在提出证书后，非经对方当事人的同意，不得舍弃此项证书。

第八十三条（证书的推定）　证书，如果从形式和内容两方面都可以认为是由官署或者由具有公信权限的人制作的，则推定其为真实。

法院对证书的真实性有怀疑时，可以依职权要求制作该证书的官署或个人对证书的真实性加以说明。

第八十四条（外国证书） 对于由官署或外国的具有公信权限的人所制作的证书，是否需要作出进一步的证明，由法院依具体情况判断之。

这种证书，经中华人民共和国驻该国大使或领事证明的，即视为真实。

第八十五条（私文书的真实性） 对于举证人所提出的私文书的真实性，举证人的对方当事人可以用反证予以推翻。

证书上有署名的，应对署名的真实性加以说明。

对方当事人对证书不作反驳，而且在其他陈述中对证书的真实性也未提出异议时，视为已承认该证书。

第八十六条（证书真实性的推定） 证书上署名的真实性已被确定，或者证书上的手印也得到公认时，具有该项署名或手印的文字记载推定为真实的。

第八十七条（核对笔迹） 为证明证书是否真实，可以核对笔迹。

在此情形，举证人应提出适于核对的笔迹，或者依规定交出笔迹，必要时应申请证明笔迹的真实性。

适于核对的笔迹在对方当事人手中时，对方当事人依举证人的申请有提出的义务。此时准用本法第七十条至第七十四条的规定。对方当事人不服从提出适于核对笔迹的命令，或者在本法第五十八条的情形，法院相信对方当事人并未细心追究该项笔迹的所在时，就可以把该项证书视为真实。

举证人释明供核对的笔迹在第三人手中，自己能通过诉讼的方式使其提出时，准用第八十条的规定。

第八十八条（笔迹的判断）　对于核对笔迹的结果，法院依自由心证判断之。在适当的情况下，可先询问鉴定人，然后作出判断。

第八十九条（证书的争执）　对于证书的真实性有争执，或者认为证书的内容被改变时，在诉讼终结前，这些证书应由书记科保管。但为公共程序的必要，应移交于其他官署时，不在此限。

第九十条（妨碍对方使用证书）　一方当事人意图妨碍对方当事人使用证书而毁损证书或使证书不能使用时，对方当事人关于证书的性质和内容的主张，视为已得到证明。

第九十一条（有争议的文书）　在诉讼过程中，如提出的私文书、字据被指控为伪造，应依本法第八十七条规定，对有争议的文书、字据进行查证。

第九十二条（证书的伪造）　如果原告提出被告的私文书、字据系伪造，传唤状应载明指控该文书、字据属于伪造的理由，并催促被告作出是否打算使用此被控为伪造的文书、字据。

被告如声明不打算使用此被控为伪造的文书、字据，法官则应判原告胜诉。被告如不出庭，或声明其仍将使用有争议的文书、字据，法官应对此文书、字据进行查证。如经证实，文书、字据确属被告所书写或签字，则对被告处以 1000 元至 10000 元的民事罚款，该处罚不应影响可能要求的损害赔偿。

第九十三条（伪造公文书）　提出公文书属于伪造的声明，应报送检察机关。

第九十四条（听取证书制作人说明情况）　法官得命令听

取有争议的文书的制作人说明情况。

第九十五条（对提出公文书为伪造声明的原告的制裁） 如提出公文书属于伪造之声明的原告败诉，对其处以 1000 元至 10000 元的民事罚款，该处罚不应影响可能要求的损害赔偿。

第四节 当事人陈述

第九十六条（对当事人的询问） 一方当事人对于应该由他证明的事项，不能通过其他的证明方法得到完全的证明的，或者未提出其他证明方法的，可以申请就该证明的事项询问对方当事人。

关于该事项，如法院认为已有反对的证明时，对申请应不予考虑。

第九十七条（当事人拒绝接受询问） 对方当事人拒绝接受询问，或者对法院的要求不作表示，法院应根据全部案情考虑拒绝的理由，并依自由心证，判断当事人所主张的事实可否视为已得到证明。

第九十八条（法院询问当事人） 当事人一方就应证明的事实提出询问对方当事人的申请，对方当事人对之表示同意时，法院可以就系争的事实询问有证明义务的一方。

第九十九条（法官无法形成心证时的询问） 如果言词辩论的结果和已经进行的调查证据的结果，对应证事实的真实与否不能提供足够的心证时，法院可以在当事人一方并未提出申请时，不问举证责任的归属，而命令就该事实询问当事人一方或双方。

第一百条（对多数当事人的询问） 应询问的当事人是多数的共同诉讼人时，法院依案件情况，决定应询问其全体或仅询问其中的一人。

第一百零一条（询问当事人的程序）　命令询问当事人，以裁定为之。对于宣誓裁定时未亲自到场的当事人，应依职权将证据裁定送达，并传唤其亲自到场。

在作出证据裁定后，如就应证事实已提出新的证明方法的，可以中止裁定的执行。已经进行新的证据调查后，法院认为应证明的问题已经明白，应立即中止询问当事人。

第一百零二条（当事人的宣誓）　当事人一方未宣誓时所作的证言，不能使法院就应证事实的真实与否得到心证时，法院可以命令当事人就其证言宣誓。在询问当事人双方时，就同一事实，可以只命当事人一方宣誓。

誓词中应表明当事人应按照自己的良心作出真实的陈述，毫不隐瞒。

对方当事人可以舍弃宣誓。

对于因故意违反宣誓义务受过确定的有罪判决的一方当事人，不允许他宣誓。

第一百零三条（对当事人陈述的判断）　法院得对当事人的证言独立地、公正地作出评断。

当事人拒绝陈述或拒绝宣誓时，准用第七十八条的规定。

第一百零四条（当事人不到场的后果）　当事人在规定的询问期日或宣誓期日不到场，法院应考虑一切情况，特别考虑当事人提出的不到场的理由，依自由裁量以判断是否可以视为拒绝作证。

指定了在受诉法院询问当事人和当事人宣誓的期日后，而当事人不到场的，如法院认为不必要指定新的期日，即可进行本案言词辩论。

第五节　视听资料

第一百零五条（视听资料的范围）

（一）视听资料包括文字、录音、录像。文字是指记录语言的符号系统，包括汉字、字母、单词、数字或其替代物，其往往通过书写、打字、印刷、影印、照相等方式加以记录。录音是指用机械、光学或电磁等方法记录下来的声音。录像是指用光学、电磁等方法记录下来的图像和伴音信号，如录像带、电影胶卷。

（二）照片。照片包括普通摄影、X 射线胶片等图片。

（三）原件。文字或录音的原件是指该文字或录音材料本身，或者由制作人或签发人使其具有与原件同样效力的副本、复本。照片的原件包括底片或任何由底片冲印的胶片。如果数据储存在电脑或类似设备中，任何从电脑中打印或输出的能准确反映有关数据的可读物，均为原件。

（四）复制品。复制品是指通过与原件同样印刷，或者以同一字模或通过照相手段制作的副本，包括放大或缩小的制品，或者通过机械或电子的再次录入，或通过化学的重制，或通过其他相应手段准确复制原件的副本。

第一百零六条（视听资料应提供原件）　视听资料应提供该文字、录音、录像的原件，以证明文字、录音、录像的内容，除非法律另有规定。

第一百零七条（视听资料的复制品）　视听资料的复制品与原件具有同等的证明力，但下列情况除外：

（一）对复制品是否忠实于原件提出疑问；

（二）采纳复制品将导致不公正。

第一百零八条（不要求提供原件的情形）　有下列情形之一的，不要求提供原件：

（一）原件被损坏或遗失，但此种损坏或遗失系出于提供者之不良动机的除外；

（二）原件不能通过适当的司法程序或行为获得；

（三）原件处于对方当事人的控制之中，但该当事人拒绝提供；

（四）原件的内容与主要争议事项无紧密联系。

第一百零九条（官方记录）　官方记录的内容，或者经授权记录、保存并已确实记录、保存的文件（包括各种数据汇编）的内容，如果其他方面允许采纳，可以通过提供副本加以证明，此副本的真实性应由保管人或法律授权的其人员加以证实，也可以由曾与原件作过比较的证人证明无误。如此副本经合理努力仍不能取得时，也可提供能证明该材料内容的其他证据。

第一百一十条（替代品）　篇幅过长或体积过大的文字材料、录音或录像不便在法庭接受审查时，可用图表、摘要或计算分析的方式出示。其他当事人可选择合理的时间和地点，对原件、副本或两者进行审查。法庭也可命令将它们在法庭上出示。

第一百一十一条（视听资料的争议解决）　对视听资料存在争议时，法官应确定：

（一）所称文字材料是否存在过；

（二）在法庭上出示的其他文字、录音或照片是否是原件；

（三）其他证明该材料内容的证据是否正确反映了有关内容。

第三章　审前程序中的证据调查*

第一百一十二条（审前程序的概念）　审前程序是指法院在受理案件后至最后一次审前会议结束时，由法院作出审前裁定前所进行的，旨在为开庭审理进行必要的准备的程序。

第一百一十三条（录取对方当事人的证言）　在一方当事人申请经法院批准后，可以通过口头询问的方式录取对方当事人的证言。

第一百一十四条（证言笔录的签字）　录取证言的内容经被录取人查阅予以签字或者盖章后生效。

第一百一十五条（证言的记录方式）　证言应通过视听或速记的方式加以记录。各方当事人均有权获得录取证言所作记录的副本。

第一百一十六条（录取证言的费用）　录取证言的当事人应负担记录的费用。

第一百一十七条（由准备法官主持）　录取证言应当在准备法官主持下进行。在录取证言前，被录取人应当首先阅读宣誓书，并在宣誓书上签名，该宣誓书应附在证言笔录上。准备法官应当证明该证人作过正式宣誓，并且录取证言是对证人证言的真实记录。该证明书也应当以书面形式作出并附在证言笔录上。

---

* 本章由毕玉谦教授拟写。

毕玉谦，法学博士、中国政法大学民事诉讼法研究所所长、教授。曾任国家法官学院教授、司法审判研究中心主任。代表作有：《民事证据法及其程序功能》《民事证据法判例实务研究》《诉讼证据规则研究》。曾在《法学研究》《中国法学》《中外法学》等杂志上发表论文多篇。

第一百一十八条（当事人拒绝被录取证言的后果）　在录取证言时，除非由于保密特权的限制，一方当事人就有关涉及案件事实问题拒不回答或者回答得似是而非的，视为对该事实问题的承认。

第一百一十九条（书面询问）　一方当事人可采取书面询问书的形式，就录取证言笔录后仍存在的疑点问题有针对性地进行调查。

第一百二十条（询问书送达）　一方当事人应当经法院向对方当事人送达询问书。

第一百二十一条（询问书询问问题的数量）　询问书，包括所有分离的部分在内，其询问问题的数量不得超过20个，除非有正当理由，并经双方当事人协商同意或经法院许可。

第一百二十二条（询问书的送达与弃权）　询问书的送达应当与起诉状、答辩状的送达一并进行；但一方当事人在接到起诉状之日起15日内拒不提交答辩状和询问书的，视为放弃上述权利。

第一百二十三条（视为承认）　除非涉及保密特权的限制，否则当事人对询问书所提问题拒不回答或者答非所问、似是而非的，视为对有关事实问题的承认。

第一百二十四条（宣誓）　询问书应附具书面宣誓书，被询问人必须签名、签章或者按指印，否则在接受送达后即视为对所有被提及问题的自动承认。

第一百二十五条（答复的要求）　对询问书所涉及的每一个问题应分别作出全面、明确的答复，除非对此问题提出异议。

第一百二十六条（异议的理由）　作为异议的理由可以包

括有碍保密特权规则，因提出的问题过于宽泛无法作出相应确切的回答以及造成当事人过重负担等。

第一百二十七条（异议的书面形式） 如果存在异议，异议方当事人应声明异议的理由并应当答复询问书中未被异议的部分。答复应由接受询问的当事人签名，并且异议应由接受询问的当事人或者其诉讼代理人签名。

接受询问的当事人应在接到询问书送达后15日内经法院向提出询问的当事人送达答复的副本，如有异议，则送达异议的副本。

第一百二十八条（提交证据的命令） 经当事人的申请并由法院审查批准后，法院可以向其他当事人或者任何第三人发出提交证据的命令。在接到提交证据令的送达之日起15日内，被指令人应当提供不属于特权性质的以及在其占有或者控制之下的证据。假如被指令人对占有证据的个人或者机构居于一种具有影响的地位，那么该被指令人将被视为证据在其控制之下。其中，被要求提供的文书包括文字、图画、表格、地图、照片，以及其他数据汇编等。

第一百二十九条（不提交证据的推定） 凡当事人逾期不向法庭提交有关证据又不存在合法障碍，并且有证据证明该方当事人持有或控制有关证据，如果对方当事人主张此类证据的内容对证据持有人或控制人不利的，可以推定该主张成立。

第一百三十条（不服从法院命令的推定） 如果对方当事人不服从法院提交书证的命令，或者法院相信书证为对方当事人所占有、法院相信对方当事人并未竭尽全力追究书证的所在时，就可以把举证人提供的书证复制件视为具有原件的效力。如举证人未提供书证复制件时，举证人关于书证的性质和内容的主张，视为已得到证明。

第一百三十一条（第三人逾期不提交证据的罚款）　凡第三人逾期拒不提交证据的，可以处以逾期罚款，但因存在合法障碍不能提交的，不在此限。

第一百三十二条（证据交换）　当事人之间应当相互提供、交换证据。凡在审前裁定作出之前一方当事人在没有合法障碍的情形下拒不向对方当事人提供有关证据，视为没有证据可予提供。

第一百三十三条（进入土地等场所进行调查）　基于调查、测定、测量、拍照、试验等目的，经一方当事人提出申请并经法院审查批准，该方当事人可在准备法官的主持下进入对方当事人或者任何第三人占有、支配等控制之下的土地、场所或者空间范围。当事人向法院提出的书面申请，应逐条或分别表明将被调查的项目，并以合理的精确性记述各个项目，且应指定进行调查或作出相应行为的合理时间、地点和方式。

接受法院送达调查令的当事人或者任何第三人应当于送达后15日内向法院提交书面答复。如果对调查的项目持有异议，应当提出合理的解释并且附具必要的证据。

第一百三十四条（鉴定和勘验）　由一方当事人向法院提出申请，可以对有关书证、物证、视听资料以及某人的身体、精神状态或场所进行鉴定和勘验。

第一百三十五条（勘验的申请）　当事人申请勘验，应表明勘验标的并提供应证明的事项。诉讼法院应当指定鉴定人一人或数人参与勘验。

第一百三十六条（合法障碍的法定情形） 本法所指的合法障碍包括以下情形：

（一）原下落不明的证人重新出现；

（二）原已遗失或被认为灭失的书证、物证或者视听资料等失而复得；

（三）在审前裁定作出之后至最后一次言词辩论结束前，才出现或者被发现的证据。

当事人以在审前裁定作出之前因存在上述合法障碍为由而未能提供和交换证据的，应对此作出合理的解释，并提供必要的证据。

法庭应对此进行审查。经审查，凡法庭认为当事人所作解释理由充分，符合情理的，应当以决定书的形式接受对有关证据进行审理。在此情形下，法庭应征询对方当事人的意见，凡对方当事人认为有必要延期审理的，法庭应当作出延期审理的决定。

第一百三十七条（对被告的缺席判决） 在无合法障碍的情形下，经二次合法传唤，被告拒不出席审前会议又不提交答辩状，从而影响审前裁定作出时，法庭可以据情作出被告败诉的缺席判决。

第一百三十八条（准备法官对审前会议的主持） 在审前会议上，由准备法官召集当事人或者诉讼代理人根据当事人所提交诉讼文书确定案件的争执点，向法庭提供有关证据以及当事人之间相互交换证据。

第一百三十九条（协商确定审前事项） 在审前会议上，允许向法庭提供证据以及双方当事人交换证据，最终期限由准备法官与双方当事人及其诉讼代理人共同协商确定。

第一百四十条（审前会议的次数）　审前会议召开的次数应视具体情形而定，但在通常情形下，第一次审前会议召开的期日与最后一次审前会议召开的期日不应超过 60 日。在审前会议结束时，准备法官应就案件审理争执点的确定、证据准备情况等事项作出审前裁定。

第一百四十一条（审前裁定的效力）　审前裁定具有以下效力：

（一）确定案件事实的争执点，在此之后如果当事人要求引入新的争执点并提供与此相关的证据，必须得到法院准许；

（二）固定当事人向法庭提交的证据以及当事人之间相互交换的证据，禁止当事人在庭审过程中提出未包含在审前裁定中的证据；

（三）庭审时当事人不得提出新的诉讼文书，除非存在合法障碍，否则不得提交任何未在审前裁定中载明的证据，即便当事人提出，法院也应依职权决定不予审理；

（四）当事人在审前会议上就有关事实及文件制作的真实性作出的自认，在以后的开庭审理阶段对其产生拘束效力，禁止其擅自否认或者推翻这种诉讼上的承认。

本条第一款第三项所指的合法障碍包括：

（一）本法第一百三十六条所指的情形；

（二）在审理过程中，争执点发生实际转移，确有必要重新加以决定；

（三）在审理过程中，确有必要对原来所确定的争执点予以增加或者减少。

在庭审过程中，确有必要为本法第一百三十六条所规定的情形时，有关当事人必须对出现合法障碍的情形负举证责任，为此，可由相应的合议庭举行专门的庭审活动，由相对一方当事人进行质疑，最后由合议庭作出裁决。

在发生上述情形时，可由法院依职权确定相应的举证期限。凡当事人无合法原因逾期才提交证据的，法庭将不予以考虑。

第一百四十二条（证据交换、举证时效） 提供证据、进行证据交换以及实施证据调查、专业技术鉴定和现场勘验等行为，除存在合法障碍外，一般应当在最后一次审前会议结束之前完成。

第一百四十三条 根据《民事诉讼法》的规定，凡适用简易程序审理的民事案件，可不适用依本法所规定的审前程序和庭审程序等为一般程序所应当适用的程序规则。

第四章　庭审程序中的证据运作*

第一百四十四条（当事人真实陈述的义务） 当事人应就事实情况作完全而真实的陈述。一方当事人对其所主张的事实，应当作出相应的陈述；凡就对方主张的事实予以反驳的，应当提出必要的反证，否则，将被视为就对方所主张事实的承认。

第一百四十五条（准许说“不知”的情形） 对于某种事实，只有在它既非当事人自己的行为，又非当事人自己所亲自感知的对象时，才准许说“不知”。

第一百四十六条（当事人的自认） 一方当事人所主张的事实，在诉讼进行中经对方当事人在言词辩论中自认，或者在法

* 本章由毕玉谦教授拟写。

官面前自认而作成笔录时，可免除该方当事人的举证责任。

第一百四十七条（具体陈述的义务）　一方当事人须针对他方的事实主张，就案件事实予以具体陈述，并且各方当事人的这种陈述必须具备确定性，否则为对方所主张的事实，将被视为不存在争执而被确认。

第一百四十八条（确定性的陈述）　只有在不涉及当事人自己的行为，又非为自己的亲自感知的有关事实主张时，一般性否认或简单的不知情抗辩，才能被认为具备确定性。

第一百四十九条（法庭的控制）　法庭应当依职权对询问证人和出示证据的方式和次序加以合理的控制。

第一百五十条（传唤证人）　法庭可以依职权或者根据当事人的申请传唤证人。

第一百五十一条（主询问的规则）　主询问中应当由证人对询问事项连续进行陈述，不得采用一问一答的方式。

第一百五十二条（对证人询问的次序）　证人由提出对其询问的当事人先行询问；在其询问结束后，再由他方当事人进行询问。

第一百五十三条（主询问的范围）　主询问应仅限于与案件有关的事实。当事人的询问与已经进行的询问相重复时，涉及与争执点无关的事项时或者认为有特殊必要时，法庭可以限制或者制止其询问。

第一百五十四条（诱导性问题的制止）　在主询问中除遇有下列情形且经法庭准许外，不得提出诱导性问题：

（一）当证人在接受询问时，原非诱导性询问，直至证人的记忆力已告用尽，而律师坚持认为该证人尚掌握有较为重要的信息情况，只有通过诱导才能提醒其注意时；

（二）证人是未成年人，或者胆怯，或者处于惊恐状态的；

（三）鉴于证人的身心状况应免予使其耗费精力来作冗长叙述的；

（四）证人是文盲，或对汉语虽有充分了解而不需要翻译，但表达上仍有困难的。

第一百五十五条（法官对证人的补充询问） 在当事人对证人进行主询问后，法官可以进行补充性询问，并且，在主询问过程中法官认为必要，可以随时询问证人。

第一百五十六条（反询问的禁止情形） 当事人不得以反询问或者其他方式质疑自己提供的证人，除非该证人出现敌意。

第一百五十七条（反询问中诱导性提问之允许） 反询问是旨在证实或者审查证人陈述的真实性与可靠性是否受到任何利益或者偏见的影响，因此，允许询问人提出诱导性问题。

第一百五十八条（对己不利证据的采纳） 对一方当事人不利的证据，除非对方当事人在反询问中有予以质疑的机会，否则是不可采纳的。

第一百五十九条（反询问的范围） 反询问应限于证人在主询问中所涉及陈述的范围或者与此有关的任何事项。

第一百六十条（反询问中禁止提出的问题） 反询问应限于与案件有关的事项。法庭在反询问中可以制止一切与案件无关的问题或者使证人感到难堪的事项等不适当的询问。

第一百六十一条（反询问范围的扩大） 反询问不限于在主询问中证明的事实，能针对一切争执中的事实或有关联性的事实以及尽管没有关联性但可以用来质疑证人信用或可靠性的事实，例如他过去所作的不一致的陈述。

第一百六十二条（法官的补充性询问）　在当事人对证人反询问结束后，法官可以进行补充性询问。并且，如认为必要，可以随时询问证人。

第一百六十三条（法官向证人发问）　法官可以依职权或应其中一方当事人的申请，向证人提出问题以澄清证人在接受律师询问时所陈述的那些案件事实。

第一百六十四条（对鉴定人的询问）　鉴定人应当就鉴定事项和鉴定结论接受双方当事人的询问。

第一百六十五条（再询问）　再询问应限于反询问中出现的事项。未经法庭的许可，不得引进新的事项，除非由于对方的反询问引出了新的事项，造成了此种询问的必要。

第一百六十六条（再询问的规则）　在再询问中，不得提出诱导性问题，但就同一事项，在主询问中已经允许提出诱导性问题的，不在此限。

第一百六十七条（再询问的禁止）　凡未进行反询问的，不得进行再询问。未经法庭许可，当事人或者律师不得在再询问中提及在主询问中或者反询问中遗漏的问题。

第一百六十八条（法庭对当事人的补充询问）　在当事人对证人进行主询问后，法庭可以进行补充性询问，并且，在再询问中如认为必要，可以随时询问证人。

第一百六十九条（再询问后的反询问）　在再询问之后，对方当事人可以就证人在再询问中陈述的有关事项再次进行反询问。

第一百七十条（法庭对证人依职权询问）　法庭可以依职

权对经传唤到庭的证人进行询问。

第一百七十一条（对询问证人的异议） 凡一方当事人对证人进行询问，另一方当事人对其询问的事项、方式等持有异议的，法庭应就此异议即时作出裁定。

第一百七十二条（证人的放弃） 一方当事人可以放弃由他所提供的证人，但对方当事人可以要求对已到庭的证人进行询问。

第一百七十三条（当事人的暂时退庭） 法庭如认为当事人在场有碍证人陈述时，可告知当事人暂时退庭；但证人陈述完毕之后，法庭应当告知当事人入庭，并转述证人陈述的内容。

第一百七十四条（证人的隔离） 询问证人，应当与其他证人分别进行；但法庭认为必要时，可以让证人之间进行对质。

第一百七十五条（帮助证人回忆） 当证人不能完全地回忆起被询问的事项，并且有关的提问将有助于唤起他的记忆而不至于促使他误入歧途或者作虚假陈述时，当事人可以就任何问题向证人提问或者借助任何书证、物证等来唤起其记忆。在上述情况下，法官应允许被询问的证人查阅文书来唤起对特定事项的记忆，但通常只能在作证前查阅，且不得朗诵。对这类文书，应有以下限定：

（一）该文书系证明该项事实的证人所作的或经其核实过的，作成的时间与事实发生的时间应为同一个时间；

（二）该文书须为证人或记录证人所知道的事的人作成的；

（三）该文书须是在证人能够记忆这件事的情况下作成的；

（四）只有在原本已经灭失或遭到毁坏时才能使用副本；

（五）对方当事人及其诉讼代理人有权审查该文书并就该文

书的有关内容对证人进行反询问。

第一百七十六条（对证人证据的检查和反询问） 对方当事人有权检查任何可由证人借以唤起记忆的证据，并就该证据对证人进行反询问，有权引用向证人提交的证据具有关联性的部分。

第一百七十七条（书面证词的禁止） 证人在陈述案件事实时，除经法庭许可外，不得朗读书面材料。

第一百七十八条（法庭对证人作证的限制） 当对证人的询问的事项与待证事实无关，或者容易产生误导、混乱，或者造成不必要的拖延、浪费时间或者重复赘述时，或者使证人处于极度难堪，以及有伤社会风化时，法庭应当及时予以限制或者制止。

第一百七十九条（证人名单的预先交换） 在庭审前，提出证人的一方当事人必须告知对方当事人有关其提供证人的姓名和详细情况以及证人作证的主要事项，以便对方当事人为反询问作必要准备，否则，该证人证言不得采纳。

第一百八十条（二审证据的限制） 在二审程序中，为二审法院所考虑的证据应仅限于二审法院经对一审裁判审查后，认为应改变一审法院所确认的事实争执点后所需要提交、出示的新的证据，以及确因客观上的原因而无法在一审程序上提交的证据。

第五章　证人作证*

第一百八十一条（证人作证的概念） 证人作证是指证人

---

* 本章由毕玉谦教授拟写。

将其亲身经历或者体验过的事实如实向法庭陈述，证人证言中如含有任何对待证事实的猜测、推理或者评论的成分或者因素的，将予以排除。

第一百八十二条（当事人对证人的传唤申请） 证人出庭作证，应由当事人申请传唤。当事人向法院申请传唤证人时，应当提供证人的姓名、职业、住址以及向证人询问的主要事项。

第一百八十三条（委托法院对证人询问） 在下列情形下可以由受诉法院或者由受诉法院委托当地法院向证人进行调查询问：

（一）为求得真实效果，以在现场询问更为适宜的；

（二）依法律规定应在法院以外的场所询问证人的；

（三）证人因合法障碍不能前往受诉法院接受询问的。

第一百八十四条（对国家主席的询问） 当国家主席作为证人接受询问时，可在其住所进行。

第一百八十五条（证人传票） 对证人出席作证应当采用传票的传唤方式予以送达。传票上应载明如下事项：

（一）案由；

（二）双方当事人的姓名；

（三）询问事项；

（四）证人到庭的时间和场所；

（五）证人不到庭时应受到的法律上的制裁；

（六）证人请求有关费用的权利。

第一百八十六条（证人为军人时传票的送达） 当证人为军人的，应当通过其所在部队团以上单位的政治机关转交传票，应通知其所在部队首长，令其到庭。如该证人确因客观障碍不能到庭的，所在部队应将此事由通知法院。

第一百八十七条（证人被监禁时传票的传达）　当证人正在被监禁的，应当通过其所在监所或者劳动改造单位转交传票，并通知其所在监所或者劳动改造单位的负责人，由监所或者劳动改造单位提送到庭。如发生相当之情形时，可准用本章第一百八十三条第二项之规定。

第一百八十八条（证人被劳动教养时传票的送达）　当证人正在接受劳动教养的，应当通过其所在劳动教养单位转交传票，并通知其所在劳动教养单位负责人，安排其到庭。如发生相当之情形，可准用第一百八十三条第二项之规定。

第一百八十九条（证人不到庭的制裁）　当证人在接受传唤后无正当理由拒不到庭的，法院可以裁定令其负担因此而引起的诉讼费用，并且可以对其作出罚款或者拘留的裁定。

第一百九十条（对证人不到庭的再次制裁）　当证人已受到罚款裁定，经再次传唤后仍不到庭的，法院除了再次处以罚款或者拘留外，可以一并作出对其拘传到庭的处罚。对以上裁定，可以即时提出异议。在对异议作出答复前，应当停止执行有关裁定。

第一百九十一条（对证人的拘传）　对证人采用拘传可准用刑事诉讼有关拘传的规定。

第一百九十二条（证人的免责事由）　凡能够证明自己在确定的期日因有合理原因而不能出庭作证的人，可免予处罚。

第一百九十三条（因证人之故而延期开庭）　当证人能够证明其在指定日期确有不能出庭作证事由时，法庭可适当予以延期。

第一百九十四条（证人拒绝作证的合法事由） 凡证人认为有合法原因拒绝作证的，应当在开庭前三日内向法院提出书面事由。法院应当将此事由及时通知当事人。

第一百九十五条（对证人拒绝作证事由合法性的裁定） 对证人拒绝作证是否得当，由法院在对到庭的当事人进行询问后作出裁定。对此裁定，可以提出异议，在对异议作出答复前不得执行该裁定。

第一百九十六条（对证人的罚款） 凡证人不及时向法院就拒绝作证提出书面事由而拒不作证的，或者在法院作出该证人提出拒绝作证的事由不成立而拒不作证的，法院可以裁定对其处以罚款。对此罚款裁定，可以提出异议，在对异议作出答复前不得执行该裁定。

第一百九十七条（证人的宣誓） 证人宣誓的誓言应当表达基于良心如实陈述，毫无隐瞒，毫无添饰之内容。

第一百九十八条（朗读誓言） 证人应朗读誓言。凡不能朗读的，由书记员朗读，并说明誓言的意义。

第一百九十九条（誓言的签名） 誓言应由证人签名。凡不能签名的，由书记员代写姓名并注明事由，由证人盖章或者按指印。

第二百条（对证人拒绝宣誓或拒绝作证的惩罚） 证人未提出理由，或者经宣誓确定其理由不充分时，而拒绝作证或拒绝履行宣誓手续，即可不经过申请，命令证人负担因其拒绝而产生的诉讼费用。同时对证人处以罚款，不能交纳罚款时，处以拘留。

第二百零一条（证人不宣誓的情形） 当下列人作为证人

接受法庭询问时，不得使其进行宣誓：

（一）未成年人；

（二）不能正常理解宣誓在法律上的意义与后果的。

第二百零二条（证人分别宣誓）　除法律另有规定外，证人在作证前应分别进行宣誓。

第二百零三条（对证人义务的告知）　法庭在证人宣誓前，应当告知其履行义务。如作伪证将受到罚金、拘留的处罚或者监禁的刑罚。对于依法不经宣誓即作证的人，应告知其有相同的义务。

第二百零四条（证人拒绝作证权）　当提供证言足以使证人或者下列人带来不利益的，或者使这些人的名誉受到不当损害的，证人可以拒绝作证；

（一）证人的配偶、四亲等内的血亲或者三亲等内的姻亲或者与证人曾有此等亲属关系的；

（二）证人提供证言，对于证人或者与证人有前款关系的人足以在财产上造成直接损害的；

（三）证人的监护人或者受证人监护的人。

第二百零五条（反对自证其罪）　如果某人因其出庭作证，其证言将其自身陷于法网，那么就不能强迫其作证。

第二百零六条（证人作证的特权）　在下列情形下，证人作证应征得有关部门的同意：

（一）当国家主席、副主席或者曾任国家主席、副主席的人作为证人而就其职务上的秘密接受法庭询问时，法院应征得全国人民代表大会常务委员会的许可。

（二）当国务院总理、副总理、国务委员或者其他部委的部长、副部长或者主任、副主任，或者曾任这些职务的人作为证人而就其职务上的秘密接受法庭询问时，法院应征得国务院的许可。

（三）当全国人大代表、全国政协委员或者曾任全国人大代表、全国政协委员的人作为证人而就其职务上的秘密接受法庭询问时，法院应征得全国人大、全国政协的许可。

（四）国家公务员或者曾任国家公务员的人作为证人而就其职务上的秘密接受法庭询问时，法院应征得其主管机关的许可。

在下列情形下，证人可以拒绝作证：

（一）医师、药剂师、律师、公证员、宗教人士，或者曾经从事此类职务的人在职务上知悉的应当保密的事实接受法庭询问时。

（二）基于职务、职业、身份上的原因，而知悉一定事项，从该事项的性质上判断或者依法规定应当属于保密特权的内容，就此接受法庭询问时。当证人被免除保密义务时，不适用上述规定。

第二百零七条（不得拒绝作证的情形） 对下列事项，证人不得拒绝作证：

（一）关于证人本人曾经作为证人而从事过的法律行为的成立与法律行为的内容；

（二）涉及家庭成员的出生、婚姻或者死亡情况；

（三）涉及因家庭关系而发生的财产情况。

第二百零八条（法官不得作为本案证人） 凡审理本案的法官不得作为本案的证人。

第六章　鉴定人*

第二百零九条（鉴定人规定的准用）　鉴定人除适用以下特别规定外，可准用本法关于证人的规定。

第二百一十条（鉴定意见的范围）　鉴定人只能就涉及案件事实的专门问题作出推断或者发表意见，如对证明某一案件事实本身是否存在发表意见的，该意见将受到排除。

第二百一十一条（鉴定的申请）　凡申请鉴定，应当向法院提出书面申请，申请中应当列名鉴定事项，鉴定人的姓名、职业、住所等。

第二百一十二条（鉴定人的资格）　鉴定人应由依法具备鉴定资格的机构、具有中等以上专业技术职称或者虽不具有专业技术职称但在某一行业、某一领域具有一定专业特长的人员担任。

第二百一十三条（鉴定机构作为鉴定人）　凡以鉴定机构名义担任鉴定人的，无论是在庭前还是当庭进行鉴定，鉴定机构都应当派员接受法庭的询问，否则其鉴定结论不得采纳为证据。

第二百一十四条（鉴定人的选任）　鉴定人一般由当事人选任，但在当事人达成合意时，可以由法院指定鉴定人。对由法院指定的鉴定人，法院事后可根据情况予以撤换。

第二百一十五条（鉴定人的回避）　鉴定人可以基于与法官回避的相同原因而实行回避；但对鉴定人不得以曾为本案证人而作为回避的原因。

第二百一十六条（回避的限制）　申请回避应限于由法院

* 本章由毕玉谦教授拟写。

指定的鉴定人。

第二百一十七条（对鉴定人回避申请的提出） 凡申请鉴定人回避的，应在法院指定鉴定人之后鉴定结论作出之前向指定鉴定人的法院提出。凡鉴定结论作出之后鉴定人接受询问之前提出回避申请的，应当对不能在鉴定结论作出之前提出回避申请作出合理的解释，否则视为申请回避没有实际发生。

第二百一十八条（鉴定人的宣誓义务） 鉴定人在鉴定前应当宣誓，其誓言应当载明务必客观、公正、诚实地进行鉴定等语句。

第二百一十九条（拒绝鉴定的事由） 当鉴定人具有证人拒绝作证的同样原因时，也有权拒绝接受鉴定。法院也可以因其他原因而免除鉴定人从事鉴定的义务。

第二百二十条（对鉴定人的处罚） 对证人、鉴定人接受合法通知后无正当理由拒不到庭的，法院可裁定令其负担因此而引起的诉讼费用并可处以罚金；同时在另定期日后再行通知，将处以罚金的通知和新确定的日期通知书一并送达。若仍不依通知到庭的，可再行处以罚金；对于证人，可同时予以拘传或者拘留。

第二百二十一条（对鉴定人拘传的限制） 对鉴定人不得采用拘传。

第二百二十二条（对鉴定人的询问） 在庭审活动中，鉴定人应当就鉴定事项和鉴定结论接受双方当事人的询问。

第二百二十三条（鉴定人对鉴定资料的查阅） 基于鉴定的目的，鉴定人可以要求调取有关书证、物证等资料，经法庭许可后，鉴定人可以对证人或者当事人进行询问。

第七章　当事人举证*

第二百二十四条（举证的概念）　举证是民事诉讼中在合议庭或独任审判员的主持下，当事人及其诉讼代理人就当事人自己的主张提供证据进行说明和证明的一项诉讼活动。

第二百二十五条（举证责任）　当事人对自己提出的诉讼请求所依据的事实或反驳诉讼请求所依据的事实，有责任提供证据加以证明。

第二百二十六条（举证时限）　当事人对其事实主张，应当在人民法院指定的期限内及时提供证据。当事人在指定的期限内提交证据确有困难的，应在指定期限届满前向人民法院申请延期提交。对申请理由成立的，延期提交的期限由人民法院决定；对申请无理由或者无正当理由逾期不提交证据的，人民法院可以认定当事人举证不能。

第二百二十七条（补充提供证据）　在庭审中当事人要求提供新的证据，或者合议庭、独任审判员认为案件事实尚未查清

---

* 本章由李浩教授、汤维建教授拟写。

李浩，南京师范大学法学院教授。兼任中国法学会学术委员会委员，中国民事诉讼法学研究会常务副会长，江苏省法学会民事诉讼法学研究会会长。曾任第九届全国人民代表大会代表。代表作有：《民事证明责任研究》《民事证据立法前沿问题研究》。曾在《法学研究》《中国法学》《法学评论》等刊物上发表论文多篇。

汤维建，法学博士、中国人民大学法学院教授。兼任中国民事诉讼法学研究会副会长、中国行为法学会执行行为研究会副会长、国家教育部第八届和第九届国家督学。代表作有：《破产程序与破产立法研究》《美国民事司法制度与民事诉讼程序》《民事证据立法的理论立场》。曾在《中国法学》《法学研究》《法学家》等杂志上发表论文多篇。

确需要当事人在第一审开庭审理中，一般应在法庭调查结束前，或最迟在法庭辩论结束前，对其主张完成举证。

（一）当事人向人民法院提交证据应首先将证据统一编号，提交证据清单。

（二）审判人员或书记员在收到当事人或诉讼代理人提交的证据材料后，应当出具收据。收据中应注明证据的名称、收到日期、证据的份数和页数以及是原件还是复印件等情况，由审判人员或书记员签名或者盖章。

（三）当事人对自行收集的证据，除向受诉法院提交外，还应在庭审中对其所举证据的来源、表现形式、名称、待证事实以及是否具有证明力等予以说明，并在公开出示和宣读后，交由对方当事人进行核对、辨认和反驳。

（四）涉及国家秘密、商业秘密和个人隐私的证据应当保密，当事人提交法庭的，在公开审理中法庭不得出示，但可以适当提示。

（五）对当事人在第一审程序没有提出，而确实在第二审程序中才收集到并提供的新证据致使案件被改判或者发回重审的，第二审人民法院应在裁判文书中写明对新证据的确认，不应当认为是第一审裁判的错误，并在诉讼费上按下列情形确定：

1. 案件被改判的，不改变一审判决确定的诉讼费负担；

2. 案件被发回重审的，对方当事人要求提出新证据的一方当事人补偿其误工费、差旅费等费用的，经查证属实，应确定由该方当事人负担。

（六）对当事人在第一审程序中能够举证而故意不举，却在第二审程序中才提供证据导致案件改判的，第二审人民法院除比照前项的有关规定处理外，应由该方当事人负担双方当事人在二审中的全部诉讼费用；导致案件被发回重审的，除比照前项的有关规定处理外，应由该方当事人负担双方当事人经重审确定的原一审、二审的全部诉讼费用。

第二百二十八条（举证指导）　案件受理后，人民法院应根据不同性质的案件和当事人的不同情况，采用多种方式做好对当事人举证的指导和引导工作。在庭审前人民法院送达受理案件通知书、应诉通知书和第三人参加诉讼通知书时，应当明确告知当事人围绕自己的诉讼主张提供证据，并可附上对各类案件的举证须知，明确举证的内容、范围和要求等。在庭审中，合议庭或独任审判员应根据案件的审理的具体情形，有针对性地引导当事人围绕案件的主要事实和争议焦点，按庭审步骤并依举证责任的分担、倒置等规则进行举证。

第二百二十九条（举证不能的法律后果）　有下列情形之一的，当事人应承担相应法律后果：

（一）当事人对其主张不能举证或者不足以举证的，将可能承担不利的法律后果；

（二）当事人对其主张确因客观原因难以举证，并经申请或者由人民法院依职权调查收集证据无果的，将承担举证不能的责任；

（三）负有举证义务的一方当事人拒绝预交鉴定费用，致使人民法院对案件争议的主要事实无法取得鉴定结论并加以认定的，应视其举证不能并应承担不利的法律后果。

第二百三十条（举证责任的倒置）　下列民事诉讼实行举证责任倒置：

（一）因产品制造方法发明专利引起的专利侵权诉讼，由被告就其未使用原告的专利方法制造产品负举证责任。

（二）因环境污染引起的损害赔偿诉讼，由被告就污染行为与损害事实不存在因果关系负举证责任。

（三）建筑物或者其他设施以及建筑物上的搁置物、悬挂物发生倒塌、脱落、坠落致人损害的侵权诉讼，由被告就自己无过错负举证责任。

（四）因产品存在缺陷造成他人人身、财产损害的侵权诉讼，由被告就产品缺陷与损害结果不存在因果关系负举证责任。

（五）因共同危险行为致人损害的侵权诉讼，由被告就自己行为与损害结果不存在因果关系负举证责任。

（六）因医疗行为致人损害的诉讼中，由被告就医疗行为与损害结果不存在因果关系及不存在医疗过失负举证责任。

（七）有关法律、司法解释规定应由被告承担举证责任的其他情形。

第二百三十一条（举证责任的免除） 在民事诉讼中有下列情形之一的，提出主张的一方当事人无须举证：

（一）一方当事人对另一方当事人主张的案件事实在诉讼中明确表示承认的；

（二）进行法庭调查时，双方当事人无争议的事实；

（三）众所周知的事实、自然规律和定理；

（四）法官于职务上知悉的事实；

（五）根据法律规定从已知事实能推定出的另一事实；

（六）已为人民法院生效裁判所认定的事实；

（七）已为公证文书所证明的事实。

第二百三十二条（法院依职权调查取证） 下列证据由人民法院依职权调查收集：

（一）当事人及其诉讼代理人因客观原因不能自行收集并已提出证据的申请和证据线索的；

（二）应当由人民法院勘验或者委托鉴定的；

（三）当事人双方提出的影响查明案件主要事实的证据材料相互矛盾，经过庭审质证无法认定其效力的。

第二百三十三条（书面申请法院查证） 当事人及其诉讼代理人申请人民法院依职权调查收集证据，应以书面形式向人民法院提出申请。

第二百三十四条（申请法院查证的条件） 当事人申请人民法院调查收集证据，应具备下列条件：

（一）属于法律、法规、政策规定的公民个人无法调查的事实，属于有关部门保存的档案材料，涉及国家秘密、商业秘密等事实材料，当事人或其诉讼代理人确因客观原因不能自行收集的；

（二）能提供确切被调取证据的相关线索；

（三）能够说明被调取证据确与本案事实相关并符合证据的法定形式。当事人请求调查收集证据的申请理由是否成立，由人民法院审查决定。对法院所作出的决定，当事人可以向人民法院申请复议一次。

第二百三十五条（对鉴定结论的异议） 当事人对人民法院委托鉴定部门作出的鉴定结论有异议，申请重新鉴定，并提出证明符合下列情形之一的，人民法院应准许重新鉴定：

（一）鉴定人不具备相关的鉴定资格；

（二）鉴定程序严重违法；

（三）鉴定结论确有错误。

第二百三十六条（法院依职权调查证据的期限） 人民法院依当事人、诉讼代理人申请或者依职权主动进行调查收集证据，一般应在庭审前完成。在庭审调查后合议庭或独任审判员认为案件事实尚未查清，确需人民法院补充调查收集证据，重新鉴定、勘验，或者当事人申请人民法院调查收集有关证据的，应在延期审理的休庭期间内完成。

第二百三十七条（法院调查取证的权限和程序） 人民法院调查收集证据，应由两人以上共同进行。调查材料应由调查人、被调查人、记录人签名或盖章。人民法院根据案件需要向有关单位和个人调查取证，有关单位和个人不得拒绝。人民法院在调查收集证据的过程中取得有关单位提出的证明文书，该证明文书应由该单位的负责人签名或盖章，并加盖该单位印章。

第八章　当事人质证*

第二百三十八条（质证的概念和性质） 质证是审查核实证据的法定程序，所有证据应在法庭上公开出示，并由当事人在庭审中相互质辩。凡未经法庭公开质证的证据，不得作为定案的依据。

第二百三十九条（应予保密的证据的质证） 涉及国家秘密、商业秘密和个人隐私依法应当保密的证据，需在法庭出示的，不得在公开开庭时出示，但可视情形予以适当提示。不公开

---

* 本章由李浩教授、汤维建教授拟写。

出示的证据，仍须经当事人质证。

第二百四十条（质证的主体） 在民事诉讼中，对证据在法庭公开质证的主体是案件当事人，包括原告、被告和第三人。

第二百四十一条（质证的内容） 当事人在庭审中对证据进行质证应当围绕证据的合法性、真实性、关联性以及该证据有无证明力和证明力大小进行质证和说明，并发表意见。

第二百四十二条（质证的证据范围） 在庭审中，除当事人无争议的事实或者依法不需举证的事实不再质证外，对当事人提供的证据或者由人民法院调查的证据，均应进行质证。

第二百四十三条（质证的方式） 当事人对证据质证，应按下列方式进行：

（一）举证方对所举证据的来源、形式、内容及其证明的事实等作出说明，并应由对方当事人进行辨认、核对；

（二）由对方当事人就举证方所举的证据提出质询、质疑和辩驳；

（三）经审判长许可，双方当事人可以对证人进行交叉询问。

第二百四十四条（质证的程序） 当事人在庭审中对证据进行质证，应当在审判长的组织指挥下，按阶段、有步骤、分层次地逐一进行。质证可按下列顺序进行：

（一）原告出示证据，分别由被告和第三人进行质证；

（二）被告出示证据，分别由原告和第三人进行质证；

（三）第三人出示证据，分别由原告和被告进行质证；

（四）审判人员出示人民法院收集的证据，由原告、被告和第三人进行质证；

（五）在案件审理中有两个以上独立存在的诉讼请求或者事实的，可以要求当事人针对每个请求以及相应的事实、理由分别出示证据并进行质证；

（六）庭审中因一方当事人要求补充证据或申请重新鉴定、勘验，或者合议庭、独任审判员认为确需人民法院进行补充调查收集证据而决定延期审理的，在休庭后取得的补充证据或者重新进行的鉴定结论、勘验笔录应当再次开庭进行质证。

在举证、质证程序中，审判人员根据调查需要可以询问当事人。

第二百四十五条（对证人质证） 证人经法庭传唤或被允许在法庭作证时，合议庭或独任审判员应查明证人身份，告知证人作证的义务以及作伪证应负的法律责任。证人作证后在退庭前应征询当事人对证人证言的意见。经法庭许可，当事人及其诉讼代理人可以向证人发问。证人确因困难不能出庭，经法庭许可所提交的书面证言，由当事人调查取得的证人证言，由当事人宣读后提交法庭并由对方当事人进行质证；由人民法院取得的证人证言在审判人员代为宣读后，双方当事人可以进行质证。

第二百四十六条（对鉴定人和勘验人质证） 对鉴定结论进行质证，鉴定人应当到庭；在鉴定人宣读鉴定结论后，经法庭许可，当事人可以对鉴定人发问。对勘验笔录进行质证，勘验人应当出庭；在勘验人宣读勘验笔录后，经法庭许可，当事人可对勘验人发问。

第九章　人民法院认证*

第二百四十七条（证据的审核）　证据的审核是人民法院对经庭审出示、质证的证据进行分析研究，以确定其是否具有合法性、真实性、关联性，有无证明力及证明力大小，并据此对证据作出认证的一项诉讼活动。民事诉讼的证据必须经查证属实，才能作为认证案件事实的根据。

人民法院依照法定程序，全面、客观地审查核实证据。

第二百四十八条（审查判断证据的原则）　人民法院对证据进行审查判断，应采取对每个证据逐一进行审查判断和对各种证据进行综合审查判断相结合的方法进行。

第二百四十九条（单一证据的审核）　审核单一证据，应当从证据的取得方式、证据形成的原因、证据形式、证据内容、证据特点，以及该证据提供者的情况及其与本案的关系等方面进行。

第二百五十条（证据的综合审查判断）　人民法院应当从整个证据体系中每一个证据与案件事实的关联性、各个证据之间的联系性等方面，依照逻辑法则，对证据进行综合审查判断。

第二百五十一条（对间接证据的审查判断）　完全使用间接证据证明案件事实的，人民法院应当从每一个间接证据与案件事实的关联性、间接证据之间有无矛盾、间接证据能否形成一个完整的证明体系以及由间接证据对案件事实所作出的结论是否具有唯一性等方面进行审查判断。

---

* 本章由李浩教授、汤维建教授拟写。

第二百五十二条（认证的概念） 证据经庭审当事人质证后，合议庭或独任审判员应当对该证据的合法性、真实性、关联性等方面进行认证。认证是人民法院对经质证的证据审核后，就当事人提供的证据资料能否采纳为诉讼证据进行判断的一项诉讼活动。

第二百五十三条（当庭认证） 人民法院对经庭审质证的证据应当采用当庭认证的方式进行认证，并在认证中具体阐述对证据是否采信的理由。

第二百五十四条（当庭认定的方式） 人民法院应按以下方式对证据进行认证：

（一）能够当即认定的应当当即认定；

（二）不能当即认定的应待合议后再行认定；

（三）合议后认为需继续举证或进行鉴定、勘验等工作的，应在下次开庭中予以认定。

第二百五十五条（未经质证的证据不得进行认证） 凡未在法庭公开出示、未经质证的证据，不能迳行认证和作为认定案件事实的根据，但无须举证的事实除外。依法缺席审理的案件，人民法院可以结合案件的其他事实和证据进行认证。

第二百五十六条（认证的方法） 认证一般采用以下方法进行：

（一）一证一认，对证据逐项进行认证；

（二）一组一认，对数项证据分组进行认证；

（三）综合认证，结合全案证据进行综合认证。

在庭审中合议庭或独任审判员应根据不同案件的具体情况以及证据与案件事实的联系程度，采用一种和数种方法进行认证。

第二百五十七条（对证明力的判断）　证据经出示、质证后，在认证中符合下列情形之一的，可以采信其证明力：

（一）一方当事人提出的证据，对方当事人对证据的合法性、真实性、关联性予以认可或者不予反驳的，可以确认其证明力；

（二）一方当事人提出的证据，对方当事人不予认可但举不出相应的否定证据予以反驳的，可以结合全案事实情况对该证据的证明力予以确认；

（三）当事人在庭审质证中已对证据表示认可，庭审后又反悔的，若提不出相应的证据证明该事实为虚假或者意思表示不真实，不得推翻已认可证据的证明力；

（四）有证据证明持有证据的一方当事人无正当理由拒不提供，如果对方当事人主张该证据的内容不利于证据持有人，可以推定该主张所具有的证明力成立；

（五）经过法定程序公证证明的法律行为、法律事实和文书应当认定其具有证明力，但有相反证据足以推翻公证证明的除外；

（六）一方当事人提供由单位或个人出具的证明书，经审核该文书具有合法性、真实性及与案件待证事实的关联性，另一方当事人无相反证据足以推翻的，可以采信其证明力；

（七）对发生法律效力的裁判文书中确定的事实，人民法院应当确认其具有证明力。

第二百五十八条（证明力的判断规则）　人民法院应根据证据的具体表现形式和所具备的相应特点，确认下列证据的证明力：

（一）书证原件和与书证原件核对无误的复印件、照片、副本、节录本无其他证据足以推翻的，可以采信其证明力；

（二）当事人提交的外文书证，必须同时提供中文译本，对境外提供的外文书证，应依法经涉外公证、认证程序；

（三）物证应当提交原物，照片、录像、复制件经与原物核对无误或经当事人认可的，可以确认其证明力；

（四）有其他证据能够印证并以合法手段取得、无疑点的视听资料和与视听资料审核无误的视听资料复制品，若无其他相反证据予以推翻，可以确认其具有证明力；

（五）对证人证言是否具有证明力，应从证人与当事人的关系以及证人的智力状况、品德、知识、经验、法律意识和专业技能等方面进行综合分析审核认定；

（六）当事人对自己的主张，只有本人陈述而不能提出其他相关证据加以印证的，除对方当事人认可的可以确认其证明力外，其主张不予支持；

（七）人民法院对案件审理中的专门性问题委托有关鉴定部门作出的鉴定结论应结合本案的其他证据加以综合判断后，确定其证明力；

（八）人民法院依照法定程序制作的对物证或书证的勘验笔录，无相反证据足以推翻的，应当确认其证明力。

第二百五十九条（证明力的衡量规则） 人民法院应当按下列规则判断证据的证明力大小：

（一）原始证据的证明力大于传来证据；

（二）书面证据的证明力一般大于言词证据；

（三）双方当事人对同一事实分别举出相反的证据，但均无足够理由否定对方证据的，应分别对当事人提出的证据进行审核，结合全案其他证据综合分析，以采信其中证明力较高的证据；

（四）物证、历史档案、鉴定结论、勘验笔录或者经过公证、登记的书证，其证明力一般高于其他书证、视听资料和证人证言；

（五）对证人证言是否具有证明力，应从证人与当事人的关系以及证人的智力状况、品德、知识、经验、法律意识和专业技能等方面进行综合分析审核认定；

（六）当事人对自己的主张，只有本人陈述而不能提出其他相关证据印证的，除对方当事人认可的可以确认其证明力外，其主张不予支持；

（七）人民法院对案件审理中的专门性问题委托有关鉴定部门作出的鉴定结论应结合本案的其他证据加以综合判断后，确定其证明力；

（八）人民法院依照法定程序制作的对物证或现场的勘验笔录，无相反证据足以推翻的，应当确认其证明力。

第二百六十条（证明力的衡量规则）　人民法院应当按下列规则判断证据的证明力大小：

（一）有关单位出具的证明文书的证明力，一般大于个人出具的证明文书；

（二）证人提供对与其有亲属关系或者其他密切关系的一方当事人有利的证言，其证明力低于其他证人的证言；

（三）对于内容不一致的鉴定结论，应当从鉴定部门的专业性、鉴定资格、级别高低、委托主体是人民法院还是当事人等方面进行比较，采信其中证明力较高的鉴定结论；

（四）人民法院作出的生效裁判文书中所确认事实的证明力高于经公证或登记的书证、其他书证和口头陈述。

第二百六十一条（孤证不能定案的情形） 在以下情形中，案件中如果只有单独一个证据，人民法院不得采信其证明力作为认定案件事实的根据：

（一）未成年人所作的与其年龄和智力状况不相当的证言，或者与一方当事人有亲属关系或有其他密切关系的证人所作的对该方当事人有利的证言；

（二）无其他证据印证并存疑的视听资料；

（三）不能与原件、原物核对的复印件、复印品、照片、副本、节录本。

第二百六十二条（不具有证明力的证据） 下列证据不具有证明力：

（一）证据为复印件、复制品，当事人拒不提供原件或原件线索，无其他证据可以印证且另一当事人予以否定的；

（二）以偷录、窃听等非法手段取得的视听资料；

（三）不具备合法性、真实性和关联性的其他证据。

第二百六十三条（对认证的纠正） 在案件审理中，合议庭或独任审判员发现已作出的认证有误，可按下列方式予以纠正：

（一）在庭审结束前发现认证有误的，应当进行重新认证；

（二）庭审结束后宣判前发现认证有误的，或者有新的证据可能推翻已认定的证据的，应当重新开庭予以纠正。

第十章　证据的采纳*

第二百六十四条（可采纳证据的范围）　凡与待证事实相关且并非法律规定排除的证据，均为可以采纳的证据。可以采纳的证据具备证据资格，经查证属实方可作为认定待证事实的依据。不可采纳的证据不具备证据资格，不能作为认定待证事实的依据。

第二百六十五条（相关性）　一切倾向于证明待证事实可能存在或可能不存在的证据均为相关证据，否则为无关证据。相关证据除法律有相反规定外一般可以采纳，无关证据不可采纳。

第二百六十六条（附属事实的证据）　法庭有权决定具体案件中的证据范围仅限于对诉讼请求有影响的证据。证明附属事实的证据不得用以证明待证事实的真伪，但该证据在任何合理的程度上，有助于确定待证事实存在或不存在的可能性时除外。

第二百六十七条（排除相关证据）　如果证据具有导致不公正和偏见的危险，或者容易引起事实认定出现混乱，造成不必要的拖延，浪费时间，或者重复赘述等，当这些因素的不利程度严重超出了证据的证明价值时，即使此证据是相关证据，仍然可

---

* 本章由陈敏拟写。

陈敏，中国国际经济贸易仲裁委员会副秘书长、中国国际经济贸易仲裁委员会西南分会秘书长。1992 年毕业于北京大学法律系，在中国国际经济贸易仲裁委员会工作 17 年，共处理和经历案件 11000 余件，有着丰富的仲裁经验。曾在《中外法学》等杂志上发表学术论文多篇。

以排除。

第二百六十八条（情感与证据可采性） 诉诸情感的陈述或证据应予排除。

第二百六十九条（品格证据） 关于一个人品质或名誉的证据，不能用来证明其实施了某具体行为，但是：

（一）原告一方可提出被害人生性安分的证据，用以证明被告人先发起攻击的事实，其他当事人也可提出相反证据予以反驳；

（二）实施过类似不当行为的证据可用于证明再次实施同类行为的动机、可能性、意图、有准备、有计划、有亲身体验、身份以及有无错误和事故记录等事项。

第二百七十条（证明品格的方法）

（一）名誉或意见。品格或品格特性可以采用名誉证言或意见证言加以证明。经法庭准许，对方当事人可以就相关具体问题进行询问。

（二）行为的具体例证。当品格或品格特性构成案件的实质要素时，可以采用具体事件加以证明。

第二百七十一条（习惯与日常事务） 一个人的习惯或机构的日常事务，均为证明此人或该机构惯常行事的相关证据，且无须佐证或目击者作证。

第二百七十二条（事后补救措施） 行为人在事后采取了若干措施来遏止事件的发生，不能用以证明他一定实施了该不当行为或者因疏忽大意产生不利后果。但是，这些证据可用以证明所有权、控制状态或采取谨慎措施的可行性等，也可以用来反驳证人。

第二百七十三条（和解与和解建议）　实际提出或表示要提出有益建议以求达成和解的证据，或者为达成和解实际接受、表示或许诺接受一项有益建议的证据，均不得用以证明应当对诉讼或仲裁请求承担的数额。但若通过其他途径同样可以获取这些证据，则不必因为和解之故而将其排除。这些证据还可用以证明证人存在歧视或偏见，反驳不当拖延的指控，以及证明试图阻挠起诉等。

第二百七十四条（答辩及相关陈述的可采性）　除本法另有规定外，民事诉讼的被告作出答辩后又撤回的，其答辩内容不得作为于其不利的证据。但若答辩之一部分已被采纳，出于公平之目的，必须同时考虑于其不利的其他部分的内容。

第二百七十五条（保险行为）　是否投保了责任险的事实不能证明其行为的故意或过失，但该事实可用以证明代理、所有权、管理及证人等事项。

第二百七十六条（被排除证据另被证明）　因一定原因被否定的证据又被其他证据证明的，仍可用作证据。

第二百七十七条（意见证据规则）　证人只能根据其亲身经历所获知的事实作证，但本法另有规定的除外。机构证言必须由该机构内有亲身经历的个人叙述内容并签名，出具证言的机构承担确保签名人员身份及可靠性的责任。

第二百七十八条（普通证人与专家证人）　普通证人不能以意见作证，除非符合本法第二百七十九条的规定。专家可以在其专业能力范围内作证，也可以鉴定结论作证。

第二百七十九条（普通证人的意见）　普通证人根据其知觉、感受理智地得出的意见，如果有助于认清本人其他证言，或有助于认定系争事实，且有适当根据的，则对于下列问题，可以作为证据采用：

（一）了解一个人的身份；

（二）充分熟悉一种笔迹；

（三）充分了解一个人的精神健全状况；

（四）对一个人的情绪、行为、健康或相貌的印象。

第二百八十条（专家意见） 具有本行业知识、技术、经验或教育的专家可以用意见、鉴定结论等方式作证。已经证明具有某个问题所要求的专门知识、技术、经验的人士，他的意见可以采用为证据。

第二百八十一条（专家意见证言的依据） 专家据以得出意见或推论的具体事实或数据可以是在审判中或审判前自己感受到或从旁人处得知的事实或数据。如果是在本领域中专家们普遍用以得出意见或推论的事实或数据，则并不要求其一定为可采纳的证据。

第二百八十二条（对最终争议事实的意见证据） 可采纳的意见证据和推论证据中含有一项待事实裁决者裁决的最终争议事实的，其意见或推论同样可以采纳为证据。

第二百八十三条（公开专家意见依据的事实或数据） 当事人可以要求专家公开他作出结论所依据的事实或数据，交法庭进行质证，但在作出结论和推论前除非法庭特别要求，专家不必公开有关事实或数据。

第二百八十四条（法庭指定的专家） 法庭可以应各方当事人要求或依职权指定专家证人，但需经专家本人同意。法庭应根据案情需要和当事人的要求确定对专家的授权范围，并书面通知专家和各方当事人。接受指定的专家应将其意见或推论书面告知法庭，法庭应书面转告各方当事人并给予他们足够的机会进行评论；任何一方当事人都可以将专家用作己方证人。接受指定的专家证人有权获得必要的报偿。在民事案件和民事程序中，双方应按法庭确定的比例和在法庭指定的时间预缴专家出具意见的费用。此后若有其他支出，其分担方式相同。所有这些费用最终由法庭决定由当事人一方或各方按一定比例承担。

第二百八十五条（当事人聘请专家） 任何一方当事人均可自行聘请专家作证，并必须在开庭前十日通知法庭，法庭应随即通知对方当事人。

第二百八十六条（传闻规则） 意思表达者未到案接受质证且符合下列条件的，其意思表达不因此而丧失证据可采性，但来源无从核实、内容未经查证者不能作为证据：

（一）陈述必须是当作一个客观事实提出的；

（二）陈述比举证者通过合理努力所能获得的其他任何证据对所需说明的问题更具有证明力；

（三）如果采纳该项陈述，可使本法的基本精神和正义得以最充分的体现，但是除非在审判或听审前提前将陈述的基本意图和具体情况通知对方当事人使对方有充分的机会对其作出反应，准备答辩，否则不得以本项之规定为理由采纳任何陈述当作证据。

第二百八十七条（机构作证） 依法设立的组织机构可以作证，但非主管部门或其他个人事后经当事人单方要求出具的书面证言不得被采纳为证据。业务主管部门或知情者个人出具两份以上彼此矛盾的证据而又无合理解释的，其证据均不得被采纳为证据。

第二百八十八条（对陈述人可信性的质疑与维护） 当本法规定的代理人或当事人的同伴的陈述构成可采纳的传闻证据时，双方当事人可以对陈述人的可信性提出质疑，陈述人也可以维护陈述。

第二百八十九条（证据的审查与认定） 证据须查证属实方可作为定案依据。

第二百九十条（追求真实极限） 法庭应坚持以最有力的证据定案，应采取一切必要和可能的措施认定达到真实度的极限。

第二百九十一条（证据的平等对待） 在给予当事各方平等的机会后，对当事人提供的证据也应当平等地对待、给予平等的考虑、平等的采纳。仅可在其真伪有别或法律有特别规定时例外，而且只限于在认定结果的意义上。

第二百九十二条（严格合议） 每个合议庭成员均有独立思考的权利和义务。合议庭应坚持实事求是的精神，禁止以牺牲当事人利益为代价搞内部调和。合议庭成员必须平等相待，杜绝一言堂和以势压人。

第二百九十三条（双向衡定） 对当事人提交的证据应当从其可能真实和可能虚假进行双向衡定。

第二百九十四条（证据与现实） 经验证据必须是在现实生活中有依据的，封建迷信和伪科学不能作为证据使用。

第二百九十五条（事项特性的影响） 为查明事实真相，法庭应排除事态本身的特性对证据认定的不良影响。

（一）应坚持从事物属性本身，而不是单纯从事物名称认识和分析事物。

（二）不能将特征认定为事态全貌，事物的标志不能代替事物的细节。即使局部被证实，也不能自然认定其余部分或整体也真实无误。

（三）对于反常现象可能的超常原因不能单凭推测，而应当进一步查证。

（四）不能因为一事件容易理解便轻易支持它的真实性，相反，也不能因为由于它与感觉不协调而简单否定其真实性。

（五）事件可分为通常事件和偶然事件两类，法庭应首先将其当作通常情况对待，但不得排除其为偶然情况的可能性。

第二百九十六条（行为特征的影响）　为澄清事实，法庭应排除行为特征对证据认定的不良影响。

（一）有导因的事件其真实性易于接受，导因越平常越易于接受。但法庭应防备导因可能是随意的捏造，不能因为存在形式上的导因而提高其可信度。

（二）越是反常的现象越需要解释，不能因为一个行为看似无任何理由便简单地解释为其出于恶意。

第二百九十七条（表述方式的影响）　法庭排除陈述者陈述方式对证据认定的不良影响。

（一）应排除语句形式对判断产生的不良导向。

（二）对于真假掺杂的不实之词应予特别审查。

（三）言词反复无常易致人生疑，法庭应区分情况，个别处理。

（四）言词分析与事实陈述在澄清事实上应各得其所，不可偏废。

（五）细节容易增强事件的真实感，法官应排除由此产生的诱导性和偏向性。

第二百九十八条（判断者自身因素的影响） 为保证证据认定的真实性，法庭应排除判断者自身方面的因素对证据认定的不良影响。

（一）审理者在认定事实过程中应尽量减少和抑制随意性。

（二）审理者在审理时应当警惕证据与证据之间无主观跳跃，证据间的联系必须实际存在，而非想象。没有证据不作结论，但逻辑上显然无其他可能者除外。

（三）人容易自觉不自觉地维护自己的既成观点，不要过早形成固定意见。

（四）法官在收到一项信息时，不应首先接受，而应先检测其真实性，然后再考虑其在证据链中可能的作用。

（五）对于非专长的事项，判断者应当诚实、谦虚、谨慎的对待，不得妄下结论。

（六）不得以习惯限定事物的实际发展方向。

（七）用自己的经验测度他人行为方式应抑制可能的偏差。

（八）生活经历或情绪相同或相近可能产生的共鸣感会增强对证据的真实性评价，判断者应消除该等影响。

（九）应当排除隐秘因素、判断者自己的兴奋点以及各种暗示所产生的错误诱导。

第二百九十九条（认定证据的原则） 法庭在认定证据时应遵循下列原则：

（一）所有证据在相应程序终结之前都只能是初步证据，证据只有在程序终结后并足以认定时才能作为终结证据。

（二）真伪标准满足后产生真伪信念不得作为反对进一步查证的依据。

（三）对事实问题应当直接查证，不得仅凭分析定案。

（四）相同情形下的类比不能作为定案的依据，但本项规定不妨碍将其作为进一步调查的思路和线索。

（五）反常现象的真实原因应当查证，不能单凭推测定案。

（六）被指控一方所述不实，只能说明他可能有所隐瞒，不能仅以此认定他对事态实际负有责任。

第三百条（合议庭对证据规则的遵循）　合议庭成员在按前述认定证据规则严格要求自己的同时，有权对合议庭其他成员未遵守前述规定的情形予以提示纠正。当事人及其代理人在诉讼过程的任何阶段或在诉讼文书中发现有违反前述规定的，根据情况可要求纠正，申请审判人员回避，或以此为理由提起上诉，是否准许由人民法院决定。

第十一章　证据的运作规则*

第三百零一条（证明程度）　在民事案件中，除法律有特别规定，负有证明责任的一方当事人应当以优势证据证明他主张的案件事实。优势证据是指可能性上的优势而不单纯是证据量上的优势。在判断是否形成了有关特定系争事实的优势证据时，法庭应当综合案件的所有事实和情节，包括证据肯定与否定两个方面的可能性，证据之间相互的冲突，证人在客观上准确作证的可

* 本章由陈敏拟写。

能性与主观上的偏向性。

第三百零二条（情况证据充分） 情况证据达到充分的程度时，可以作为定案依据，但必须同时具备下列三项条件：

（一）存在一个以上的情况证据；

（二）认定待证事实的各方面均得到了证明；

（三）所有情节的结合体可以无合理疑点地定案。

第三百零三条（孤证认定） 除非相关各方同意，下列证据不能单独作为认定案件事实的依据：

（一）与一当事人有亲属关系或共同利益关系的证人出具的对该当事人有利的证言；

（二）没有其他证据印证并有疑点的视听材料；

（三）无法与原件、原物核实的复印件、复制品。

第三百零四条（实质性证据） 某项事实被直接证据证实，或由足以使一个理智的人作出结论的一定数量的相关证据证实，则可认为该事实成立。

第三百零五条（法庭停止进一步证明的权力） 当针对特定问题的证据已经充分，可以合理地认为不会有更多的具有说服力的证据时，法庭可以宣布停止继续举证，但行使这种权力应当谨慎。

第三百零六条（原因分类） 原因分事实上的原因和法律上的原因。任何对结果的出现产生过积极影响的原因都是事实上的原因。法律上的原因是具有特定指向性的原因，它关系到法律责任的确定。一项法律上的原因可以与事实上的原因或另外一项或数项法律上的原因共同构成原因链。

第三百零七条（正常活动与反常行为） 正常活动在法律

上不得认定有促成不良后果的原因，行为人也不应当因此承担责任，但各方均无过错，为公平之故，责任均担时不在此限。反常行为、应当如此未能如此以及不应如此而实际如此的行为构成不良后果的原因时，应因此承担相应的责任。

第三百零八条（禁止反向归咎）　判断一个行为是否明智，应看在当时是否为明智行为，在当时的条件下是否构成合理期待，不能以后果反向判断。

第三百零九条（因果竞合）　当果已产生而因仍然继续存在且与果相互作用而可能共同产生新的结果时，原因果双方当事人均有避免或抑制恶果继续发展的义务，否则由此产生的本可避免的不必要的损失应由各方在未竭力或减轻方面的过错程度予以分担。若一方利益受到另一方不当行为的威胁或处于危险状态，则处于不利地位的一方可以采取当时条件下普通人都可能采取的相对合理的反应和措施而无须为此承担责任；且在此等形势下不得过分加重处于不利地位一方的反应和措施的谨慎、正确与合理性程度。

第三百一十条（原因剥离）　查找事态原因应当有针对性地进行，找出产生某种结果的不可再分的最小因素。同时为了查找真正的原因，应当杜绝原因扩大化，一点有误，不能因此否定所在局部或全部。

第三百一十一条（因果反证）　若一事件或现象先于或与另一事件或现象同时出现，但分析和事实表明被视为原因的事件或现象即使不存在，结果仍然会产生，则前者不是原因。

第三百一十二条（过错实证）　当事人是否具有过错应当进行实际的证明，另一方有过错不能自然肯定这一方没有过错。

第三百一十三条（利益无故不受损） 法庭所作任何形式的裁令均应尽量兼顾各种利益，在利益与利益之间找到一个最终尽量能照顾各种利益的解决办法。若耗尽可能仍无法避免造成对其他利益的损伤时，应采取咎由自取的责任方式，或者遵循公平合理兼顾经济效益的原则。

第三百一十四条（谨慎责任方） 在社会生活中，虽然各人均负有概括的勤勉谨慎义务，但在具体的情形下负有明显责任的一方应承担绝对的后果责任。

第三百一十五条（无效民事行为与责任） 民事行为各方当事人均违反法律的强制性规定致使民事行为无效的，根据公平合理原则，各方可依据实际投入分享权利和承担损失。

第三百一十六条（不当行为与利益） 任何人不能因违约行为或不当行为而获利，也不得以此为由而主张权利。

第三百一十七条（合理配合） 提出无端苛求条件者应承担法律后果。

第三百一十八条（善后责任） 双方在合同中约定未来索赔的证据标准将由进一步协商确定，而发生争议需要明确时却未能达成一致的，为了查明案情，法庭有权在当事人的合同约定之外采取必要的调查手段。但根据案情需要，由法庭确定标准已不可能或无意义时，未能协商确定标准的责任由不配合的一方负责，并可以作出不利于他的推定。双方都没有不配合情况时，责任由双方均担。

第三百一十九条（违法请求） 即使双方同意或要求，违反法律的请求仍然不应予以支持，尤其是在非法侵害案外第三者或国家利益的情况下，更是如此。

第三百二十条（索赔依据）　法律与合同均可作为当事人权利的依据，不得仅以没有合同依据为由否定当事人一方对另一方的索赔请求。

第三百二十一条（法律阐明权）　当事人的举证、论证和诉讼请求存在明显的认识错误的，法庭可依职权阐明法律上的要求，必要时法庭也可特别提示当事人应当提交具体的基本证据支持其事实主张。在不歧视任何一方当事人的情况下，法庭的判决中对案情的分析和法律的适用可不受当事人陈述的限制，但当事人的任何主张都应在判决中予以答复或交代。

第三百二十二条（减轻与避免损失）　在经济合同进行过程中，不得过分加重受损害方的减轻损失的责任；在侵权案件中，不得过分加大受损害一方的谨慎责任。

第三百二十三条（合理损失）　当事人已经证明损失存在但难以确定损失的准确数额的，法庭可以根据一般的标准确立公平合理的损失赔偿额。

第三百二十四条（和解协议）　当事人在程序进行过程中或起诉前达成协议后又未能执行的，法庭应综合达成协议时各方的考虑，包括作为对等条件或前提条件的必要义务没有得到履行等实际情况，决定其对双方的约束力或适当确定其证据价值。

第三百二十五条（理由不成立与事实不成立的差别）　对于理由不成立的诉讼请求法庭可以支持，但对于事实不成立的请求法庭不能根据包括公平合理原则在内的任何理由予以支持。

第十二章　行政诉讼证据的特别规定*

第三百二十六条（行政程序中的职权调查原则）　在行政程序中，被告应当按照法定程序全面地、客观地调查收集证据，有权决定调查收集证据的时间、地点和方式，有权按照法定程序实施检查、勘验，采取保全措施，原告和其他利害关系人可以请求行政机关调查收集证据，但被告不受请求的限制。在行政程序中，原告和其他利害关系人有权提供证据，被告应当随时告知相对人提供证据的权利、范围和方式，对原告和其他利害关系人提交的证据，被告必须入卷。

第三百二十七条（先取证后裁决原则）　被告在作出行政行为之后不得自行向原告和证人调查收集证据。在行政诉讼中，有下列情形之一的，被告经人民法院准许可以补充相关的证据：

（一）被告在作出行政行为时已经收集证据，但因不可抗力等正当事由不能提供的；

（二）原告或者第三人在诉讼过程中提出了其在被告实施行政行为过程中没有提出的反驳理由或者证据的；

（三）被告改变行政行为，原告同意并且申请撤诉的。

在诉讼过程中，作为被告的诉讼代理人的律师，同样不得自行向原告和证人收集证据。

---

* 本章由高家伟教授拟写。

高家伟，法学博士、国家行政学院教授。曾任中国政法大学诉讼法学研究中心教授，德国康斯坦茨大学法学院和德雷斯顿大学法学院（2000 年）和芬兰土库大学法学院（2002 年）高级访问学者。代表作有：《国家赔偿法》《欧洲环境法》《行政诉讼证据的理论与实践》。曾在《中国法学》《行政法学研究》等杂志上发表学术论文多篇。

第三百二十八条（人民法院调查收集证据）　有下列情形之一的，人民法院有权要求当事人提供或者补充证据，有权向有关行政机关以及其他组织、公民调取证据。

（一）原告或者第三人及其诉讼代理人提供了证据线索，但无法自行收集而申请人民法院调取的；

（二）当事人应当提供而无法提供原件或者原物的；

（三）在诉讼过程中，人民法院认为对专门性问题需要鉴定的，应当交由法定鉴定部门鉴定，没有法定鉴定部门的，由人民法院指定的鉴定部门鉴定。

人民法院在审理过程中应当及时总结案件的事实争议的焦点，告知当事人举证的权利、范围、方式以及不举证的法律后果。

第三百二十九条（证据保全）　在证据可能灭失或者以后难以取得的情况下，诉讼参加人可以向人民法院申请保全证据，人民法院也可以主动采取保全措施。

第三百三十条（非法证据排除规则）　行政机关超越法定职权或者采取引诱、胁迫、非法扣留、关押、扣押等非法手段调查收集的证据是非法证据，非法证据应当排除，不得作为证明被诉行政行为合法的根据。在下列情况下，行政机关可以采纳非法证据：

（一）非法证据是书证或者物证；

（二）通过合法手段最终可以获得的证据。

下列证据不能作为认定被诉行政行为合法的根据：

（一）被告及其诉讼代理人在作出行政行为后自行收集的证据；

（二）被告严重违反法定程序收集的其他证据。

第三百三十一条（传闻证据规则） 被告可以采纳传闻证据，作为行政行为的定案根据，但行政行为的定案证据不能全部是传闻证据。人民法院审查行政行为的合法性，可以采纳传闻证据，但是不能将传闻证据作为唯一的定案根据。

道听途说、报纸报道等信息，不具有可采性。

第三百三十二条（保护当事人知情权和质辩权的原则） 行政机关在作出行政行为之前应当给相对人提供充分的条件和机会，对本案事实表达意见，进行反驳。未经相对人口头或者书面质辩的事实材料，不得作为行政行为的定案证据，法律另有规定的除外。

第三百三十三条（质证的性质） 未经法庭质证的证据不能作为人民法院裁判的根据。复议机关在复议过程中收集和补充的证据，不能作为人民法院维持原行政行为的根据。

被告在二审过程中向法庭提交在一审过程中没有提交的证据，不能作为二审法院撤销或者变更一审裁判的根据。

第三百三十四条（其他国家机关的取证） 其他国家机关的取证可以作为本案的定案根据。人民法院、人民检察院、侦查机关、行政机关在其他诉讼和程序中依法调取的证据可以作为本案的定案根据，但必须符合行政诉讼定案证据的标准。

第三百三十五条（刑事证据和民事证据采证规则的准用） 刑事证据和民事证据的采证规则，适用于行政诉讼证据的采证，但与行政诉讼的性质冲突或者本法作了专门规定的除外。

第三百三十六条（被告承担举证责任的原则） 行政诉讼的举证责任由被告承担，被告应当提供作出行政行为的证据和规范性文件。被告应当证明下列案件事实：

（一）主体合法，即享有作出被诉行政行为的主体资格和职权；

（二）符合法定程序，即符合作出行政行为的法定步骤、顺序、时间、形式和方式；

（三）内容合法，即行政行为的内容明确肯定，并且具有履行和执行的可能性；

（四）确认相对人适格，包括相对人具有行为能力、是正当的权利义务主体或者责任主体；

（五）目的合法，即行政行为的目的符合法律规定，没有不相关的考虑。

对原告起诉是否符合法定期限存在争议的，由被告承担举证责任。被告不能提供充分反证的，应当认定原告的起诉符合法定期限。

第三百三十七条（被告履行举证责任的时间）　被告应当在收到起诉状副本之日起十日内提交答辩状，并提供作出行政行为时的证据、依据；被告不提供或者无正当理由逾期提供的，应当认定该行政行为没有证据、依据。

第三百三十八条（被告履行举证责任的标准）　被告适用听证程序、一般程序作出行政行为的案件适用案件事实清楚、证据确实充分标准。被告适用简易程序作出行政行为的案件、根据预测性事实作出行政行为的案件、行政裁决案件以及采取临时行政保全措施的案件，适用优势证据标准。

有关案件事实清楚、证据确实充分标准、优势证据标准的具体内容，适用本法有关刑事证据和民事证据的规定。

第三百三十九条（原告承担举证责任的情况） 原告在下列情形下承担举证责任：

（一）被诉行政行为目的违法。

（二）存在免责的事由，包括没有主观过错、享有特权、具有期间耽误的法定事由等。

（三）在申请颁发行政许可的案件中，已经提出申请并且符合法定许可条件的事实。

（四）在申请被告履行保护合法权益的法定职责的案件中，有关特定法定职责已经成立的要件事实：

1. 本人或者其他利害关系人已经向被告提出申请；

2. 申请排除的致害行为必须具有发生的客观可能性；

3. 接到申请的被告负有相关的法定职责；

4. 被告不予答复、明示拒绝或者虽已答复但实际上不按期履行。

（五）在行政侵权赔偿案件中，因行政机关的违法行为遭受侵害的事实：

1. 被告违法行为存在的事实；

2. 遭受侵害或者损害的事实；

3. 被告的违法行为与所遭受的侵害或者损害之间具有相当的因果关系的事实。

（六）在行政合同案件中，主张和行使合同权利的要件事实。

（七）在行政诉讼中，有关主张享有特定程序权利的要件事实：

1. 起诉符合法定条件的事实，包括被诉行政行为存在的事实和具备原告资格（如利害关系）的事实，但这些事实显而易见、无须证明的情况除外；

2. 具有期间耽误正当理由的事实；

3. 行政行为应当停止执行的事实；

4. 请求先予执行具有正当理由的事实。

第三百四十条（原告承担举证责任的标准）　原告履行举证责任，适用表面证据标准。

第三百四十一条（原告履行举证责任的时间）　在行政程序中，对自己承担举证责任的事实，原告应当及时向被告提供所掌握的证据；能够提供证据而不提供的，人民法院应责令提供。

第三百四十二条（法庭的裁量权和标准）　在审理过程中，法庭可以裁定一方当事人对特定的案件事实承担举证责任，但应当考虑如下因素：

（一）行政诉讼的目的和性质；

（二）特定案件事实的性质和特点；

（三）当事人诉讼主张的内容和特点；

（四）当事人的举证能力；

（五）是否有利于体现诉讼公正，提高诉讼效率；

（六）是否有利于提高当事人的法律意识、规范当事人的法律行为；

（七）推定、司法认知和官方认知；

（八）有关行政诉讼举证责任分配的现有法律规定；

（九）其他因素。

第三百四十三条（推定）　行政机关实施行政处罚，在行政处罚决定生效之前，推定受行政处罚的公民没有违法。

行政机关实施行政许可，在行政许可决定生效之前，推定申请人不符合法定的许可条件。

在行政赔偿案件中，公民依法提供初步的证据证明遭受侵害的事实，包括行政机关及其工作人员实施侵权行为的事实和因果关系的事实的，推定行政机关对公民所遭受的损害负有赔偿责任。

法律法规规定了推定的，行政机关、人民法院应当适用，行政机关、人民法院应当对基础事实、推定事实进行全面的审查，认为上述事实不成立的，不适用推定。行政机关决定、人民法院裁定适用或者不适用推定的，应当说明理由，记载入卷。

当事人证明基础事实成立的，对推定事实不承担举证责任，反对适用推定的一方当事人应当提出反证。

第三百四十四条（司法认知和官方认知） 人民法院采取司法认知，适用本法有关刑事证据和民事证据的规定。行政机关对明显的、没有合理争议的事实，可以依职权或者依申请采取官方认知，但是官方认知对人民法院没有约束力。

第三百四十五条（认证的范围） 第一审人民法院审理行政案件，应当查明下列案件事实：

（一）是否依法对本案享有审判权和管辖权；

（二）起诉人和被诉行政机关的基本情况；

（三）是否经过行政复议以及行政复议的基本情况；

（四）起诉是否超过法定起诉期限；

（五）审判人员是否与本案有利害关系，即可能影响案件公正审理的情形；

（六）人民法院认为需要查明的其他案件事实。

第二审人民法院应当着重查明下列案件事实：

（一）被诉行政行为认定的案件事实；

（二）第一审人民法院认定的案件事实；

（三）当事人提出争议的事实。

再审人民法院应当着重查明下列案件事实：

（一）被诉行政行为认定的案件事实；

（二）第一审人民法院认定的案件事实；

（三）第二审人民法院认定的案件事实；

（四）人民检察院提出抗诉或者当事人提出申诉的事实。

第三百四十六条（行政诉讼认证的特点——立法性事实）

被告适用政策作出行政行为的，应当提供证明该政策合法或者合理的事实。

第三百四十七条（行政诉讼认证的特点——预测性事实）

被告根据预测作出行政行为的，应当进行全面的调查和论证，并作出详细的认定结论和可行性报告，认定结论和可行性报告是作出行政行为的定案证据，当事人有权对行政机关的认定结论和可行性报告提出口头或者书面意见。

第三百四十八条（行政诉讼认证的特点——案卷排除规则）

行政机关认定案件事实必须全部记入案卷，不得考虑没有记录的案件事实。人民法院审理行政案件，应当对行政机关适用政策的事实、作出预测的事实进行全面的审查，审查的范围和方式不受当事人举证和请求的限制。

第三百四十九条（变更判决和履行判决的证明标准）　人民法院判决变更行政处罚，判令行政机关在一定期限内履行法定职责的，必须做到认定案件的事实清楚，证据确实充分。

第三百五十条（被告行政机关的独占判断权） 当事人对行政机关对医疗事故、交通事故所作的鉴定结论不服的，应当向法定的上级鉴定部门申请鉴定。上级鉴定部门依法最后作出的鉴定结论为终局鉴定，当事人不得起诉。在行政诉讼过程中，人民法院应当严格审查鉴定结论是否符合法定程序，是否经过当事人质辩，行政机关违反法定程序作出鉴定的，人民法院不得采纳，并可以交由法定鉴定部门重新鉴定。

第三百五十一条（重点审查与全面审查） 人民法院可以重点审查案件的部分事实，也可以全面审查案件事实，人民法院查明行政行为部分事实不明的，可以直接作出撤销判决，认为有必要全面查清案件事实的，可以进行全面调查，调查的范围和方式不受当事人举证和请求的限制。

第三百五十二条（维持判决、撤销判决中的认证） 人民法院认定的案件事实与被诉行政行为认定的案件事实基本一致的，可以作出维持判决，不一致的，应当作出撤销判决。

第三百五十三条（变更判决中的认证） 人民法院经审理认为行政处罚显失公正的，应当全面调查案件事实，对行政处罚显失公正的部分重新作出认定。人民法院调查和认定案件事实的范围、方式不受当事人举证和请求的限制。

第三百五十四条（履行判决中的认证） 人民法院经审理认为行政机关无正当理由拒不履行法定职责的，应当全面查清案件事实，对与被告有关的权利义务关系重新作出认定，履行判决应当说明判令行政机关履行法定职责的事实和理由、行政机关履行法定职责的具体内容、时间和方式。

第三百五十五条（原告和被告举证均衡的后果） 原告的

举证与被告的举证在证明力方面如果是均衡的，人民法院应当作出有利于原告的判决。

第三百五十六条 当事人在民事诉讼和行政诉讼中的举证行为有下列情形之一的，人民法院应当根据情节轻重依法予以罚款、拘留；构成犯罪的，依法追究刑事责任：

（一）伪造、毁灭重要证据的；

（二）以暴力、威胁、贿买方法阻止证人作证或者指使、贿买、胁迫他人作伪证的；

（三）对证人、鉴定人、勘验人、翻译人员进行侮辱、诽谤、诬陷、殴打或者打击报复的。

附录三

作者主要论文目录（1991—2018 年）

1. 《伊斯兰国家民事审判组织的种类和特征》

《河北法学》1991 年第 1 期，河北政法职业学院、河北省法学会主办

2. 《论非洲国家民事审判组织及其决案原则》

《河北法学》1992 年第 2 期，河北政法职业学院、河北省法学会主办

3. 《略论新民诉法对公证制度的完善》

《法学杂志》1992 年第 6 期，北京市法学会主办

4. 《遗嘱继承制度公证保护之比较研究》

《法学家》1993 年第 3 期，中国人民大学主办

5. 《公证体制设置问题探讨》

《民商法论丛（第 2 卷）》，梁慧星主编，法律出版社 1994 年版

6. 《罗森伯格的举证责任分配理论》

《外国法译评》1995 年第 2 期，中国社会科学院法学研究所主办

7. 《论公证书在民事实体法上的效力》

《法学家》1995 年第 4 期，中国人民大学主办

8. 《论既判力的本质》

《法学研究》1995 年第 5 期，中国社会科学院法学研究所主办

9. 《民事诉讼迟延问题探讨》

《法律科学》1995 年第 6 期，西北政法学院主办

10. 《司法认知论》

《法学研究》1996 年第 4 期，中国社会科学院法学研究所主办

11. 《论自认法则》

《宁夏社会科学》1996 年第 2 期，宁夏社会科学院主办

12. 《论民事诉讼的诚信原则》

《检察理论研究》1996 年第 2 期，最高人民检察院检察理论研究所主办

13. 《民事诉讼观念的变革及其实现机制》

《法律科学》1997 年第 1 期，西北政法学院主办

14. 《英国民事诉讼的改革》

A. A. S. 朱克曼著，叶自强译，邹海林校，《民商法论丛（第 6 卷）》，梁慧星主编，法律出版社 1997 年版

15. 《论判决的既判力》

《法学研究》1997 年第 2 期，中国社会科学院法学研究所主办

16. 《举证责任及其分配标准》

《民商法论丛（第 7 卷）》，梁慧星主编，法律出版社 1997

年版

17.《论推定法则》

《诉讼法论丛（第2卷）》，陈光中、江伟主编，法律出版社1998年版

18.《审判公正与自由旁听》

《政治与法律》1998年第3期，上海社会科学院法学研究所主办

19.《法医学鉴定体制比较研究》

《中国刑事法杂志》1998年第3期，最高人民检察院检察理论研究所主办

20.《法医鉴定体制的变革》

《法学研究》1999年第1期，中国社会科学院法学研究所主办

21.《从传统自由心证到现代自由心证》

《诉讼法论丛（第3卷）》，陈光中、江伟主编，法律出版社1999年版

22.《论程序法的独特价值》

《诉讼法论丛（第4卷）》，陈光中、江伟主编，法律出版社2000年版

23.《反复鉴定问题研究》（与叶峰合著）

《证据学论坛（第1卷）》，何家弘主编，中国检察出版社2000年版

24.《科学理念是构建合理程序的前提》

《政法论坛》2000年第6期，中国政法大学主办

25.《关于民事诉讼举证时限问题的探讨》

《河北法学》2000年第6期，河北政法职业学院、河北省法

学会主办

26.《举证责任的确定性》

《法学研究》2001 年第 3 期，中国社会科学院法学研究所主办

27.《论事实真实与法律真实》

《人民法院报》“学者论坛”，2001 年 8 月 3 日

28.《英美证明责任分层理论与我国证明责任概念》

《环球法律评论》2001 年第 3 期，中国社会科学院法学研究所主办

29.《推定对举证责任分担的影响》（与叶峰合著）

《法学研究》2002 年第 3 期，中国社会科学院法学研究所主办

30.《中国民事证据立法的若干问题》

《湘江法律评论（第 4 卷）》，湘潭大学法学院编，胡旭晟主编，湖南人民出版社 2001 年版

31.《论判决理由》

《湘江法律评论（第 3 期）》，湘潭大学法学院编，胡旭晟主编，湖南人民出版社 1999 年版

32.《举证责任学说的历史分析》

《公法》2003 年第 3 期，中国社会科学院公法研究中心主办

33.《举证责任的倒置与分割》

《中国法学》2004 年第 5 期，中国法学会主办

34.《秘密录音的分类、证据资格和司法政策》

《环球法律评论》2005 年第 4 期，中国社会科学院法学研究所主办

35.《放弃请求制度的理论、释疑与立法建议》

《环球法律评论》2007年第5期，中国社会科学院法学研究所主办

36.《民事撤诉的理论、法律解释与立法建议》

《诉讼法学研究（第12卷）》，卞建林主编，中国检察出版社2007年版

37.《心理测试结论中有效与无证据资格的冲突》

《环球法律评论》2009年第5期，中国社会科学院法学研究所主办

38.《论推定的根据》

《河北法学》2009年第11期，河北政法职业学院、河北省法学会主办

39.《我国举证责任概念的模糊性问题》

《证据科学》2010年第6期，中国政法大学主办

40.《举证责任倒置规则的构成要素与适用》

《河北法学》2011年第5期，河北政法职业学院、河北省法学会主办

41.《论不可逾越的“柴尔线”》

《环球法律评论》2012年第4期，中国社会科学院法学研究所主办

42.《亲子关系推定的许可与禁止》

《政治与法律》2013年第8期，上海社会科学院法学研究所主办

43.《陪审制的分权机制与证据法的发展》

《证据科学》2014年第4期，中国政法大学主办

44.《驳行为责任和结果责任理论的两个假定前提》（与叶蓁合著）

《政治与法律》2015 年第 11 期，上海社会科学院法学研究所主办

45.《“多次鉴定”的认知逻辑与制度设计》

《财经法学》2016 年第 6 期，中央财经大学主办

46.《论多次鉴定的驱动机制与法律对策》

《法治现代化研究》2018 年第 5 期，南京师范大学、江苏省法学会主办

参考文献

一、中文书目

[1] 李浩．民事举证责任研究［M］．北京：中国政法大学出版社，1993.
[2] 李学灯．证据法比较研究［M］．台北：五南图书出版公司，1992.
[3] 沈达明．比较民事诉讼法初论：上下册［M］．北京：中信出版社，1991.
[4] 柴发邦．中国民事诉讼法学［M］．北京：中国人民公安大学出版社，1992.
[5] 罗大华，张家源．证人证言心理［M］．北京：群众出版社，1992.
[6] 沈达明．英美证据法［M］．北京：中信出版社，1996.
[7] 崔敏．刑事证据理论研究综述［M］．北京：中国人民公安大学出版社，1990.
[8] 西北政法学院科研处．证据学资料汇编：下（本院教材内部使用）［G］．1983：467.
[9] 陈一云．证据学［M］．北京：中国人民大学出版社，1991.
[10] 沈宗灵．比较法总论［M］．北京：北京大学出版社，1987：243.
[11] 蔡彦敏．对中美民事陪审制度的比较与思考［M］//江伟．比较民事诉讼法国际研讨会论文集．北京：中国政法大学出版社，2004：251.
[12] 彭孟尧．人心难测：心与认知的哲学问题［M］．北京：生活·读书·

新知三联书店，2006：62.

［13］毕玉谦．民事证据法及其程序功能［M］．北京：法律出版社，1997：145.

［14］叶自强．举证责任［M］．北京：法律出版社，2011：25－26.

［15］叶自强．举证责任及其分配标准［M］．北京：法律出版社，2005：33－34.

［16］李浩．民事证据立法前沿问题研究［M］．北京：法律出版社，2007：50－51.

［17］玻姆．现代物理学中的因果性与机遇［M］．秦克诚，洪定国，译．北京：商务印书馆，1965：107－108.

［18］王以真．英美刑事证据法中的证明责任问题［J］．中国法学，1991(4)：110－115.

［19］杨荣新，叶志宏．民事诉讼法参考资料［G］．北京：中央广播电视大学出版社，1986：2.

［20］叶自强．民事证据研究［M］．2版．北京：法律出版社，2002：161－202.

［21］华尔兹．刑事证据大全［M］．何家弘，等，译．北京：中国人民公安大学出版社，1993：312.

［22］中国政法大学澳门研究中心，澳门政府法律翻译办公室．澳门民事诉讼法典［M］．北京：中国政法大学出版社，1999：161.

［23］松冈义正．民事证据论［M］．张知本，译．洪冬英，勘校．北京：中国政法大学出版社，2004：230－231.

［24］刁荣华．比较刑事证据法各论［M］．台北：汉林出版社，1984.

［25］王利明．侵权行为法归责原则研究［M］．北京：中国政法大学出版社，1992.

［26］梁慧星．民法学说判例与立法研究［M］．北京：中国政法大学出版社，2003.

［27］陈玮直．民事证据法研究［M］．台北：新生印刷厂，1970.

［28］赵经隆．法医学［M］．北京：中国人民大学出版社，1991.

［29］郝双禄．应用证据学［M］．北京：中央民族学院出版社，1988.

［30］杨立新．《最高人民法院关于适用民事诉讼法若干问题的意见》释义［M］．长春：吉林人民出版社，1992.

［31］樊崇义．刑事诉讼法学研究综述与评价［M］．北京：中国政法大学出版社，1991.

［32］陈如超．鉴定纠纷及其解决机制：基于民事司法鉴定的实践逻辑［J］．证据科学，2017，25（2）：225－248.

［33］中华人民共和国民事证据法起草小组．中华人民共和国民事证据法（草案初拟稿）［Z］．2000.

［34］杨素娟．举证责任倒置与因果关系推定［N］．中国环境报，2002－06－14（3）．

［35］吴家麟．破案、审案与逻辑：第一辑［M］．北京：法律出版社，1982.

［36］林钰雄．刑事诉讼法：上册　总论编［M］．北京：中国人民大学出版社，2005.

［37］林钰雄．刑事诉讼法：下册　各论编［M］．北京：中国人民大学出版社，2005.

二、外文书目及译著

［1］SIR RUPERT CROSS. On evidence［M］. 7th ed. London：Butterworths，1990.

［2］JOHN W. SHEPHERD，HADYN D. ELLIS AND GRAHAM M. DAVIES. Identification evidence－a psychological evaluation［M］. Aberdeen：Aberdeen University Press，1982.

［3］A. A. S. ZUKERMAN. The principles of criminal evidence［M］. Oxford：

Clarendon Press, 1989.

[4] RODERICK MUNDAY. Comparative law and English Law's character evidence rules [J]. Oxford Journal of Legel Study, 1993 (4).

[5] TOM R. MASON. Mississippi Rule of Evidence 301 Presumptions Civil Actions and Proceedings [J]. Mississippi Law Journal, 2001 (70).

[6] 兼子一，竹下守夫. 民事诉讼法 [M]. 白绿铉，译. 北京：法律出版社，1995.

[7] 美国联邦刑事诉讼规则和证据规则 [M]. 卞建林，译. 北京：中国政法大学出版社，1996.

[8] 基思·辛普逊. 法医学 [M]. 王永年，译. 北京：法律出版社，1987.

[9] 意大利刑事诉讼法典 [M]. 黄风，译. 北京：中国政法大学出版社，1994.

[10] 德国刑事诉讼法典 [M]. 李昌珂，译. 北京：中国政法大学出版社，1995.

[11] 诉讼法 [M]. 上海社会科学院法学研究所，编译. 北京：知识出版社，1981.

[12] 德意志联邦共和国民事诉讼法 [M]. 谢怀栻，译. 北京：中国法制出版社，2001.

[13] 塞西尔·特纳. 肯尼刑法原理 [M]. 王国庆，等，译. 北京：华夏出版社，1989.

[14] 孟德斯鸠. 论法的精神 [M]. 张雁深，译. 北京：商务印书馆，1984.

[15] 拿破仑法典 [M]. 李浩培，吴传颐，孙鸣岗，译. 北京：商务印书馆，1979.

[16] 安·扬·维辛斯基. 苏维埃法律上的诉讼证据理论 [M]. 王之相，译. 北京：法律出版社，1957.

[17] 伯尔曼．法律与宗教［M］．梁治平，译．北京：生活·读书·新知三联书店，1991.

[18] 迈克尔·D. 贝勒斯．法律的原则：一个规范的分析［M］．张文显，宋金娜，等，译．北京：中国大百科全书出版社，1996.

[19] 梅因．古代法［M］．沈景一，译．北京：商务印书馆，1959.

[20] 勒内·达维德．当代主要法律体系［M］．漆竹生，译．上海：上海译文出版社，1984.

[21] 美国法学会，美国统一州法全国委员大会．美国统一商法典［M］．石云山，等，译．上海：上海翻译出版公司，1990.

[22] 华尔兹．刑事证据大全［M］．何家弘，等，译．北京：中国人民公安大学出版社，1993.

[23] 法国刑事诉讼法典［M］．余叔通，谢朝华，译．北京：中国政法大学出版社，1997.

[24] 罗伯特·霍恩．德国民商法导论［M］．楚建，译．北京：中国大百科全书出版社，1996.

[25] 拉德布鲁赫．法学导论［M］．米健，朱林，译．北京：中国大百科全书出版社，1997.

[26] 约翰·W. 斯特龙，肯尼斯·S. 布荣，等．麦考密克论证据［M］．第五版．汤维建，等，译．北京：中国政法大学出版社，2004.

[27] 詹妮·麦克埃文．现代证据法与对抗式程序［M］．蔡巍，译．北京：法律出版社，2006.

[28] 约翰·霍德．刑侦实验室：犯罪现场真相揭秘［M］．礼宾，等，译．海口：海南出版社，2003.

[29] 田口守一．刑事诉讼法［M］．刘迪，张凌，等，译．北京：法律出版社，2000.

[30] 里德·黑斯蒂．陪审员的内心世界：陪审员裁决过程的心理分析［M］．刘威，李恒，译．北京：北京大学出版社，2006.

[31] 伯尔曼．法律与革命［M］．贺卫方，等，译．北京：中国大百科全书出版社，1993.

[32] 各国宪政制度和民商法要览　欧洲分册：下［M］．上海社会科学院法学研究所编译室，译．北京：法律出版社，1986.

[33] 各国宪政制度和民商法要览　美洲、大洋洲分册［M］．上海社会科学院法学研究所编译室，译．北京：法律出版社，1986.

[34] 乔纳森·哈尔．漫长的诉讼［M］．黄乔生，译．北京：译林出版社，1998.

后　记

2018年8月，我完成了本书的初稿。此后两年又就一些章节反复进行增补或删改。直到2020年9月初才正式定稿。在本书行将付梓之际，我要感谢所有对本书的写作和出版作出贡献的领导、亲人和朋友。

本书是我在中国社会科学院法学所工作达26年时光中完成的。如同我过去写作出版著作一样，我要特别感谢法学所党委和行政负责人给予我的宽容和自由。在法学所工作期间，我获得了充分的时间和学术自由，集中精力于民事诉讼法和证据法专业，取得了一定的学术成就。法学所给予我的恩惠，我将永远铭记在心！

法学所是国内外著名的学术研究单位，经常举办高规格、高质量的学术研讨会，邀请国内外著名的学者（如日本学者竹下守夫、北川善太郎、森岛昭夫等，国内著名学者梁慧星、赵维田、王保树、董辅礽等，美国大法官高安东等）来作演讲。这让我有机会近距离向经验丰富、考虑深远的学术前辈提问和得到解答，对我有巨大的好处，由此大大开阔了我的学术视野，让我充分领略到学术巨匠们的人格风采，至今回想起来仍激动不已。为此，我要十分感谢创造上述机会的富有远见卓识的刘海年所长，感谢那些给予我以高深学术启示的著名学者和专家！

许多年来，我在法学所图书馆从事阅读和写作，这里极其丰富的法学类藏书（当然还有其他类藏书）令人流连忘返。这里布局优雅、环境整洁、安静，因此我也经常在这里指导研究生们的学习，同时让学生们亲身感受到这学术圣殿带给人的精神愉悦，培养他们的高尚智趣。蒋隽研究馆员、金玉珍博士、张海燕女士等的热情而周到的服务，为我安心从事上述工作提供了十分便利的条件。为此，我对她们深表感激！

许多年来，围绕着民事诉讼证据制度的改革，最高人民法院、北京市高级人民法院、广西壮族自治区高级人民法院、海南省人民法院，青岛市中级人民法院、桂林市中级人民法院、海口市中级人民法院、北京市海淀区人民法院、北京市房山区人民法院、青岛市崂山区人民法院等法院，以及中国人民大学法学院、中国政法大学、北京师范大学法学院、南京师范大学法学院等高校，召开了一系列学术和工作研讨会。我通过与经验丰富的参会者的充分交流，从这些会议的热烈讨论中，获得了丰富的信息源泉，有效地启发了我的思维。对此，我对所有会议的举办方深表感激！

我还要感谢我的妻子赵江云女士的耐心和宽容。在艰苦的写作期间，在我们经济条件一般的情况下，她长期鼓励我从事自己喜爱的法学研究工作，这是多么宝贵的精神支持！

叶自强

2021 年 2 月 25 日